"韶文化研究丛书" 编委会

主　任　柳琛子

副主任　邹永松　李晓林　巫育明

主　编　邹永松

副主编　李晓林　莫昌龙　黄明奇

编　委　宋会群　熊贤汉　李明山　仲红卫　曾宇辉
　　　　官建生　王焰安　李曙豪　罗信波　李振林

岭南文化书系
韶文化研究丛书

乌迳古道与珠玑文化

赖井洋　著

暨南大学出版社
JINAN UNIVERSITY PRESS

中国·广州

图书在版编目（CIP）数据

乌迳古道与珠玑文化/赖井洋著. —广州：暨南大学出版社，2015. 12
（岭南文化书系·韶文化研究丛书）
ISBN 978 - 7 - 5668 - 1675 - 7

Ⅰ. ①乌…　　Ⅱ. ①赖…　　Ⅲ. ①古道—文化遗址—研究—南雄县
②移民—历史—研究—南雄县　Ⅳ. ①K878.44 ②D69

中国版本图书馆 CIP 数据核字（2015）第 270747 号

出版发行：暨南大学出版社

地	址：	中国广州暨南大学
电	话：	总编室（8620）85221601
		营销部（8620）85225284　85228291　85228292（邮购）
传	真：	（8620）85221583（办公室）　　85223774（营销部）
邮	编：	510630
网	址：	http：//www. jnupress. com　http：//press. jnu. edu. cn
排	版：	广州市天河星辰文化发展部照排中心
印	刷：	韶关市新华宏达印务有限公司
开	本：	787mm×1092mm　1/16
印	张：	15.25
字	数：	242 千
版	次：	2015 年 12 月第 1 版
印	次：	2015 年 12 月第 1 次
定	价：	48.00 元

（本书所涉个别图片，如属个人版权，见书后请函告出版社，以便支付薄酬）

总　序

一

韶关历史悠久，文化底蕴深厚、源远流长，为岭南开发较早的地区之一。宋代乐史撰《太平寰宇记》引《郡国志》言："韶州科斗、劳水间有韶石，两石相对，大小略均，有似双阙……昔舜帝游此石，奏韶乐，因以名之。"其实，"韶"字来源于"舜帝南巡奏韶乐"的千古美妙传说早在隋唐时期就已流传。隋开皇九年（589 年），韶州以"韶"为州名，千百年来始终未改。此后，在中华大地上以"韶"命名的古城韶州成为岭南著名州府。迄今为止，韶关是唯一以"韶"命名的历史文化名城。

马坝人的发现证明了早在十多万年前，人类的祖先就在韶关这块古老的土地上繁衍生息。石峡文化遗址的发掘又告诉人们，在四五千年前，这片区域已经与长江流域在经济文化方面有了密切的联系，及至秦破百越、纳岭南，韶州成为岭南最早归属中央政权管辖和开发的地区之一。汉晋以降，珠玑先民持续南迁至珠江三角洲，衍成广府民系和广府文化。可以说，韶文化是岭南文化早期的一个主要源头。唐代著名文学家皇甫湜在为韶州作《韶阳楼记》时写道："岭南属州以百数，韶州为大。"韶关作为广东北大门及粤北历史文化中心，自古就发挥了传输中原文化、弘扬岭南文化的先进作用。

韶关自古为岭南重镇，又是人杰地灵之都、山川灵秀之域。唐初，禅宗南派创始人六祖惠能在韶州弘法近四十年，述成了第一部中国化的佛家经典《六祖坛经》，形成了著名的禅宗文化。南北朝时期以勇猛刚烈著称的风烈将军侯安都，唐开元盛世名相、以风度名扬天下的张九龄，北宋时期学深刚毅、文采拔萃、以风采而著名的政治家余靖，明代抗倭名将陈璘，清代著名思想家廖燕等，都是受韶文化滋养的土生土长的韶州人杰。唐代大文豪韩愈，北宋文学家苏东坡，南宋诗人杨万里、著名理学家朱熹、名臣文天祥，明代才子解缙、著名学者丘睿、理学家陈白沙、科学家徐光启、军事家袁崇焕，清代著名诗人王

士祯、朱彝尊，以及民国时期革命先行者孙中山，新中国创建者毛泽东、朱德、陈毅等一大批名人都在韶关留下了千古流芳的诗文和历史足迹。在中华世纪坛上铭刻的一百多位对中国历史文化产生深刻影响的人中有两位外国人，其中有一位是被誉为"中西文化交流第一人"的意大利传教士利玛窦，他也曾经于明代在韶关活动六年，对西学东渐和东学西传作出了不可磨灭的贡献。

从古代相传"舜帝南巡奏韶乐"到岭南名州、历史文化名城，经过代代相传，韶关地区已经形成了岭南文化中不可或缺的重要组成部分——韶文化。因此，我们说，韶文化是指分布在粤北地区的、受历代行政区划和自然环境影响孕育滋生的一种有着较为突出特征的史志阶段的区域文化。简言之，韶关本土的历史文化就是韶文化。韶文化的核心是以"韶"为主的包容、和谐、善美的传统精神，其文化结构的主要元素是舜韶乐文化、客家文化、南禅宗佛教文化、历史名人文化、瑶族文化、矿冶文化、山区生态文化、红色革命文化等，在文化形态上既表现了与岭南文化的同一性，又表现出自然与人文各方面的多元性和独特性。正是由于以上在地域特征、自然生态、族源构成等方面显示出的诸多特殊性，以"韶"为主题的韶文化才得以确立，并在数千年的历史中不断融合发展。

二

韶文化是岭南文化中一个主要的文化类型。这个文化类型的特色在以石峡文化为代表的萌芽阶段已初现端倪，南越国在秦代及两汉以后步入发展阶段，曲江（又称曲红，因曲红岗得名）、始兴郡皆为当时岭南最重要的中心城市之一，特别是此地最富特色的以丹霞红岩为主的自然生态风光逐渐被人们发现，而且由于舜帝南巡奏韶乐的历史传说，原名"曲红岗"的丹霞地貌被赋予"至美""至善"的韶乐精神，并命名为"韶石"："隋平陈，为韶州，以韶石为名。"（唐初梁载言《十道志》）至此，以"韶"为核心的优美的自然环境和善美和合的韶乐人文精神在粤北地区被有机地结合起来，韶乐、韶石、韶州成为这一地区最显著的文化符号。基于地方行政区划和自然环境特殊性而形成的区域文化——韶文化，在保留了岭南文化一般特征的同时，逐渐在粤北展现出自己独特的文化结构、文化形态特征，主要表现在：

——舜帝韶乐文化。它不仅是韶关得名之源，而且有历史上一大批古建筑作为载体，以及隋唐以来历代史志和名人歌赋作为文献记录。韶乐的和谐善美精神在韶关地区至少已传播千余年，它是韶文化的精神内核，是统领其他文化要素的主导部分，也是区别于其他区域

文化的重要地方特色。之所以把粤北地区的文化称为"韶文化"，其主要原因正在于此。

——汉族移民文化、粤北客家文化、瑶族文化、疍民文化构成了韶文化的民族民系主体。特别是持续南迁的珠玑巷移民构成了日后广府民系的主体，对岭南和东南亚的开发影响深远。

——发源于韶关的南禅宗佛教文化及其他宗教文化构成了韶文化精神层面的重要补充。南禅宗文化使佛教比较彻底地中国化，影响超出岭南，波及全国甚至全世界。

——历史上，粤北古道交通文化和名人文化突出。粤北是中原文化和岭南文化之间的主要通道、海上丝绸之路的陆上重要节点，而惠能、张九龄、余靖等都是岭南人杰，影响广泛。

——历史悠久的矿冶文化。韶关采矿历史久远、规模巨大，是世界上最早运用"淋铜法（湿法炼铜）"来大规模生产胆铜的地方。矿冶业延续至今，是韶关的重要经济命脉，也是韶关突出的城市文化特色和韶文化的突出特征。

——山区生态文化。地域居民秉承"天地同和"精神，在历史长河中与自然和谐相处，生态环境基本保持良好，是韶文化特色的显现，也是今后韶关发展的最重要的资源之一。

——以毛泽东、朱德、陈毅等人及抗战时期的广东省委在韶关的革命活动为代表的红色革命文化。此外，孙中山以韶关为根据地二次誓师北伐、抗战初期广东省省会北迁韶关等也都是宝贵的历史财富。

上述文化结构、文化特征是韶文化的主要内涵，也是我们开展韶文化研究的主要方向。

三

重视韶文化的研究、传承与弘扬，对岭南文化的传播与发展具有非常重要的意义。深入细致地挖掘和研究韶文化，可以有力地推动粤北历史文化研究的发展，推动地方人文历史与环境的良性互动，丰富人民群众的精神文化生活，深化岭南文化的固有内涵，促进岭南文化繁荣发展，为广东建设文化强省、韶关建设区域文化中心提供理论依据和文化支撑。有鉴于此，韶关市和韶关学院于 2009 年 11 月正式联合成立了韶文化研究院，现已拥有专职、兼职研究人员 40 多人，特聘文化顾问 10 人。研究院成立以来，在韶关学院和韶关市委宣传部、韶关市社会科学界联合会的领导与支持下，积极开展地方文化历史研究与传播工作，先后获准设立广东省张九龄研究中心、广东省韶文化研究基地。2012 年 7 月，经广东省委宣传部和广东省社会科学院发文，

研究院升格为广东地方特色文化（韶文化）研究基地，成为全省首批九大特色文化研究基地之一。

本丛书即是该基地的初期研究成果。丛书的规模暂不限定，计划先用三年时间陆续推出几批著作。目前选题以历史文化为主，专注于与韶关有关的人、事和物，今后将逐渐扩大研究范围。

感谢韶关学院的党政领导和韶关市委宣传部、韶关市社会科学界联合会对本丛书立项、研究撰写和出版发行的支持与资助。特别感谢本丛书的各位作者，正是由于他们的辛勤劳动和无私奉献，本丛书才得以付梓面世。暨南大学出版社对本丛书的出版发行给予了帮助，在此一并感谢。

是为序。

韶关市韶文化研究院
韶关学院韶文化研究院
广东地方特色文化（韶文化）研究基地
2014 年 10 月

前　言

　　我生长于乌迳古道域内牛子石脚下的一个小山村——孔坑。小时候常听老人们讲，我们的祖辈除了耕种之外，还要经常去"打肩担"谋生。那时候我并不明白"打肩担"为何意，长大后才慢慢知道，"打肩担"就是去做"挑夫"。"挑夫"者，"挑货之夫"也。然而，老辈们为何要去做"挑夫"？他们挑的是什么？从哪里挑到哪里呢？这些问题仍长时间地困扰着我。

　　近年，经过对乌迳古道的历史及其移民与商贸的调查、研究，对这个问题也有较清楚的认识了。

　　乌迳古道是紧依昌水、浈水而成的一条水陆联运的粤赣通道，古时称"乌迳路"。明嘉靖《南雄府志》记："乌迳路，通江西信丰，陆程二日，水程三四日，抵赣州大河。庾岭未开，南北通衢也。"从此记可知，乌迳路是"庾岭未开"［指唐开元四年（716 年）张九龄新开大庾岭路］时的"南北通衢"，其东北可沿九渡水下桃江、入贡水、出赣江、至长江，西北连梅关古道，西通浈江、下北江、至珠江，直至海外，真乃"通衢"也。

　　自古以来，乌迳古道不仅是移民之道，也是商贸之道，更是一条文化之道。

　　说到移民，我们首先会想到中原移民南迁之"中转站"——珠玑巷。珠玑巷留下了太多的移民故事，无怪乎说它是南迁珠江三角洲氏族之发祥地，是珠江三角洲氏族之"七百年前桑梓乡"。蒙志所抒发的"珠玑古巷，吾家故乡"，表达的是"凝聚姓氏宗亲的情感符号"。

　　其实，乌迳古道也承载了诸多移民的脚步。如西晋建兴三年（315 年），西晋太常卿李耽被贬为始兴郡曲江县令，"由虔入粤"，卜

居新溪，从而成了客族迁雄的"第一家"；其后裔唐朝金紫光禄大夫李金马又开南雄人文之先河，以致有"先有新田李，后有浈昌县"一说。故言：可不知有浈昌，但不可不知有新田耶。

唐弘道元年（683 年），唐相杜如晦之后嗣杜正宇奉诏自肇庆入京，"时粤未经通道，宇公道由广及韶，路经乌迳"，见乱不进，卜居乌迳，建杜屋村，是为"浈昌杜氏之始祖"，后子孙繁衍，遂成一方望族。唐后迁入乌迳古道域之民日多。所以说，乌迳古道与珠玑巷一样，是一条移民之道。

在商贸活动中，乌迳古道的作用与梅关古道一样重要，甚至更为突出。洪武二年（1369 年），乌迳设有平田巡检司，而梅关古道上的红梅巡检司迟至洪武十六年（1383 年）才设立，沙水、通济两镇则是成化乙未年（1475 年）间建成。明清时期，乌迳曾被称为"市"，古道上的新田码头曾有"日屯万担米，夜行百只船"之盛况。至抗日战争期间，乌迳路仍然是赣粮、粤盐驿运的主要线路，也是粤赣的主要通道。至此，我也就弄清楚和回答了上面有关"打肩担"的问题。

在中原文化向岭南传播的过程中，乌迳古道域内各姓族人以其特有的方言、建筑、饮食和风俗建构起"乌迳古道文化圈"。圈内至今仍传承着比较独特的以姓为节的"姓氏节"民俗，以致沉淀出有别于南雄其他文化圈的"姓氏节文化"特质。

古都南雄州，历史悠久，源远流长。它枕楚跨粤，为南北咽喉之地；居五岭之首，为江广之冲，成为连接珠江、长江两大水系之枢纽，素有"岭南第一州"之称。而乌迳，同样以"一条古道、一个节日"体现其固有的文化神韵。当然，每一种文化都延续着一个民族的精神血脉，既需要薪火相传、代代守护，也需要与时俱进、勇于创新。对家乡的文化进行调查与研究就是要使之得到继承、得到守护，从而发扬之、光大之，使之发挥出应有的作用。

尽管这一过程会很艰辛，但我相信，只要努力，就有成功的希望。

韶关学院赖井洋
2015 年 6 月 30 日

目　录

第一章　乌迳古道

乌迳古道，史称"乌迳路"①（除引文，下统称乌迳古道），位于古南雄州（今广东省南雄市，下统称南雄）之东北部，因其紧依粤赣交通要塞"乌迳"而得名。

在南雄地域，历史上的乌迳古道和梅关古道一样，是连接珠江水系与长江水系的重要通道，它们和其他岭南古道一样，共同构成了南粤大地北出赣、湘，直通中原之要道。

一、南雄地理历史概况

南雄位于广东省东北部的大庾岭南麓，毗邻江西、湖南，史称"居五岭之首，为江广之冲，控带群蛮，襟会百粤。内通江汉，外控番夷。东抵循梅，西距郴桂。雄盖南国"②，具有"枕楚跨粤，为南北咽喉"之作用。其北部越过大庾岭与江西省之大余县接壤，东部与江西省之信丰县毗邻，南部与江西省之龙南县、全南县及本省之始兴县交界，西部是本省之仁化县、曲江县（今韶关市曲江区）。

南雄之地势西北高、东南低，南北两面群山连绵，中部为狭长的丘陵，自东北向西南沿浈江两岸伸展，直至始兴县的马市镇，此域在地理学上被称为"南雄盆地"。盆地内为闻名中外的南雄红层。自20世纪60年代初期开始，由于陆续在盆地内发掘出一批恐龙、恐龙蛋及其他脊椎动物的化石，因而，南雄又被誉为"恐龙之乡"。

南雄之历史，可谓悠久。关于南雄的历史沿革，明嘉靖《南雄府志》曾载："南雄，古扬州之南境。春秋为百粤，战国属楚，秦为南

---

①②　广东省地方史志办公室辑：《广东历代方志集成·南雄府部（一）·（嘉靖）南雄府志》，广州：岭南美术出版社2007年版，第66、53页。

海郡曲江县地。秦末，赵佗行南海县尉，据地称粤王。汉元鼎五年（前112年）平粤，以曲江隶桂阳。元封五年（前106年），置十三郡刺史，又以桂阳属荆州。三国鼎分，魏得荆州。赤壁之败，遂入于吴。大帝黄武五年（226年）置广州，又属广州。孙休永安六年（263年），分曲江县地置始兴县。继分桂阳、南海二郡，置始兴郡，统曲江、始兴等七县。晋复以始兴郡属荆州。宋更始兴郡为广兴。齐复曰始兴。梁置衡州于洤光县，仍分隶衡州。未几，建东衡州于始兴县，而始兴郡属焉。寻废东衡州，陈大建二年（570年）复之。隋平陈，废始兴郡，以其地属广东总管府。唐武德四年（621年）置韶州，复属韶州。光宅元年（684年），分始兴县置浈昌县。五代伪汉刘晟乾和四年（946年），割韶州始兴、浈昌二县置雄州。宋开宝四年（971年），潘仁美征岭南，克英、雄二州，以河北亦有雄州，加南字别之，宣和间赐郡，名曰'保昌'。元为南雄路，隶广东道宣慰司、都元帅府。皇明洪武元年（1368年），革路为府，隶广东等处，承宣布政使司，领二县如故。"该志又记："宋宣和间，南雄由浈昌改保昌，实属'避仁庙讳'。"[1] 至清"嘉庆十二年，改府为州，直隶布政使司，裁去保昌，领始兴一县"[2]。

现今的南雄市，辖1个街道、17个镇、31个居委会、208个村委会。市人民政府驻雄州街道。全市总面积2 361.4平方千米，总人口47.48万人。

二、乌迳的历史沿革与得名考

历史上，乌迳镇一直是南雄最大的乡镇。2013年《南雄年鉴》记，现今的乌迳镇，辖区在南雄市东部，东邻界址，南邻坪田、南亩，西邻黄坑、大塘，北邻油山镇，面积157.5平方千米，辖21个村委会、1个居委会，人口近5万人，是南雄市辖内最大的乡镇、革命老区。镇政府驻地为乌迳圩。

1. 乌迳的历史沿革

据明嘉靖《南雄府志》载：在南雄"府厢二隅三乡八都二十六图

① 广东省地方史志办公室辑：《广东历代方志集成·南雄府部（一）·（嘉靖）南雄府志》，广州：岭南美术出版社2007年版，第10页。

② 广东省地方史志办公室辑：《广东历代方志集成·南雄府部（二）·（道光）直隶南雄州志》，广州：岭南美术出版社2007年版，第34页。

五十一"的"里图"中，乌迳归属通仙乡崇仁都。该志云："崇仁，一图，东一百八十里，旧名白胜大黄里。"① 其《古迹》中记："大黄巡检司，在乌迳村。"② 这实际上也是关于乌迳地域——乌迳村的一个较为明确的记载。

而明代所设的平田、百顺、红梅三司，其中，平田司设于"乌迳"，这不仅在明嘉靖《南雄府志·营缮》中有记，而且清道光《直隶南雄州志》中也有明确的指向，"平田巡检司署，在城东一百里乌迳。洪武二年己酉朔建"③。洪武二年即 1369 年。平田巡检司的创建比洪武十年（1377 年）所置于百顺圩的百顺巡检、洪武十六年（1383 年）置于梅关下（后迁火迳）的红梅巡检司均早。从这里也可以看出乌迳在当时的交通、商贸中所具有的显著地位。时至清代道光年间，在南雄州辖中，乌迳虽是商贸之"市"，然而它仍属平田巡检司崇仁都管辖。

为了进一步说明明代三司与乌迳古道域内现今自然村落及姓氏节的问题，特根据明嘉靖《南雄府志》卷上"提封"中的"里图"及《直隶南雄州志》所载，把三司的情况作一简介。

明嘉靖《南雄府志》卷上"提封"中的"里图"记，南雄有"府厢二隅三乡八都二十六图五十一"④。它们分别是：保昌东厢、北厢，东隅、南隅、北隅（各一图），九成乡（九成，旧名闻韶。五都：政教、正化、百顺、凌源、闻韶）、知劝乡（四都：修仁、迎春、周南、石前）、望梅乡（五都：杨律、归仁、长甫、灵潭、茹惠）、通仙乡（四都：延福、上朔、莲溪、崇仁）、惠杨乡（三都：平田、官田、乌源）；始兴有永乐、顺德、归德三乡。时乌迳属通仙乡崇仁都。

清嘉庆十二年（1807 年），南雄改府为直隶州，原保昌县下属行政区以一吏目和三巡检司（平田、红梅、百顺）分治。《直隶南雄州志》之"都里"记："南雄州辖，县一始兴，乡八，都五十一。""三司"的具体情况如下：

平田司，洪武二年（1369 年）创建。

东至分水坳 25 千米与江西信丰县界，西至平湖 45 千米与吏目属

---

①②④ 广东省地方史志办公室辑：《广东历代方志集成·南雄府部（一）·（嘉靖）南雄府志》，广州：岭南美术出版社 2007 年版，第 55、57、34 页。

③ 广东省地方史志办公室辑：《广东历代方志集成·南雄府部（二）·（道光）直隶南雄州志》，广州：岭南美术出版社 2007 年版，第 198 页。

界，南至官仁村 50 千米，北至木公寨 20 千米与信丰县界。

崇仁都 1 市 1 圩 13 村：乌迳市，界址圩，水松、牛子石、白胜、迳口、大竹、黄泥（今作坭）洞、叶坑、黄坑、赵屋、赵坑、伯劳社、分水坳、南大坊。

平田都 1 圩 13 村：平田圩，中坪、平湖、坳背、茶塘下、大塘下、姜塘、吴屋、平岗、亨邦、龙头村、上邓坳、下邓坳、白沙村。

延福一都 10 村：浆田、延村、五炉、马头岭、石沟塘、莲口、平林、平田坳、里瑶陂、赵岭井石。

延福二都 2 圩 7 村：新田圩、大塘圩，朔水（今名溯水）、甘埠、高溪、孔村、朱黄塘、龙迳、廖地松头。

莲溪一都 1 圩 8 村：龙口圩，黄塘、鱼产、龙口、齐石、古楼、丰乡、老鸦坑、背迳。

莲溪二都 7 村：溪塘、耶溪、上塘水、白龙坑、大塘面、官溪、园浦。

官田都 1 圩 10 村：南亩圩，南亩村、官田、文坑、岭下、长洞、蔡屋场、芙蓉、水尾、邓坑、排楼下。

长甫一都 1 圩 10 村：水口圩，弱过（今名篛过）、水口、大部、大坑、瓜园、里溪、黄坑、泷下、小坑村、泷头。

长甫二都 11 村：何村、赤岭、平湖、上湖洞、平地、武岗头、勋口、高桥、月光坪、下湖、江背。

周南四都 11 村：圆浦、溜溪、上坪、正山、石塘、鱼仙、大小侃、西林水、官仁村、江头、长潭水。

平田司有 1 市 7 圩 100 村。

百顺司，洪武十年（1377 年）创建。

东至五里山 50 千米与吏目属界，西至石榴花寨 25 千米与仁化县界，南至沥坪 60 千米与始兴县界，北至分水坳 75 千米与江西大庾县（今大余县）、湖南郴州市界。属村有：百顺都 21 村，闻韶都 14 村，正化一、二、三都 45 村，凌源都 19 村，归仁一、三都 27 村，正上二、三都 16 村，共 143 村。

红梅司，洪武十六年（1383 年）创建。

东至湖口 20 千米与平田司界，西至周地 15 千米与百顺司界，南至长迳桥 25 千米与吏目属交界，北至大庾岭 15 千米与江西大余县界。

属村有：灵潭一、二都 20 村，上北一、二、三都 24 村，杨律一、二都 10 村，茹惠都 12 村，上朔一、二都 15 村，乌迳都 7 村，共 88 村。

从南雄之"里图"（明）、"都里"（清）及吏目三司的情况看，乌迳所属不变。置于乌迳的平田巡检司创建得最早。而在张九龄奉诏新开大庾岭路后，乌迳古道虽然一度暗淡，但是，至明清时期，由于社会经济的发展，其历史作用又得到了进一步的凸显。

2011 年《南雄市志》记：乌迳，"相传古时通往江西信丰县小道，名十里迳，迳深林密，乌鸦群集，因名'乌迳'"。乌迳，"明代属通仙乡崇仁都。清代沿明制。咸丰四年（1854 年）改都为约。民国十七年（1928 年）建乌迳乡，先后属第六区、第二区、第三区。1958 年属跃进人民公社。1962 年，跃进人民公社被分为乌迳、新龙、界址、孔江 4 个人民公社。1971 年乌迳与孔江合并为乌迳人民公社。1979 年又分为乌迳、孔江人民公社。1984 年改为区。1986 年改为镇。2001 年底，孔江并入乌迳镇。乌迳镇辖区面积 158 平方公里，是广东省 273 个中心镇之一"[①]。由此可见，乌迳在南雄辖区中占有重要的历史位置。

2. 乌迳地名的由来

关于乌迳地名的由来，传说颇多，仍有待考证。现选辑几则如下，以兹证明其实。

（1）"鸟径"的传说。

据当地老者讲述，"乌迳"未开发为圩市时，其所在地叫杜屋村。杜屋村建于唐天授庚寅元年（690 年），是昌水河边的一个小村。昌水位于村南，自东蜿蜒向西。相传，村南的昌水河边，原有一条由新田圩，经永镇街、锦龙圩，通江西信丰九渡水圩的东西走向的小径，小径弯曲，松青竹翠，群鸟栖息，鸟语花香，俗称"鸟径"。当然，此"鸟径"并非唐代杜荀鹤《游茅山》诗中所指"步步入山门，仙家鸟径分"的险绝山间小径，而是一条沟通南北的乡间小径。

到了宋朝，有一位到南方上任的州官想探询"鸟径"的情况，于是写信向地方绅士询问，这位绅士在复信中写道："乌迳之地在此，

圩坊颇为热闹……"他把"鸟"字错写成"乌"字、"径"字错写成"迳"字后，这位州官就给"鸟径"题写了一块牌匾——"乌迳圩"。从此，"鸟径"就变成了"乌迳"，该地名也沿用至今（笔者认为，这可能是繁体字中"鳥""烏"与"徑""逕"之笔误）。

对于繁华的"乌迳圩"及其街道，南雄文史工作者庄礼味先生曾说，乌迳的"永镇街是乌迳一条颇为热闹的街，为江西信丰往南雄的过往通道。店铺比比皆是，有饭店、酒店、茶店等。近处有一口清澈如镜古井，酿出来的酒醇香清甜，吸引着不少过往宿客。如今鹅卵石铺地古道历历在目，保持着古镇的风韵"①。只可惜，近年的城镇化建设使得该街被毁坏。

（2）"乌鸦"栖息之"十里迳"说。

此说称：昌水河边有小径，小径两旁多松、竹，乌鸦常常群栖于此，故俗称"乌迳"。

这一传说与《广东省志·地名志》所记相吻合。该志记："乌迳镇，南雄县辖镇。在县境东北部。因镇人民政府驻乌迳圩得名。此地古时有小迳通江西信丰，名'十里迳'，后因小迳两旁树木荫葱，乌鸦栖此，改称'乌迳'。1958 年成立乌迳公社，1984 年改区，1986 年建镇。"②

2011 年新编《南雄市志》对乌迳作如是记：相传古时通往江西信丰县小道名"十里迳"，迳深林密，乌鸦群集，因名"乌迳"。

据传说和相关资料的介绍，不管是"鸟径"，还是"十里迳"，两者并不冲突。"鸟径"也好，乌鸦栖息之"十里迳"也好，其实就是当地建村较早的新田村（后称圩）通江西信丰九渡水圩之小迳的一段。因为早在西晋愍帝建兴三年（315 年）时，李耿便于新溪建村（今新田村）；而南雄是在唐光宅元年（684 年）始建县，新田建村要比南雄建县早 369 年。于是，新田村便有"迁雄第一村"之谓，同时也有"先有新田李，后有浈昌县"一说。新田邻近江西信丰，由于商品交换的就近性是古代商贸往来的一大特点，因此，在新田与信丰之间逐渐形成了一条通道，乌迳也慢慢发展成具有一定规模的圩市。

---

① 姚亚士主编：《粤北民俗大观》，广州：广东人民出版社 1994 年版，第 366 页。
② 广东省地方史志编纂委员会编：《广东省志·地名志·乌迳镇》，广州：广东人民出版社 1999 年版，第 215 页。

（3）乌迳圩与杜屋村的关系。

据1995年《中国江南杜氏联修族谱》（甲编卷）记，杜屋建村可追溯至唐代。明嘉靖五年（1526年）冬，丙戌科进士伍箕曾为乌迳杜氏重修族谱作序，其《如晦公愉公房序传·明南雄保昌乌迳杜氏重修族谱序》云："乌迳杜氏，派衍京兆，唐名相如晦之后嗣，刺史端州遂分居此地，代有历年，人文蔚起，载入邑志，诚凌江望族也。"同年冬，杜如晦之三十三嗣孙绍总、绍园所作《明杜氏重修谱源序》亦云：唐贞观十九年（645年），蔡国公杜如晦之三子杜愉悦任端州刺史，后卒于任，此杜姓入岭南之始。杜愉悦生二子，长正宇，次正宸，"宸公未经拔擢仍留端州，迄今杜姓繁衍于广肇属邑者，皆宸公苗裔"。

杜正宇文武双全，智慧过人，继任太守。天授庚寅元年（690年），唐武后临朝称制，举国选拔人才，杜正宇"奉诏入京"，至南雄便遇家人南下报信，曰："武后打杀李唐旧臣，家里面临大祸，望公子好生为之。"接报后的杜正宇便"托病不前"，向东"走马散心"，行至乌迳，见该地后龙山郁郁葱葱并有七棵松树呈北斗七星状，顿生爱慕，于是下马叫家人在此安顿，以图日后北上。但事件并未出现转机，杜正宇只好选择长居此地。从此，杜正宇在乌迳开基创业，并把此地命名为杜屋村。"名曰杜屋，盖不忘所氏也。此宇公为浈昌杜宅之始祖也"。由此可见，建于唐代的杜屋村是乌迳圩最早开基居住的古村落。

如今，在乌迳圩及周边地区分布着十多个姓氏、几十个自然村。每年"开年"到乌迳来舞龙、舞狮者，一定要在杜屋村参拜杜氏宗祠后才能到其他地方舞龙、舞狮，这一习俗自唐以来就有，是自杜屋建村时的一个俗成。究其原因，是当时的杜屋村人认为，乌迳圩域内所居的各姓中，杜姓迁入乌迳最早，子孙繁衍，遂成望族。故，有"一姓三乡"之俗说。其实，杜氏宗祠得到朝拜，乃当时杜氏之实力使然罢了。

因此，乌迳之名，可从三个维度加以理解：

其一，古道之名。依上面所言之"鸟径""十里迳"之说，因古道紧依昌水流域，故泛指乌迳古道域。

其二，地域之名。乌迳巡检司辖内，平田巡检司于明洪武二年（1369年）设于该地。

其三，圩市之名。乌迳圩覆盖了原杜屋村、乌迳村、八角楼、上屋街、下屋街等地域，是因为南北商贸往来的增多、移民的迁入而发展起来的一个边境圩场。由于商贸的旺盛，明清时期，乌迳曾被称为"市"，因此，乌迳又可以被认为是圩市之名。

从上面的分析可知，乌迳之地在宋之前名为"鸟径"；宋后，因该地乡绅信件之误而使"鸟径"之地名变成了"乌迳"，并沿用至今。

三、乌迳古道的时空概念

南雄，据"古扬州之南境"可知是岭南古都。《南雄府志》载："雄居五岭之首，为江广之冲，控带群蛮，襟会百粤。内通江汉，外控番夷。东抵循梅，西距郴桂。雄盖南国之纪。"[①] 南雄地位重要，以致在其境内形成了多条沟通南北的交通要道，其中，梅关古道、乌迳古道是最重要的交通要道。

正如上面所引，乌迳古道史称"乌迳路"，因贯通南雄东部古代商业中心——"乌迳市"而名显。那么，古道开于何时呢？

1. 乌迳古道是比梅关古道存在更早的南北通道

乌迳古道作为沟通粤赣的南北通道，其开通、形成于何时呢？带着这个问题，在查阅相关文献资料的基础上，结合昌水上游流域的古迹、古村落的情况进行了相关分析，情况如下：

（1）明嘉靖《南雄府志》关于"乌迳古道"的文字记载。

明嘉靖《南雄府志》是由时任南雄知府胡永成修、进士谭大初纂的地方志，它于嘉靖二十一年（1542 年）刻成。该志不仅承接了宋元时期的部分旧序，也增加了修纂者的新序，从中可以说明南雄历史的某些变迁。如胡永成于《南雄府志·后序》中云："雄志三十年未修，续修于今，非永成敢僭（佞）妄举事，幸有郡进士谭君次川成稿在，永成特乐成之。"[②] 而郡人谭大初于《南雄府志·后序》中则曰："雄之为州，自伪汉乾和始，州之为南，自宋开宝始，郡故有志。历宋元

---

①② 广东省地方史志办公室辑：《广东历代方志集成·南雄府部（一）·（嘉靖）南雄府志》，广州：岭南美术出版社 2007 年版，第 53、119 页。

而正德凡六修，嘉靖壬酉冬。"① 明嘉靖《南雄府志》"是为今存最早的府志"②。

明嘉靖《南雄府志》于"营缮"中对乌迳古道作如是记："乌迳路，通江西信丰，陆程二日，水程三四日，抵赣州大河。庾岭未开，南北通衢也。"③

可以说，明嘉靖《南雄府志》中对"乌迳路"的记载，当是较早的文字记载，也应该是较准确的文字记载。

由此为引，清康熙十四年（1675 年）刻本《南雄府志》、乾隆十八年（1753 年）刻本《南雄府志》与《保昌县志》、嘉庆二十四年（1819 年）修及道光四年（1824 年）续修的《直隶南雄州志》（广州心简斋刻本）等均如是作记。（以上各志均收录于 2007 年岭南美术出版社出版的《广东历代方志集成》）即使是 2011 年由南雄市人民政府地方志编纂委员会编纂的《南雄市志》对乌迳古道的记载，亦然。

从明嘉靖《南雄府志》所载"乌迳路，通江西信丰，陆程二日，水程三四日，抵赣州大河。庾岭未开，南北通衢也"推之，乌迳路是古代连通粤赣的水陆联运的重要通道，也是古代岭南地区直达豫章（今江西南昌）、进入中原与江南地区的古道之一。它的存在时间，要比中唐时期张九龄奉诏新开凿的大庾岭路要早，即乌迳古道在"庾岭未开"之时就已经是"南北通衢"。

（2）乌迳新田李氏族谱关于乌迳古道的相关记载。

人口的增加、村落的形成，促进了经济的发展、商业的繁荣。乌迳古道因"乌迳"而得名，乌迳又因古道而繁荣。而西晋太常卿李耿于新溪（今新田）建村则是其中的关键因素。

乌迳毗邻新田，新田开村始祖为西晋太常卿李耿。据 1997 年《新溪李氏十修族谱》记载：李耿后裔，中唐户部侍郎、金紫光禄大夫李金马，曾请当时颇具盛名的太尉、卫国公、同中书门下平章事李德裕为李耿作《晋太常李公介卿传》，传云："介卿公，古秣陵后街人也，赋性忠纯耿直，为晋愍帝太常。公见朝政危乱，国事日非，乃叩陛出

① 广东省地方史志办公室辑：《广东历代方志集成·南雄府部（一）·（嘉靖）南雄府志》，广州：岭南美术出版社 2007 年版，第 120 页。
② 南雄县地方志编纂委员会编：《南雄县志》，广州：广东人民出版社 1991 年版，第 15 页。
③ 广东省地方史志办公室辑：《广东历代方志集成·南雄府部（一）·（嘉靖）南雄府志》，广州：岭南美术出版社 2007 年版，第 66 页。

血，极言直谏，愍帝弗纳，而廷争不已，帝遂怒，左迁公始兴郡曲江令。"于是，李耿于"建兴三年（315 年）乙亥秋，奉上曲江之谴，挈家之任，由虔入粤，道经新溪，环睹川原幽异，可卜筑以居，因浩然叹曰：'晋室之乱，始于朝士大夫崇尚虚浮，废弛职业，继由宗室弄权，自相鱼肉，以致刘聪乘隙，毒流中土。吾既屏居远方，官居末职，何复能戮力王室耶'。于是遂隐居新溪之岸，肆志图书，寄情诗酒，悠然自得，而付当世之理乱于罔闻焉。"之后，"子孙繁衍，人文蔚起，遂成一方望族"。

李耿南迁的直接动因是其被贬为曲江县令，而"八王之乱""五胡乱华"的动荡局势则是其弃官定居新溪的社会因素。

李德裕为李耿所作《晋太常李公介卿传》，虽有同姓后裔光耀先辈之嫌，但所记则是研究新田建村历史及古代南雄历史的重要资料。

南雄，春秋为百越地，战国属楚，秦属南海郡，汉属豫章郡之南野，三国属吴之始兴郡始兴县。南北朝以降，虽州郡多次变异，而始兴县属不变。唐光宅元年（684 年），把始兴县东北部的化南、横山二乡划出而另置"浈昌县"，浈昌因境内浈水、昌水而得名。而据上引可知，李耿徙南而卜居新溪，时间为西晋建兴三年（315 年）。由此推之，新田建村（原为"新溪"，后为"新田"）比南雄建县要早369 年。

故有学者认为，新田村是中原"迁雄第一家"，民间也有"先有新田李，后有浈昌县"之说。西晋李耿一支在现居南雄的各氏族中，可以说是来得最早的；后历经发展，形成了一个以新溪为中心的李姓聚族而居的区域。

可见，乌迳古道早于梅关古道，是"庾岭未开"前的南北通衢。

当然，从史料来看，梅鋗一支比李耿一支更早来到南雄，梅鋗是开发南雄乃至岭南的先驱。

据《史记·越王勾践世家》载，公元前 355 年，越王无疆伐楚，兵败而身亡。"越以此散，诸族子争立，或为王，或为君，滨于江南海上。"[①] 秦并六国，越人又各拥君王，往南迁徙，梅鋗是其中的一支。

屈大均于《广东新语》中也记："越人以文事知名者，自高固始。

---

① （汉）司马迁：《史记》（第 41 卷），北京：中华书局 1959 年版，第 1751 页。

以武事知名，自梅鋗始。当越人之复畔秦也，以鋗为将。"后从沛公伐秦，"秦既灭，项羽封鋗为台侯，食台以南诸邑。其后沛公以鋗能成番君功名，复封鋗为广德十万户（侯）"①。另据清乾隆《南雄府志》记："梅鋗，其先越勾践子孙，避楚走丹阳，更姓梅。周末，散居沅湘。秦并六国，越复称王，遂踰零陵往南海，鋗从之。至台岭家焉，筑城浈水上，奉王居之，居民因呼台岭曰梅岭……鋗子孙多徙居曲江、浈阳。"②

尽管从"至台岭家焉，筑城浈水上，奉王居之"中，可以看出梅鋗一支来南雄的时间比李耿一支要早，但是史料也显示，梅鋗一支留居南雄域内者寡，居曲江、浈阳（今广东英德）、翁源者众，现居南雄的氏族中也无梅族。而且，古道域内各姓族谱均较详细地记载了该族的源流，从而也说明无论是《南雄府志》所记的随"越王尝驻台关而六千君子随隶版籍"的六千君子，抑或是秦征南粤的将士及《史记·淮南衡山列传》载的"秦二世时，龙川睢令赵佗曾'使人上书，求女无夫家者三万人，以为士卒衣补，秦皇帝可其万五千人'的"万五千人"，都没有留下在南雄、乌迳之地定居的文字记载。

因此，西晋李耿一支是卜居南雄最早的一支客族，这一说法印证了新田村是"迁雄第一家"之说。李耿"由虔入粤，道经新溪"，也正好反映了中原、江南客族南迁之境况。

李耿赴任曲江县令当由乌迳古道南行，理由如下：

其一，大庾岭路经梅岭，而梅岭历来被认为是瘴气蛮烟、蛇蝎出没、虎啸猿啼的地方，是道路崎岖，险绝不可登之地，有"溪行逢水弩，野店避山魈"（张祜《度大庾岭》诗）之恶。时人把大庾岭路比作"蜀道"，视之为畏途。

其二，乌迳路自赣州、信丰至乌迳、南雄、曲江，水陆两便，地势平坦。"舟车运行无不求其所宁易"，在古代以水运为主的岭南地区、南雄地域，乌迳路是其连接中原最快捷、最平坦的通道。

两相比对，原乌迳路要比大庾岭路更平坦、更快捷，李耿没有理由弃"平道"而涉"畏途"。这也可以说明，乌迳古道要比张九龄奉

① （清）屈大均：《广东新语》（第7卷），北京：中华书局1985年版，第221页。
② 广东省地方史志办公室辑：《广东历代方志集成·南雄府部（一）·（乾隆）南雄府志》，广州：岭南美术出版社2007年版，第559页。

诏新开的大庾岭路即梅关古道要早。

所以，有研究者指出："在交通带动下兴起的村落、城镇不计其数，享有'西晋第一村'美誉的新田村先祖便是循着乌迳古道，一路南行落户于此的。"[①] 新田村自建村至今已有近 1 700 年的历史，是广东省著名的古村落。

（3）乌迳杜屋杜氏族谱关于乌迳古道的相关记载。

据《中国江南杜氏联修族谱》（1995 年）之《明杜氏重修谱源序》记："粤稽杜姓得氏于周成王灭唐邑迁封杜伯因氏焉，厥后派衍甚繁，而其人文之蔚起、勋业之彪炳则莫盛于京兆。而京兆而居岭南者，吾祖悦卿公是也"，"杜愉悦生二子。长子杜正宇，弘道元年（683 年），诏同三品以上各举一人，广州都督裴舒景交章荐宇公有文武才，公应召见"，"时粤未经通道，宇公道由广及韶，路经乌迳，值高庙崩，嗣圣即位"，"武后称帝"。于是，杜正宇便托疾不进。"见此地川原秀异，因复卜居，名曰杜屋，盖不忘所氏也。此宇公为浈昌杜宅之始祖也。"次子杜正宸留居端州，"迄今杜姓繁衍于广肇属邑者，皆宸公苗裔"。

而《清杜氏三修谱源流引》也记，"吾杜姓世居京兆，自唐贞观十九年（645 年），宦祖悦卿公由太常博士拜朝散大夫，出为端州刺史，遂繁衍岭南。二世正宇公应诏毕见，由广达韶，路经乌迳。旋值武后僭位，乃托疾不进，卜居乌迳。其时光宅元年（684 年），始分始兴郡东北置浈昌县。是未有浈昌以前，吾祖已立籍此邦，较他姓为独久。由唐迄今，鼎更数朝，年延千载"。岭南杜氏后裔认为："愉公为岭南杜氏之始祖，宇公为浈昌杜氏之始祖也。"

从杜氏族谱所记中，我们不难得出杜正宇于弘道元年（683 年）自端州（今广东肇庆）北上京师，由于"时粤未经通道"，便"由广及韶，路经乌迳"。这个记载说明其所走路线是"南北通衢"之乌迳古道。

（4）新田村附近古墓、民居遗址见证乌迳古道开通前后的社会状况。

其一，乌迳新田甘埠山汉代民居遗址。"位于乌迳镇新田村甘埠山，1984 年 10 月发现，面积约 20 亩，略成长方形。在地面采集的遗

---

① 李娟：《乌迳古镇》，《开放时代》2009 年第 12 期。

物有瓦当、滴水、板瓦，均是青灰色，绳纹。还有大量的陶片，多为罐、壶、碗等残件，纹饰有方格纹、素面弦纹，少数方格纹拓印，还有石锹1件。陶片、瓦片、板瓦均是泥质灰陶，火候较高，制作方法为轮制，属东汉延至西晋的遗址遗物。"[1]

其二，乌迳新田汉墓。分布在乌迳新田村龙口山与甘埠山周围，1982年10月先后被发现，共有3座，其中2座为东汉墓，1座为西汉墓。

其三，乌迳西晋墓。位于乌迳新田村甘埠山，1984年10月文物普查时被发现。

其四，乌迳南朝墓。位于乌迳中学内。

上面所述说明，在乌迳新田村附近发现的汉墓、民居遗址及西晋墓、南朝墓遗址，在一定程度上可以说明古墓、民居遗址、古村与古道的内在联系。而李耿南迁，"由虔入粤，道经新溪"，正好说明李耿是从今西信丰沿乌迳古道进入乌迳，然后于新溪开村、落户而居，由此之后，中原及赣闽浙之人沿乌迳路陆续南迁至乌迳，并散居于乌迳昌水流域。

因此，我们有理由说，乌迳古道是汉晋时期因北人南迁而开辟成路的，后因其承担了"庾岭未开，南北通衢"之重要作用而为社会所认识和肯定。

近年来，随着对海陆丝路研究的深入，中山大学黄伟宗教授在对乌迳古道进行考察后也指出："乌迳古道是比梅关古道开发得较早的粤赣通道"，此论是成立的。

虽然自开元四年（716年）张九龄奉诏新开大庾岭路后，乌迳古道的作用逐渐衰微，但是至明代中叶时，其作用又日渐凸显。明清时期，乌迳称"市"，乌迳、新田沿河有盐牙行221间，每天来往于乌迳至南大坊的牛车约100辆，来往于南雄至新田、乌迳的木帆船有500艘，时有"日屯万担米，夜行百只船"之称。此时，乌迳设有平田巡检司。乌迳路是赣粮粤盐驿运的主要线路，也是粤赣的主要通道。

综上所述，可以断定乌迳古道是"庾岭未开"前的"南北通衢"，是比梅关古道更早出现的南北通道。1934年雄信公路建成通车，乌迳路的作用逐渐为公路所替代，但其仍是乌迳附近民众来往的主要通

① 南雄县地方志编纂委员会编：《南雄县志》，广州：广东人民出版社1991年版，第711页。

道；而 1969 年建成的孔江水库，使古道的一部分淹没于水底，乌迳路的作用也为水库之水所淹没。

2. 乌迳古道的空间概念

对于乌迳古道的空间问题，笔者认为可以从狭义与广义两个方面加以理解。

狭义上的乌迳古道是指西起乌迳新田圩码头、东北至江西信丰九渡水圩码头，沟通粤赣的陆路通道。古道全程约 40 千米，路面宽 2 至 3 米，路面由鹅卵石和花岗岩石砌成，四季可通牛车和马车。

而广义上的乌迳古道西起南雄县城、东至江西赣州，除陆路外，还包括从南雄县城的浈江河道码头到乌迳新田码头、九渡圩码头至赣州大河（赣江）码头的两段水路，全程 200 多千米。

（1）乌迳古道的陆路行程及存在的问题分析。

关于乌迳古道的陆路走向情况，今存以下两种说法：

第一，"东北走向说"。

此说认为，古道为东北走向。具体路线：从新田圩码头转陆路起，经乌迳圩、七星树下、杜屋村、永锦街、石坳子，过锦龙圩、石盘江、迳口，到石迳圩；由石迳圩过老背塘、犁木坵、担水排、焦坑俚、分水坳，进入江西信丰县九渡镇潭头水，再到九渡水圩码头转水运，全程约 40 千米。古道自石迳圩到担水排段，由于 1969 年建成的孔江水库储水而淹没于水底。

第二，"正东转东北说"。

此说认为，古道为正东转东北走向。具体路线：从新田圩码头转陆路起，向东经乌迳圩、田心、松木塘，继而向北转鹤子坑、鸭子口、石迳圩、老背塘、犁木坵、焦坑俚，进入江西信丰县九渡水圩码头转水运，全程约 50 千米。古道自石迳圩到担水排段，由于 1969 年建成的孔江水库储水而淹没于水底。

两种说法所说明的古道陆路之相同点有三：古道陆路起点相同、终点相同、水库所淹路段相同。而区别呢？即在于对古道陆路从乌迳圩到石迳圩的走向问题的争议。

为了解决这个争议，求证乌迳古道的历史原貌，笔者与课题组成员曾多次对古道的陆路情况进行实地考察，并走访了一些较为知情的人士：

叶逢饶，83 岁，乌迳小学退休教师。

赖荣惠，75 岁，乌迳镇原教办主任、退休教师。

李森林，86 岁，乌迳中学退休教师，新田村李姓第 85 代传人。

赖华清，73 岁，原庙前小学民办教师。

再结合史料得出如下结论：第一种说法，即乌迳古道是东北走向一说，较准确地描述了古道的原貌，可信。理由如下：

其一，它表明了古道的东北走向与昌水走向的一致性；而且地势相对平缓，比较符合古代先民傍水而居、依水筑路的惯性。

其二，它指出了在古道的发展过程中，途中出现供路人休息而建的石盘江凉亭，因人群积聚而成的较大的商业圩市——锦龙圩、石迳圩。它们的存在说明了古道在当时的盛况，这也是构成古道走向的重要元素。

其三，经实地考证，古道沿线还残留下断续的、由鹅卵石铺砌而成的路面。其中，古道经乌迳老圩的鹅卵石路面、永金街的鹅卵石路面、石盘江至石迳圩的鹅卵石路面保存较好，这是构成古道的重要部分，是证明乌迳古道存在及其具体走向的有力证据。

第二种说法——"正东转东北说"则认为古道在乌迳圩开始向东，经田心、松木塘、鹤子坑而折向北面，经鸭子口而到石迳圩。此方向只能算是大体准确，因为松木塘村的范围不是一个点而是一个域，域内存在空间距离。但是，这种走向的乌迳古道离昌水稍远，路程也远了许多，违背了相同地理条件下避远就近的常理。

这种说法实际上是把清代的乡道乌迳段当成了古"乌迳路"。《南雄县志》曾记，南雄州清代乡道州城至焦坑段，途经的主要村落为："拱桥、午田、洋分、太和、湖口、长市、许村、黄坑、长龙、新田、乌迳圩、田心、松木塘、鹤子坑、鸭子口、石迳圩、老背塘、犁木坵，往东进入江西信丰县九渡水圩。"[1] 其对南雄州清代乡道州城至焦坑段的记载符合第二种说法，即"正东转东北说"。

而《南雄市志》又记："乌迳路是一条仅次于梅关古道的贯通南北、水陆联运的古道。由南雄城溯浈水而上，三四天到达乌迳，转陆路经田心、松木塘、鹤子坑、鸭子口、石迳圩、老背塘、犁水坵、焦坑俚，进入江西信丰县九渡水圩码头转水运，以小艇（每艇载四五十

---

① 南雄县地方志编纂委员会编：《南雄县志》，广州：广东人民出版社 1991 年版，第 293 页。

石）沿九渡小邕下桃江，入贡水，出赣江，运程 100 多公里（千米），三四天到达虔州（今江西赣州）。明嘉靖年间，每日来往于乌迳路牛车约 100 辆，往来于南雄至新田、乌迳的木帆船约 500 艘。民国二十二年（1933 年），县城至新田往返需六七天，有小民船 240 只。民国二十三年（1934 年）雄信公路建成通车，逐步替代了乌迳路。"这里所记虽然大体上反映了乌迳古道的情况，但是，该志对此道所记的某些地方既与史料相悖，也与实际情况不符，值得商榷。

第一，"乌迳路是一条仅次于梅关古道的贯通南北、水陆联运的古道"，这里的"仅次于"是指时间乎？作用乎？"庾岭未开，南北通衢也"是对此最好的诠释。

第二，"由南雄城溯浈水而上，三四天到达乌迳"与"县城至新田往返需六七天"，这里的"三四天""六七天"水路行程时间是对明嘉靖《南雄府记》所记时间的误读。实际是"由南雄城溯浈水而上到乌迳"只需 1 天；而"县城至新田往返"水路路程，正常也只需 2 天，至多不会超过 3 天。由此推知，古道行程当以嘉靖《南雄府志》为准。

第三，新田"转陆路经田心、松木塘、鹤子坑、鸭子口、石迳圩、老背塘、犁水坝、焦坑俚，进入江西信丰县九渡水圩码头"，此非陆路主道，实乃反客为主之误也。主道应该是从新田圩码头转陆路起，经乌迳圩、杜屋村、永锦街、石坳子，过锦龙圩、石盘江、迳口，到石迳圩；由石迳圩过老背塘、犁水坝、担水排、焦坑俚，进入江西信丰县九渡镇的潭头水，再从九渡水圩码头转水运。

据以上调查和分析，笔者认为 1991 年版《南雄县志》及 2011 年版《南雄市志》关于"乌迳路"的记载存在不准确的地方，这是对乌迳古道的误读。这种不准确性直接影响到了之后的方志研究，因此有必要加以纠正。当然，我们也要注意，1934 年开通的雄信公路，其原路也非乌迳古道。

（2）乌迳古道的水路及行程。

广义上的乌迳古道是水陆联运的粤赣通道，那么，古道从南雄至赣州所经水路的情况又如何呢？

《南雄县志》记："浈江航道起于新田，由东到西贯穿南雄境内，出古市经始兴、曲江县境，在韶关市与武水汇合为北江。浈江航道总

长 211 公里（千米），其中县境内 112 公里（千米），最宽河面 220 米。"① 又记："古代因浈江航运发达，县城沿江有码头 10 座。" 而新田码头 "故址原在新田桥上游约 6 米处，泊位宽 12 米，码头通道长 10 米，设置 15 级石坎，每段坎高 16 至 18 厘米，坎宽 30 厘米，码头直通新田圩河边街各商行。1970 年以后，水运无法上行，码头废弃。"② 原新田桥 2006 年毁于洪水，今新田桥新建于 2011 年。

如果我们把方向加以调整，由西向东，则会得出这样的结论：乌迳古道水路从南雄县城浈江码头出发，溯浈江、昌水而上可直达乌迳新田圩码头，由新田圩码头转陆路，至九渡水圩码头下桃江，入贡水，出赣江，至赣州乃至福建及长江流域和中原地区，两段水路行程超过 200 千米。

以水为道是南方古代交通的一大特征。在韶关连接粤湘、粤赣的四条古道中，乐宜古道、乌迳古道是水陆联运的古道，它们和其他地方的水陆通道交互连接，从而构成了岭南庞大而有序的水陆联运网。

（3）昌水与乌迳古道的关系。

昌水是浈江源头。明嘉靖《南雄府志》有关于浈水、昌水、凌江之记载。"府南曰浈，源出梅岭，下流经灵潭、乌源都，至何村与昌水合。曰昌，源出信丰界，下流经延福、莲溪都，至何村与浈水合。又下流四十余里，至城西与凌水合，同入于海。二水合流，因名县曰浈昌。西曰凌江，源出百丈山，下流八十里至归仁都，又六十里至城西合浈水。宋天禧间保昌令凌皓凿渠堰水灌田，故名。"③ 而清乾隆《南雄府志》记："昌水，城南，源出信丰界，流经延福、莲溪、弱溪，至何村与浈水合，又四十余里至城西与凌水合，同入海。"④ 道光《直隶南雄州志》则记："昌水，在保昌县北六十里，源出江西信丰县界，下流流经延福、莲溪二都，又四十余里，至县西与凌水合入东江。浈昌二水合流，故县曰浈昌。"⑤ 乾隆《保昌县志》也有类似记载，不赘。

① 南雄县地方志编纂委员会编：《南雄县志》，广州：广东人民出版社 1991 年版，第 303 页。

② 南雄县地方志编纂委员会编：《南雄县志》，广州：广东人民出版社 1991 年版，第 304 页。

③ 广东省地方史志办公室辑：《广东历代方志集成·南雄府部（一）·（嘉靖）南雄府志》，广州：岭南美术出版社 2007 年版，第 52 页。

④ 广东省地方史志办公室辑：《广东历代方志集成·南雄府部（一）·（乾隆）南雄府志》，广州：岭南美术出版社 2007 年版，第 343 页。

⑤ 广东省地方史志办公室辑：《广东历代方志集成·南雄府部（二）·（道光）直隶南雄州志》，广州：岭南美术出版社 2007 年版，第 185 页。

由此，我们知道，浈江上游——昌水，位于南雄县境东部，发源于江西省信丰县爬栏寨（一说中亭坑），在信丰境内集雨面积达 38 平方千米。昌水流入南雄县境后，于湖口镇何村与发源于梅岭的浈水（现为南山水）合为浈江，并于南雄县城西与发源于百顺百丈山的凌水汇合，统称浈江。浈江向西流经始兴、曲江，接修仁水、墨江、跃溪水、杜安水后，于韶关与武水汇而成北江。浈江在南雄境内长 112 千米，流域面积达 1 756 平方千米，其中昌水占了半壁江山。

昌水由信丰流入南雄后，于界址镇和马芜水、大坑水等汇集成今孔江水库。在乌迳镇境内，昌水汇东部的庙前水，南部的桥渡安水、黄洞水，北部的高排水、大竹水于一体，流域面积不断扩大，以致形成了历史上南雄治下最大的人口聚居区域、经济中心——乌迳。在以水为主要交通载体的古代，乌迳路紧依昌水。昌水水系是南雄境内唯一的内河航道，乌迳从而成为交通与运输的重要地区，借此而促进了商贸的繁荣。在清乾隆《南雄府志·建置略》有关圩市的记载中，乌迳是"二十一圩一市"中的"市"①，是南雄府的第一大圩市。由此可见，乌迳在当时的作用与影响之大。

这几则资料说明了浈江与昌水、凌水及其他支流的关系及昌水的走向与乌迳古道的关系。乌迳古道依昌水而开，其走向与昌水的走向相一致。历史上人类的诞生、生存、发展，无不与水有关，乌迳区域亦然。

综上所述，对乌迳路广义和狭义之理解可进一步深入：

广义的乌迳路是一条水陆联运的粤赣通道，由南雄城溯浈水至湖口，入昌水，直达新田码头，转陆路经乌迳圩、杜屋村、永锦街、锦龙圩、田心、鹤子坑、鸭子口、石迳圩、老背塘、犁水坵、焦坑俚，进入江西信丰县九渡水圩码头，转水运可至赣州。

狭义的乌迳路就是指依昌水而成的陆路，它由乌迳的新田码头开始，经乌迳圩、杜屋村、永锦街、锦龙圩、田心、鹤子坑、鸭子口、石迳圩、老背塘、犁水坵、焦坑俚，进入江西信丰县九渡水圩码头。

为了还历史以真实，也为了更好地从宏观上把握乌迳路，本书所述倾向于对乌迳古道作广义上的理解。

---

① 广东省地方史志办公室辑：《广东历代方志集成·南雄府部（二）·（乾隆）南雄府志》，广州：岭南美术出版社 2007 年版，第 406 页。

四、乌迳古道的历史印记

据 1998 年《南雄文物志》及 2011 年《南雄市志》记载，乌迳古道域内发现了诸多的古迹。这些古迹不仅见证了该地域人类活动的印记，也反映了乌迳古道上人们的社会生活状况，在一定程度上见证了乌迳古道的存在与演变。

1. 遗物、遗址

（1）遗物。

新石器时期遗物。1984 年 4 月在水口镇下楼村附近台地发现新石器中期石质斧形遗物 1 件。1980 年 4 月在界址镇黄坑村对面岭上发现石斧 1 件。1981 年 5 月在水口镇篛过村东 2 千米雄苗公路旁北侧，发现青玉色两面钻孔石锛 1 件，石斧、石刀各 1 件。1982 年 7 月在黄坑镇围背水库发现磨制石斧、石刀各 1 件。1984 年 9 月在湖口太和岭发现石质牙璋 1 件和细石刀、石铖等 8 件。

（2）遗址。

新田甘埠山汉代民居遗址。"位于乌迳镇新田村甘埠山，1984 年 10 月发现，面积约 20 亩，略成长方形。在地面采集的遗物有瓦当、滴水、板瓦，均是青灰色，绳纹。还有大量的陶片，多为罐、壶、碗等残件，纹饰有方格纹、素面弦纹，少数方格纹拓印，还有石锹 1 件。陶片、瓦片、板瓦均是泥质灰陶，火候较高，制作方法为轮制，属东汉延至西晋的遗址遗物"[①]。

黄竹潭汉代民居遗址。该遗址位于今水口镇政府西北 200 米，1982 年被发现，面积约 1 600 平方米。遗址在耕作区域，大部分文化层被破坏，在田埂上仍可看到少部分厚约 80 厘米的文化层。

2. 古墓葬

（1）乌迳新田汉墓。分布在乌迳新田村龙口山与甘埠山周围，1982 年 10 月先后被发现，共有 3 座，其中 2 座为东汉墓，1 座为西汉墓。

（2）乌迳西晋墓。位于乌迳新田村甘埠山，1984 年 10 月文物普

---

① 南雄县地方志编纂委员会编：《南雄县志》，广州：广东人民出版社 1991 年版，第 711 页。

查时被发现。

（3）乌迳南朝墓。位于乌迳中学内。

（4）宋墓：位于油山乡大兰村北1千米处双坑大兰羊角岭冲天凤形山半山腰，墓为半圆拱形，用红砂质岩条石砌叠而成，刻有"孔闰墓"三字。

3. 古城堡、古建筑

（1）乌迳水城。

乌迳水城位于乌迳圩东南约1千米处，城似椭圆形，直径约150米，面积2.25万平方米，城外有一条5米多宽的小河环绕，故名"水城"。该城建于明嘉靖二十八年（1549年），只有一座城门，高2.34米，宽1.46米，深1.37米；城门外架石桥1座，是进出城的唯一通道。城墙用青砖砌成，墙高5米。今城墙部分已倒塌，但城门保存完整。城门上有石匾1块，刻有"七星世镇""明嘉靖己酉知府周南立"。该城主要为防盗防兵而建，现今仍有少数村民居住。

（2）延村水城。

延村水城位于大塘延村，距城百里，建于明嘉靖四十二年（1563年）。该城由庠生士冯子正国倡议，乡民自筹资费建成，被誉为"义举"。"城横阔8丈（26.7米），直深13丈（43.3米），取土之处，积水为濠，中通街衢，西北各开一门，西城门曰永昌，北城门曰拱辰"。清道光《直隶南雄州志》卷二十"艺文略·四"中，谭大初所撰写的《延村水城记》对此有记载。该城主要为防盗贼而建，今废。

（3）古祠堂。

古道域内祠堂众多，各姓祠堂多建于明清时期，规格不等。规模较大的计有：建于明代的溪塘村陈氏宗祠；建于清代的黄塘村叶氏宗祠、孔塘村赖氏祠堂、上朔村彭氏宗祠、浆田村黄氏爱敬堂、篛过村欧阳氏宗祠、白胜村叶氏宗祠、新田村李氏宗祠、水松村董氏宗祠、上朔村欧氏宗祠等。

另有延村尚书第，它位于油山镇延村，建于清代，相传为纪念宋代端平年间兵部尚书冯迁而建。1987年重修。府第匾额正面刻"尚书第"，背额刻"世宦名家"，均无落款。

（4）古塔、古桥。

乌迳古道域内现存一些古塔，古塔均被列为南雄市文物保护单

位，它们是：油山平林惜字塔，为明末砖塔；许村宋代砖塔；坪田镇龙口村宋代砖塔，也称新龙塔；上朔塔，为清代砖塔。

古桥则有新田桥。新田桥位于乌迳镇新田圩，横跨昌水，桥长77米，宽3.5米。桥面用麻石平铺而成。全桥共7墩8孔，以松树作墩基，墩有鹅胸形排水装置。桥高5.6米，孔高5米，孔宽6.6米。桥北碑文记载："建于清代光绪十三年（1887年）岁次丁亥十一月。"该桥2008年被洪水冲毁。

（5）古寺、古庙。

伏龙寺。该寺位于油山镇上朔村，始建于宋代，内有宋嘉祐铁铸钟1座。

其他古寺有水口寺在上朔村，净明寺在油山，观定寺在延村，东华山寺在坪田镇，龙凤山寺在坪田镇，回龙庵在乌迳镇；还有未录入市志的乌迳镇朝天院、罗汉岩等。

五、乌迳古道与古南雄州的交通

历史上，古南雄州的交通网主要由乌迳古道、梅关古道、百顺古道、南亩古道与其他乡道构成。

1. 乌迳古道是古南雄东出江西的通道

乌迳古道依昌水而成，通江西省信丰县。对乌迳古道的文字记载，较早的当属明嘉靖《南雄府志》，该志以"乌迳路"表述，并认为它是"庾岭未开"前的"南北通衢"。之后，清康熙十年（1657年）陆世楷、姚昌胤纂修的《南雄府志》，乾隆十八年（1753年）胡定纂修的《南雄府志》及嘉庆二十四年（1819年）余保纯、黄其勤纂修的《直隶南雄州志》，均以此为据对乌迳古道的开通时间及历史作用加以确证。乃至2011年所修的《南雄市志》也言："乌迳路是一条贯通南北、水陆联运的古道。"[1] 古道上往来的车、船及商旅众多，彰显出古道的繁华及历史作用。

由此可见，乌迳古道不仅是"南北通衢"，还是古代南雄重要的交通要道。

---

① 南雄市人民政府地方志编纂委员会编：《南雄市志》，北京：方志出版社2011年版，第280页。

2. 梅关古道亦是古南雄东出江西的通道

梅关古道始辟于秦，最初主要用于军事，唐宋时期则多用于移民与商贸。随着历史的发展，南北的商贸交流等活动逐渐扩大，原来"载则曾不容轨，运则负之以背"的险峻、狭小道路越来越不适应时代的发展。唐开元四年（716 年）冬，左拾遗张九龄奉诏开凿岭路、拓宽路面，在梅岭顶上凿通了一座长 66.6 米、高 33.3 米的大山坳，使梅关古道变成了"坦坦而方五轨，阗阗而走四通"的大道。

所以，白寿彝在《中国交通史》一书中指出，唐代在经济、政治、文化方面的发展，带来了交通的大发展，在国内交通路线中，出现了不少新开的和新筑的道路；同时，为承接隋朝的运河，又新辟了许多水道。在唐代新开的关内道、河南道、江南东道、江南东道和岭南道中，"恐怕要以'关内道'的'偏路'为最长、大庾岭的山路为最要。大庾岭是一条由西而东的山脉。在未开新路前，这山似只有蜿蜒小径，供单身人崎岖地通过，为南北交通的阻碍不少。新路既辟，自广州北上者，便可得到许多的便利"[1]。岭南货物，溯北江，入浈江，到达南雄，然后经梅关古道越大庾岭至南安，再沿章水，下赣江，出长江；而岭北货物，也多沿此道，下浈水，入北江，至珠江，乃至海外。

两宋时期，随着全国政治、经济中心的南移，南来北往的商旅有百分之七八十经过梅关古道，交通运输日见繁忙，北往的货物主要是粤盐、海货及韶州岑水场（今曲江大宝山）的铜；南下的货物主要是茶、丝、瓷器和米谷，每天来往于古道的夫力不下千人。其中，交通运输工具的改进，如宋嘉祐中推官肖世泛创制的手推车，"一车可胜数人之载"，使运输量大大提高。

明代，梅关古道上设置了 7 条街（珠玑街、石塘街、里东街、灵潭街、中站街、火迳街、小岭街，鳞次栉比的茶楼客店为商旅提供了食宿方便。清代，商贸日益发展，由广州进出口的货物越来越多，古道交通更为繁忙。

虽然张九龄奉诏开凿梅关古道后乌迳路的作用日降，但至明清时期，乌迳路的作用又日益凸显。在此期间，乌迳称"市"，古道上有乌

---

[1] 白寿彝：《中国交通史》，北京：商务印书馆 1984 年版，第 119 页。

迳市、新田圩、锦龙圩、石迳圩等商品集散地，曾有"一市三圩"之说。

然而，不管历史如何，乌迳路是一条比梅关古道存在要早的南北通道，这一点是毋庸置疑的，但它们都是联结珠江水系与长江水系的纽带。

3. 南亩古道是古南雄南出江西的重要通道

南亩古道位于今南雄市南部的水口镇、南亩镇境内，因其依南亩水而成，贯穿南雄水口、南亩两镇，故有研究者把此道亦称为"水口—南亩古道"。

南亩古道东与新龙、界址相接，远而可达江西省信丰县；西与湖口镇相连，可至梅关古道；从南亩南下经中冷、长洞，可至江西省全南县陂头；接宝江水、南亩水，北汇浈江。

水口—南亩古道是乌迳古道域内南入江西龙南等地的交通要道，但其作用与影响较微。

4. 凌江古道是古南雄西北出仁化、湖南的重要通道

凌江古道位于今南雄市西北部，依凌江而成。凌江，古称横浦水、楼船水，位于南雄市西北部，发源于百顺镇杨梅村的俚木山，流经澜河、富竹、密下水、陂头、莲塘，至市郊水西村与浈江汇合。凌江古道是南雄经全安镇、帽子峰、澜河至百顺，然后连接广东仁化、湖南汝城的交通要道。

凌江古道是南雄域内北入湖南汝城的粤湘通道。古道内有麦铁杖墓及黄屋城等历史古迹，域内还传承着"丰收节"的习俗。

除此之外，古代南雄的其他乡道也有一定的规模。古南雄乡道的发展是以州城为中心向四周乡村辐射的，历史上古南雄的乡道主要有8条。据《南雄交通志》载，南雄古乡道中，偏东南及西北乡道属山道，多弯曲，险峻难行；而东、南乡道属丘陵，平坦宽阔。乡道大都为鹅卵石或花岗石路面，部分路段可行单轮手推车（清代直隶南雄州的主要乡道见图1，线路见表1）。新中国成立后，乡道多为公路所取代。

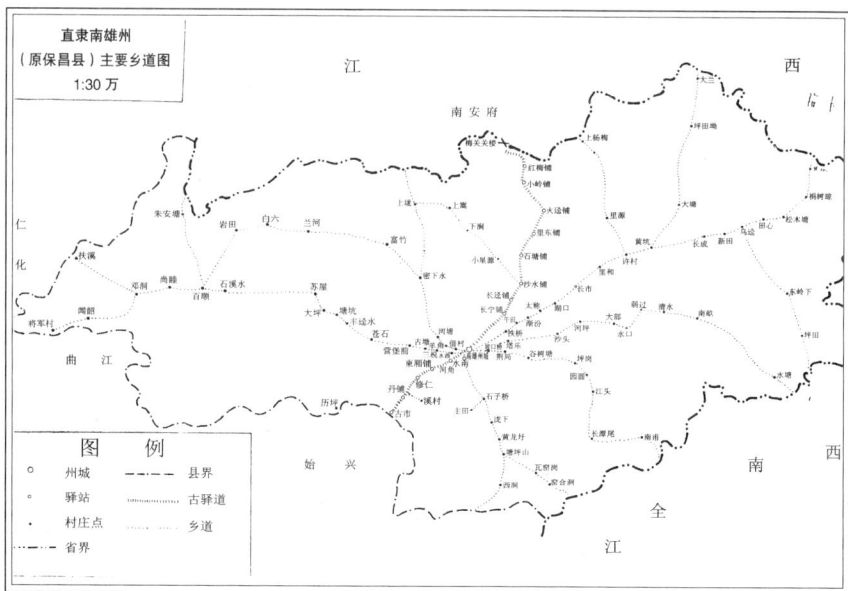

图1　清代直隶南雄州主要乡道图①

表1　清代直隶南雄州主要乡道线路一览表②

线路起讫	途经主要村落	里程 （千米）	延伸方向
州城至蕉坑	拱桥、午田、洋坋、太和、湖口、长市、许村、黄坑、长龙、新田、乌迳、田心、松木塘、鹤子坑、鸭子口、石迳圩、老背塘、犁木坵	80	往东进入江西省信丰县九渡水圩
州城至南甫	黎口桥、荆岗、谷树塘、江头、长潭尾	50	进入江西省全南县境
州城至长洞	哈乐、沙头、河坪、头渡、大部、水口、篛过、清水塘、南亩	45	进入江西省全南县陂头
州城至大兰	承平、太和、湖口、长市、许村、黄坑、大塘、坪田坳	60	往北入江西省南安（今大余）境
州城至老村	水南、石子桥、泷下、黄龙坪、窑合洞	32.5	南入江西省全南县境、西南至始兴县澄江

---

① 广东省南雄县交通志编纂领导小组编：《南雄交通志》，1990 年，第 40 页。
② 广东省南雄县交通志编纂领导小组编：《南雄交通志》，1990 年，第 40 页。

线路起讫	途经主要村落	里程（千米）	延伸方向
州城至闻韶	水西、三枫、古塘、营堡前、苍石、半迳水、塘坑、大坪、石溪水、百顺、甘地、邓洞	80	往西进入仁化县境（闻韶今隶仁化县）
州城至白云	借村、羊角岭、河塘、密下水、富竹、潭溪、澜河	55	西北通境内百顺
州城至瓔珞铺	河南街、东厢铺、修仁、丹铺、古录	30.5	南入始兴县境（瓔珞铺今隶始兴）

总的来说，古南雄为沟通南北的交通要道，自古以来来水陆交通两旺，浈江河船艇如梭，古道驮担摩肩接踵，是"商贾如云，货物如雨，万足践履，冬无寒土"的丝路通道。四通八达的水陆交通网和优良的自然条件，使古代南雄地域成为早期人类的聚居地之一。这种交通条件在南岭地区不仅占有一定的优势，而且发挥着重要的历史作用。

六、乌迳古道的历史作用

作为"庾岭未开，南北通衢"的乌迳古道，历史上，它不仅是移民之道，也是商贸之道。

1. 乌迳古道与移民

对于乌迳古道与移民的关系将详述于另章，这里只作简述。

自秦已降，历代迁入南雄域内的客族约有千族。由乌迳古道承接的客族也很多。其迁入时间大体可分为三个比较集中的时期，即魏晋、唐宋和明清时期。其迁入线路大体上可分为以下三种：中原—江浙—闽西—赣南—乌迳；中原—赣南—南雄—乌迳；闽西—赣南—始兴—乌迳等。

魏晋：现据各族族谱的记载来看，最早迁至乌迳的是新田李族，始迁祖为西晋太常卿李耿。史记李耿为西晋愍帝朝太常卿，因直谏而被贬为曲江令；后因深感时局动乱和仕途危艰，于建兴三年（315年）弃官举家由秣陵（今南京）南迁，隐居于新溪（今南雄新田），因此新溪成为客族"迁雄第一村"，也称"西晋第一村"。

唐时，迁入乌迳古道域内的有：

平林孔族，始迁祖岭南节度使孔戣三子孔温宪，自小随父宦游岭南。唐乾符年间，为避朱温乱，举家卜居平林。

山下叶族，始迁祖叶浚，崖州都督，原居浙江处州。唐末，任满归里，过南雄，闻黄巢之乱，乃举家卜居山下七星树下。

上朔彭族，始迁祖彭南选，五代楚兵部尚书彭承彦之曾孙，于后唐天成年间自吉安永丰沙溪迁来开基。

宋时，迁入乌迳古道域内的有：

乌迳叶氏继崖州都督叶浚之后迁来乌迳古道域的有，户部侍郎叶仲华迁龙口；进士、南雄州助教叶宗文迁坪田亨邦；龙门县令、曲江侯叶翁卜居南雄北关，其后裔迁坪田。

水松董族，始迁祖董玮，因荐举任南雄州刑曹参军，举家于北宋元符三年（1100年）自江西乐安县迁来南雄东门居住，南宋初再迁水松开基。

界址赵族，始迁祖赵子崧，宋太祖后裔，曾任镇江知府，于南宋绍兴二年（1132年）谪居南雄，卒后，子孙迁居界址龙头坊。

上浆田黄族，始迁祖黄伯麟，举人，随时任广东转运使的大哥宦游南雄，卜居上浆田。

古城李族，始迁祖李叔通，北宋绍圣进士、广州司马，卒于南雄。子孙世居古城。

延村冯族，始迁祖汴梁冯朝信，宋咸平举人，惠州博罗令，于咸平三年（1000年）秩满北归，道经南雄，卜居延溪上井坊；又南海冯朝仁，邓州参军，于宋景祐四年（1037年）卜居延溪嘉兴坊。

至明及清初，由闽西、赣南迁来的客家氏族渐多。其迁徙路线不一，有的由闽西、赣南直接迁来，有的则由闽西、赣南迁始兴后再迁南雄乌迳。

从始兴迁入者，如南雄第一大姓刘氏，历代迁雄60余族，其中一半来自赣南之信丰、龙南、兴国、南安（今大余）、上犹、安远及福建之武平；另一半则从闽西、赣南迁始兴，历数代后再迁南雄。

又如陈氏，有十大支派迁雄，主要来自始兴笃庆祠、外营祠、顿岗祠、净花祠，人户几占七成。

李氏，有三大支派迁雄，即西晋太常卿李耿大族来自秣陵（今南京），唐西平王李晟大族来自赣南和宋进士、节度使李火德大族来自

026

始兴，而来自始兴的人户约占六成。

再如张氏，有 48 族迁雄，其中来自始兴的有 36 族。钟氏、王氏、林氏、卢氏、徐氏、沈氏、聂氏迁雄者多数来自始兴。

历史上的中原南迁之民，在梅关古道未开之前多取道乌迳路而落籍乌迳；唐开元后则是借道梅关古道落户南雄，但更多的是继续南行，甚至散布海外。

2. 乌迳古道与商贸

乌迳古道是古代岭南地区以水运为主，连接中原的最快捷、最平坦的通道，它承接着古代粤盐赣粮及其他货物的商贸往来，而域内乌迳也逐成商贸中心——"乌迳市"。

三国时期，岭北战乱不断，而孙权定都建业（今南京），偏安江南，所以江南通往岭南的路线是沿赣水直达桃江渡口九渡，然后肩挑货物经乌迳古道至新田，再入昌水，下浈江，沿北江直下而达广州。

唐开元四年（716 年），虽然张九龄奉诏开凿新大庾岭路（即梅关古道）后，来往于岭南与中原的货物多数经梅关古道转运，但通过乌迳古道的人车仍十分繁忙。

五代时，由于位于江南的南唐国与岭南的南汉国有密切交往，所以乌迳古道又再度兴盛起来，明代时最兴旺，这种兴旺延至清代的中前期。

乌迳曾于明清时期称"市"。关于"市"或"圩市"，早在南朝时就已经出现。据骆伟于《〈南越志〉辑录》文中所引《岭南文丛》之言，南朝宋沈怀远的《南越志》记载："越之市为圩，多在村场，先期召集各商或歌舞以来之，荆南岭表皆然。"[1] 而中经唐宋，迄至明清，虽然有过兴废，总体上还是有进一步的发展。胡朴安于《中华全国风俗志》引宋人吴处厚在《青箱杂记》卷三"岭南风俗"中所言："岭南谓村市为圩。柳子厚《童区乙传》云：'之圩所卖之。'诗云：'青箬裹盐归洞客，绿荷包饭趁圩人'，即此也。盖市之所在，有人则满，无人则虚。而岭南村市，满时少虚时多，谓之为圩，不亦宜乎。"[2] 李龙潜在《明清时期广东墟市的类型及特点》一文中曾指出，

---

① 骆伟：《〈南越志〉辑录》，《广东史志》2000 年第 3 期。
② 胡朴安编著：《中华全国风俗志》（上），石家庄：河北人民出版社 1986 年版，第 244 页。

"广东的墟（圩）市，从商品交换的情况看，大致可以分为三种类型"："第一种是没有固定字号商店的定期市场，称做（作）'墟'"；"第二种是设有固定字号商店，'常日为市'的常开市场，称做（作）'市'"；"第三种是'市与墟兼之'的市场"①，这反映了广东圩市的发展情况。"乌迳市"同样具有这些类型及特点。据《南雄交通志》记载，"明嘉靖年间，乌迳称市，新田、乌迳沿河有盐店、牙行二百二十一间，来往乌迳至南大坊的牛车，每天约一百辆，往来于南雄至新田、乌迳的木帆船约五百艘"②，且专设3个水运装卸码头，其中新田码头有"日屯万担米，夜行百只船"之说。至清代，乌迳已发展为南雄州的第一大圩市，闽、粤、赣三省来往贸易的人川流不息，走乌迳路的商客及人力肩挑、畜力运输不计其数。《南雄交通志》还记："光绪二十年（1894年）四月初一，本县乌迳地区山洪暴发，新田沉船三十多艘。"③ 这从一个侧面反映了当时新田码头的繁忙状况。直至清末，乌迳古道仍然是岭南与中原、江南联系的桥梁，作用不可低估。

"乌迳市"因乌迳路而繁荣。由于交通便利，商客往来不断，"乌迳市"沿新田的昌水河边有盐店、牙行211间，各种作坊100余间，它们在古代南雄商贸中具有一定的实力和地位，这从明嘉靖十七年（1538年）南雄各商行所认缴的牙税岁纳银表中可窥一斑（见表2）。

表2　嘉靖十七年（1538年）南雄各商行所认缴的牙税岁纳银表

行名	人数（人）	认纳银数（两）
保昌县盐买头牙行	30	250
乌迳盐牙行	24	50
火迳盐店家	6	50（租税银）
盐篓牙行	50	150
猪牙行	20	60（正税200）
骡驴牛牙行	15	20
鱼盐鸭蛋等牙行	12	40
小猪鸡鹅牙行	2	20
绿豆芝麻牙行	4	6
清桐油牙行	3	6

注：此表据明嘉靖《南雄府志》所记而制。

① 李龙潜：《明清时期广东墟市的类型及其特点》，《学术研究》1982年第6期，第85~86页。

②③ 广东省南雄县交通志编纂领导小组：《南雄交通志》，1990年，第33、16页。

明嘉靖《南雄府志》记：嘉靖年间，官府曾对保昌县田地的情况进行清丈，以了解保昌之实际经济情况。嘉靖十七年（1538 年），推官侯廷训议以保昌各行牙税岁纳银 1 000 两处补递年料价，表 2 便反映了这一年保昌县主要商行所认牙税岁纳银的情况：乌迳古道上从事乌迳盐牙行的人数为 24 人、认纳银数 50 两，相比梅关古道上的 6 人、50 两认纳银数，虽然认缴税银数量相同，而从业人员却要多出 4 倍。从中可以看出乌迳古道上商人的实力和当时这条水陆联运的乌迳路的繁忙景象。

3. 避开乌迳路，另辟粤赣通道——"小明里之路"问题评析

乌迳路的作用有目共睹，但也存在某种诘难。

明嘉靖《南雄府志》记："明嘉靖壬寅（1542 年），吉安商民郭嘉万等告，从本府严塘河下，装载盐引，新开山路至南安小明里河，非雄民便。"郭嘉万等之告，就是要从凌江北上横水（今帽子峰镇），开凿山路到南安，沿小明里河下章水，直通赣江。"避开乌迳路，另辟粤赣通道"，原因何在呢？商民趋利之本能也。

对此，南雄知府胡永成著有《开路六难议》。他说："其一，事不可以两利本府。既是南安之人，以开路必强乌迳之民以塞路，而平昔以载驮为业者须尽数逐遣，而后利可尽归于南安。不然小明里之路虽开无益也。然则，乌迳之民奚罪焉？其二，必将本府原设太平桥改建下流一二里间方可济事。盖桥不改，则关防无所，私盐盛行，军饷日耗，国计转虚。且百年陈规，一旦改作，数千金之费，无从而出也。其三，必须别处保昌料价。盖乌迳牙盐及沿河盐店不下一二百户，因此盐利，岁纳牙税银千两，抵补前料。设使桥既下移，盐往西行，此辈俱不获利，又岂肯虚赔前税，势必派于保昌之民。昌民方困于虚粮，又复以此加之，是安人受利、雄人受害，本府所不忍也。其四，必须奏设巡检衙门于佛岭尖峰，以司盘诘。盖乌迳、庾岭有路，则平田、红梅巡司并设，建置之意微矣。今查此路，西通湖广、北通江西、南通广东，若巡司不设，则奸细交通得以自由，万一生变，咎将谁归？其五，山川丘陵，国险所系。其佛岭、南泷、李婆凹等处，既系悬崖绝壁，则路径擅难轻开。闻知正德间，四川夔州地方新开盐路，后闻于朝，将守土官吏抵罪。夫此路一开，不过南安盐牙、店家倍专其利

而已，至于军饷全无干系。万一事体非宜，本府先任其责，是又有所畏而不敢也。其六，行盐之地，河必深广，路必平旷。本府东河固小，较之西河，深广颇过之；梅关一带固非旷野，较之佛岭、南泷，平旷颇过之。千百年来，水陆通航，公私俱便。今乃率尔告开新路，恐求利未得而先有开路之费，商人本心殆不然矣。况沿途俱系纳粮田地，而以为人马通衢，居民甚不心愿。某忝守土，若弃地殃人，以成其登陇之私，亦恐得罪于民也。议允，事遂寝。（按：六议明白剀切，曲尽事情，其长虑却顾者乎。后之君子，执此以往，庶几不夺于浮言，不怵于豪势矣）"①

知府胡永成的《开路六难议》起码说明了以下几个问题：

其一，乌迳路河道深广、路途平旷，是"千百年来，水陆通航，公私俱便"之路，历史悠久。

其二，乌迳路是国家军费、税收的重要来源。"乌迳牙盐及沿河盐店不下一二百户，因此盐利，岁纳牙税银千两，抵补前料。"若改道小明里，太平关需下移"方可济事"，"盖桥不改，则关防无所，私盐盛行，军饷日耗，国计转虚。且百年陈规，一旦改作，数千金之费，无从而出也"。

其三，若开新路，"利可尽归于南安"，然则依靠乌迳路"载驮为业者"无以为生，"乌迳之民奚罪焉"？

其四，若开新路，"必须奏设巡检衙门于佛岭尖峰，以司盘诘。盖乌迳、庾岭有路，则平田、红梅巡司并设，建置之意微矣"。

似乎新开小明里之路是缓解交通压力，促进经济发展之必需，但是胡知府认为新开小明里之路，只利南安之商贾，不利国家，不利雄民，就其本人也没有任何好处。所以他说："夫此路一开，不过南安盐牙、店家倍专其利而已，至于军饷全无干系。万一事体非宜，本府先任其责，是又有所畏而不敢也。"其所言既尊重历史又符合实际，其所为是"不夺于浮言，不怵于豪势"也。当然，也有人认为知府胡永成之为是保守的、不利于经济发展的行为。功过是非，历史自有评说。

---

① 广东省地方史志办公室辑：《广东历代方志集成·南雄府部（一）·（嘉靖）南雄府志》，广州：岭南美术出版社 2007 年版，第 17 页。

南北货物流通所引发的当地政府与民众之间的矛盾，我们可以从时任南安知府张弼的《梅岭路均利记》中得到一定的认识。

顾炎武《天下郡国利病书·江西》中，曾引南安知府张弼的《梅岭路均列记》，对当时南安、南雄围绕乌迳古道与梅关古道商贸税利问题的争议作了一个分析。

张弼，字汝弼，自号东海，松江华亭（今上海松江）人。生于明仁宗洪熙元年（1425年），卒于宪宗成化二十三年（1487年），年63岁。成化二年（1466年）进士。授兵部主事，后任员外郎，成化十四年（1478年）任南安知府。

顾炎武指出："张弼《梅岭路均利记》曰：梅岭道路，乃南雄、南安两府共藉其段，共享其利者。故驴骡驮载，少壮担负，皆于中途转换。盖民情土俗，以为定例，自前代已然。而洪武初，亦因之而设小岭、中站，递送官务，公私皆习而安之，无所争也。自景泰初，因军饷而以南赣皆为广东行盐地方，则南雄之货过岭者益多，驮担者可得厚利。南雄之民始创：南货过北者直至南安城下、北货过南者直至南雄城下之议。其议似公，未悉委曲，故官无确断。民起私争，杀伤狼藉，文移旁午，商旅不通。两府交病之，凡二十年间，屡断屡争，卒无宁岁。盖由未尽委曲，不知中途转换之故，断断不可易也。其故何哉？盖北货过南者，悉皆金、帛轻细之物，南货过北者、悉皆盐、铁粗重之类；过南者月无百驮，过北者日有数千。过北之货偏多，则南雄独擅其利矣，南雄擅其利，而应夫役后之常固宜。南安既失其利，而夫役之常则不可辞，无利有害，将何以堪？此民之所以必争。虽严刑重罚而不能禁也。伊欲禁之，夫役之害伊谁代之？必共享其利，斯可共给其役。自古中途转换而不可暂易者，其中委曲乃如此不明乎？此所以久而未定。弼自成化戊戌之夏到任，军、民、男、妇哭诉者日数百。余阅成案，既争而断，既断复争。由当时文移鲜得，其肯綮致是纷纷也。遂据父老之辞，明厉害之要者，达诸江西、广东藩臬与巡历镇守诸处，檄弼至中站，会南雄知府贵溪江公璞，合两府军民父老访议，定中途转换法，分争始息。"[1]

由上文可知，南雄、南安为对南北货物所收取税额问题，引发了政府、民众之间多年的矛盾。后南安知府张弼与南雄知府江璞迫于朝

① （清）顾炎武：《天下郡国利病书》（下），广州：上海古籍出版社2002年版，第133页。

廷压力及当地民众的要求，通过协商解决了这个问题，"分争始息"，从而恢复了梅关古道商贸的秩序，促进了南北经济的发展。

4. 乌迳路与食盐走私

宋之后，在商贸活动中，粤盐赣粮是岭南、岭北商贸中主要的大宗物品。这些商品除经梅关古道外，经乌迳古道的也不在少数。经过乌迳古道北运的粤盐，不仅有官盐，也有诸多的私盐。大规模的食盐走私屡屡发生，且屡禁不止。

宋之前，江西原食淮盐（苏、皖产的盐），宋熙宁年间，始食广盐（广东沿海产的盐）。由于"虔州官盐卤湿杂恶，轻不及斤，而价至四十七钱。岭南盗贩（广盐）入虔，以斤半当一斤，纯白不什，卖钱二十，以故虔人尽食岭南盐"，由此，每年成百上千万斤的食盐，由沿海溯北江水运至南雄，然后由南雄肩挑转运赣南各地，因此南雄出现了大规模的盐运活动。大批的广盐北运都要通过梅关古道和乌迳古道，南雄城及乌迳便成了食盐转运站。虽然那时食盐官卖，禁运私盐，但由广南贩卖私盐到虔州（即赣州）的人，仍成群结队，武装护送，官府也没法制止，以至于形成了"盐寇"，他们在每年的冬春之间往来于闽、粤、赣三地。他们的存在对粤赣经济、商贸的发展有一定促进作用，但也是影响社会稳定的一大因素。对此，宋代文同的《丹渊集》曾记："虔州民私贸盐以自业，世世习抵冒，虽毒惩痛断，然不肯少悔者。"[①]

自始，乌迳古道上的食盐运输并未中断，直至抗日战争期间，"乌迳路是广盐驿运线路之一，在新田设有官运站"[②]。因此，乌迳古道在承接南北商贸活动中，同样也存在食盐走私之问题。

乌迳古道自开通以来，不仅承载了中原及江南人的南迁脚步，沉淀了厚重的人文气质，也形成了乌迳特定的商业气质。"庾岭未开，南北通衢"之乌迳路，其开通的时间及其在沟通海陆丝路中的作用是明显的。由此衍生出来的新田古村、七星世镇等古村落文化，三策堂、进士牌坊等祠堂文化及姓氏节文化等，无不具有重大的研究价值和深远的历史意义。

① （宋）文同：《丹渊集·屯田郎中阎君墓志铭》，上海：上海商务印书馆 1936 年版，第267 页。

② 广东省南雄县交通志编纂领导小组编：《南雄交通志》，1990 年，第 33 页。

第二章　乌迳古道与韶州古道

乌迳古道不仅是古代南雄的交通要道，也是韶州古道的重要组成部分、古代岭南的重要通道之一。古代中原政治势力南扩及移民南迁，南岭是必经之地，由此在南岭地区形成多条沟通珠江水系与长江水系、联通南北的交通要道。经南岭的南北通道，我们称为岭南通道，而对经过古韶州境内的岭南通道，本书则概称为韶州古道。

一、乌迳古道与韶州古道

古韶州（今广东韶关）位于南岭山脉南伸而形成的曲江盆地之内，处于南北咽喉之地，浈、武二水合流在城南，下游又与连江交汇。浈江、武江和连江，北江的这三大支流历来是沟通南北的基本渠道。历史上的几条南岭陆上通道，也经由韶州境交接。

南岭由东而西依次为大庾岭、骑田岭、都庞岭、萌渚岭和越城岭，它们是阻隔南北交通的天然屏障。历史上，沟通五岭南北主要依靠自先秦以来形成的五条古道：浈水—北江（大庾岭线）、武水—北江（骑田岭线）、湟水—北江（都庞岭线）、潇水—贺江（萌渚岭线）、湘江—漓江（越城岭线）。这五条古道中，经韶关的有武水—北江（骑田岭线）、浈水—北江（大庾岭线）二线。

而据北宋余靖《韶州真（浈）水馆记》所载，"凡广东、西之通道有三：出零陵下离（漓）水者，由桂州；出豫章下真（浈）水者，由韶州；出桂阳下武水者，亦由韶州。无虑之官峤南，自京都沿汴绝淮，由堰道入漕渠、溯大江、度梅岭、下真（浈）水至南海之东、西江者，唯岭道九十里为马上之役，余皆篙工楫人之劳，全家坐而致万里。故之峤南虽三道，下真（浈）水者十七八焉。刘氏之自王也，割

韶之壤置英、雄二州，壤虽减而道如故，韶于岭外为剧郡，宜矣"①。余靖所记不仅指出了古代中原经南岭至岭南各地的通道有三，即"出零陵下离（漓）水者，由桂州；出豫章下真（浈）水者，由韶州；出桂阳下武水者，亦由韶州"，而且三道之中有二道经由韶州，也点出了它们在沟通南北上的价值。

可见，韶州所处的地理位置决定了其自古以来就成了南北之交通要塞。千余年来，经过历代各族人民的艰苦努力，韶州古道的相继开通，使古韶州成为岭南沟通中原、江南，沟通珠江水系与长江水系的重要交通枢纽，韶州古道也成了对接海陆丝路的重要通道。

在对史料进行梳理的基础上，笔者认为，自古至今，经韶州境内而沟通桂、湘、赣的韶州古道共有五条，从东向西排列依次为：乌迳古道、梅关古道、城口古道、乐宜古道和西京古道。它们都是古代由粤入湘、入赣，沟通中原、江南的通道。西京古道、城口古道、梅关古道多为旱道；乐宜古道、乌迳古道则多为水路联运之道。虽然古代韶州境内的五条通道开通时间不一且各具特点，但它们在军事、政治、移民、商贸、文化等方面都起着重要的作用。

乌迳古道，正如前章所述，是一条贯通南北、水陆联运的古道。它依昌水而成，北连江西九渡，南汇浈水，是一条"庾岭未开"前的"南北通衢"。它不仅承接了北方移民的脚步，更汇通了南北的商贸往来，是韶州古道的重要组成部分。此章不再赘述。

二、"南来车马北来船"的梅关古道与浈江古水道

梅关古道与乌迳古道均位于古韶州东部的南雄州境内，是沟通粤赣的两条重要通道，在南北经济、文化的交流与发展中起到了非常重要的作用。

1. 大庾岭路与新开大庾岭路（梅关古道）

史料显示，岭南、岭北通道的开通，当由秦始。公元前 219 年，秦始皇派屠睢为主将、赵佗为副将率领 50 万大军平定岭南，尽管穿越大瘐岭的陆路只有几十里，但险峻的山岭令秦军行进十分艰难。秦始

---

① （宋）余靖撰，黄志辉校笺：《武溪集校笺》，天津：天津古籍出版社 2000 年版，第 180 页；（宋）余靖：《韶州真（浈）水馆记》，《武溪集》卷五（四库本），光绪《韶州府志》卷二十五。

皇平定岭南的第二年（前 213 年）开凿五岭通道，从而沟通了岭南、岭北的联系。

自江西南康、大余过大庾岭进入广东南雄之道，唐前为"大庾岭路"，为军事需要而开，故为军事要道。唐开元时张九龄所开之路，称"新开大庾岭路"，也即现今所称之"梅关古道"，其作用变得较为复杂，它既具有军事、政治之作用，也承担了经济、文化、移民之重任。

张九龄在梅岭开凿的"新开大庾岭路"所取代的"岭东废路"，当是梅岭上原有的"大庾岭路"。

可见，"大庾岭路"与"新开大庾岭路"（梅关古道）是两个不同的概念。

但是，大庾岭路与梅关又有密切的关系。梅关于梅岭之上，曾有"秦关""台关""横浦关"之谓。而梅岭得名之由来：一说岭上多梅；一说越王勾践后代梅锅寄寓于此，后又因汉武帝曾派将军庾胜兄弟来此戍守，所以又名大庾岭。清初学者、"岭南三大家"之一屈大均指出：梅岭之名，世人以岭上多梅，"陆凯折梅寄友，岭遂名'梅'，因筑折梅亭其上，谬矣"[①]！而对梅岭因梅锅、庾胜兄弟之故得名，则给予了充分的肯定。

屈大均指出："梅岭者，南粤之一支……而梅岭之名，则以梅锅始也。锅本越勾践子孙，与其君长避楚，走丹阳皋乡，更姓梅，因名皋乡曰'梅里'。越故重梅，向以梅花一枝遗梁王，谓珍于白璧也。当秦并六国，越复称王。自皋乡逾零陵至于南海，锅从之，筑城浈水上，奉其王居之，而锅于台岭家焉。越人重锅之贤，因称是岭曰'梅岭'。其曰'大庾岭'者，汉元鼎五年（前 112 年），楼船将军杨仆出豫章击南越，裨将庾胜，城而戍之，故名'大庾'。其东西十里胜弟所守，名'小庾'。是则岭名'梅'以锅，岭名'庾'以胜兄弟；秦之时岭名'梅'，汉之时名'庾'。"[②] 梅岭、梅关之称谓的由来明矣。

古时，岭南被认为是"瘴""蛮"之地，而把联通岭南、岭北之大庾岭路比作"蜀道"者多矣。初唐之前，中原到岭南之人特别是被贬而南来之人，过梅岭明都会发出无限的悲叹。如：初唐诗人沈佺期

①② （清）屈大均著，李育中等注：《广东新语注》，广州：广东人民出版社 1991 年版，第 63、62 页。

流放驩州（辖今越南河静省和义安省南部）过梅岭时，就有"天长地阔陇头分，去国离家见白云。洛浦风光何所似？崇山瘴疠不堪闻。南浮涨海人何处？北望衡阳雁几群。两地春风万余里，何时重谒圣明君"之叹。而与沈佺期齐名，世称"沈宋"的宋之问，被贬岭南过梅岭时，也有"度岭方辞国，停轺一望家。魂随南翥鸟，泪尽北枝花。山雨初含霁，江云欲变霞。但令归有日，不敢恨长沙"之叹。在他们看来，梅岭不仅是他们政治生命的分界线，甚至是他们人生的分界线。可见梅岭的险要及过梅岭之意义。

自西汉吕后时期的赵佗据岭抗命，到南朝的陈霸先与蔡路养激战梅岭，梅岭在中原与岭南的交往中愈发重要。而经休养生息、"贞观之治"后，唐朝在开元时期国力强盛，开凿梅岭通道不仅有必要，而且也有可能了。张九龄正是在这样的历史条件下"奉诏开路"。

"大庾岭路，险绝不可登陟。唐开元丙辰内供奉张九龄奉诏开凿新路，斫两峰而中通之。"① 唐开元四年（716年），张九龄"献状，诏委开道"，所作《开大庾岭路记》则尽显开路之意。"初，岭东废路，人苦峻极，行逾巉缘，数里重林之表；飞梁嶫嵲，千丈层崖之半。颠跻用惕，渐绝其元，故以载则曾不容轨，以运则负之以背。"交通十分不便，不利于岭南、岭北的交流和商贸往来。而此时"海外诸国，日以通商"，为了把岭南和海外的"齿革羽毛""鱼盐蜃蛤"运进中原，"上足以备府库之用，下足以赡江淮之求"，因此，新开岭路是一种客观的要求、时代的要求。于是，张九龄"钦冰载怀，执艺是度，缘蹬道，披灌丛，相其山谷之宜，革其坂险之故"，利用"岁已农隙，人斯子来，役匪逾时，成者不日，则已坦坦而方五轨，阗阗而走四通，转输不以化劳，高深为之失险"。于是，"畏途"变成了"坦途"。

自唐以后，历代政府对大庾岭路进行了多次修整，据《南雄府志》和《直隶南雄州志》记，较大规模的修整有：

宋仁宗嘉祐八年（1063年），广东转运使蔡抗与其任江西提点刑狱金事的胞兄蔡挺协同修整各自管辖的境内路段，修岭南路宽4.3米，长1083.3米；修岭北路广6.6米，长363.3米。同时补植松、梅树于

---

① 广东省地方史志办公室辑：《广东历代方志集成·南雄府部（一）·（嘉靖）南雄府志》，广州：岭南美术出版社2007年版，第65页。

路旁，且在梅岭山上分水坳立碑，署表南雄"梅关"，以分粤赣之界。

元泰定二年（1325年），路总管亦马都丁，先后对岭路进行了补修，并在道路两旁种植松、梅树；至元四年（1338年），杨益率民修路和补植松、梅树若干。

明洪武年间，广东参议王溥亲临梅岭路观察，命地方官调集人力修桥铺路；永乐年间，南雄知府陈锡定贴出告示，禁止砍伐路旁之松、梅树；正统十一年（1446年），南雄知府郑述主持砌筑岭路超45千米，增补松、梅树；明成化五年（1469年），广东布政使濂行会同南雄知府江璞，在征发民工铺筑古道路面的同时，在梅岭天水以南修筑关楼，并命名为"岭南第一关"；明正德十三年（1518年），广东布政使吴廷举令南雄府在岭路两旁种植松、梅树5 000余株，吴廷举在植树活动中，即兴挥毫写下《大庾岭路松》诗四首，留下"十年两度手栽松""种得青松一万株"的名句；万历二十六年（1598年），南雄知府蒋杰在梅岭顶重修梅关楼，并为关楼题额名"南粤雄关"，朝南面石额名为"岭南第一关"，署名为"南雄知府蒋杰题，万历戊戌"。

至清嘉庆四年（1799年），两广总督长白觉罗吉庆捐白银千两，用于"庀材鸠工"修整岭路，并在两旁补植松、梅树，以资荫憩和观赏。

梅关古道，迄至清初，历800余年，古松夹道，形如虬龙，为古南雄之"官道虬龙"美景。大庾岭路自秦代开通后，成为中原地区通往岭南的主要干线，在国内外经济、文化交流中起着重要的作用。

梅关古道的开辟及其作用，苏诜在《大庾岭铭》中曾作过这样的评价：梅岭通道，"怀荒服兮走上京。迁万商兮重九驿，车屯轨兮马齐迹，招孔翠兮徕齿革。伊使臣之光兮，将永永而无斁"[1]。而丘浚在《唐文献公开大庾岭路碑阴记》中则说："兹路既开，然后五岭以南之人才出矣，财货通矣，中朝之声教日远矣，遐陬之风俗日变矣！公之功为大。"[2] 所以，梅关古道是"货真价实"的沟通南北的交通要道，张九龄功不可没。

为了加强对古道的管理、保障商旅安全，历代官府不断完善古道

---

① 广东省地方史志办公室辑：《广东历代方志集成·南雄府部（一）·（嘉靖）南雄府志》，广州：岭南美术出版社2007年版，第65页。

② 广东省地方史志办公室辑：《广东历代方志集成·南雄府部（一）·（康熙）南雄府志》，广州：岭南美术出版社2007年版，第265页。

上的设施。如：宋代曾于古道上设"沙角巡司（在沙水镇）、怀德驿[在怀化，嘉定辛未（1211 年），知州邹孟卿建]、沙水驿[在沙水镇，嘉定辛未（1211 年），知州邹孟卿即汉节亭改建。己卯（1219年），知州孙密修。保昌令传列记]"①。这就是宋代梅关古道上的"一司二驿"。随着经济、政治中心的南移和北方势力的南侵，梅关古道的地位和作用进一步凸显出来。为了适应社会的发展，明成化十二年（1476 年），南雄知府江璞于火迳创建通济镇，镇上有货栈、旅馆约 120 间；嘉靖二十一年（1542）江璞又与江西南安府合建中站城，以便货物的储运中转。

至清代，为使政令更加通畅，在南雄州设置有凌江驿站，每隔 5 千米设一道铺驿，共 14 站。《直隶南雄州志》记："凌江驿，在南门外。宋为馆，元为站，明洪武庚戌（1370 年）建……设铺驿十四站，红梅铺、大庾岭铺、小岭铺、火迳铺、里东铺、石塘铺、沙水铺、长迳铺、长宁铺、州门铺、东浆铺、修仁铺、古禄铺、都塘铺、璎珞铺、黄田铺。各铺额设铺兵四名，共五十六名。"② 以此相长的商贸旅馆得到发展，形成了梅岭圩、里东圩、珠玑和雉公嵊街、新路口街、小岭街、中站街、灵潭街、里东街、沙水街"三圩七街"的繁荣景象。

2. 梅关古道与乌迳古道承接海陆丝路的通道作用

韶关古道是承接海陆丝路的重要通道，梅关古道与乌迳古道则是其中的重要组成部分。秦开岭路为征南越，实属军事之需要。张九龄新开岭路，不仅仅服从于军事，更涵盖了政治、经济、文化、移民等方面的内涵。

（1）乌迳古道是梅关古道开通前沟通岭南、岭北的重要通道。

乌迳古道是"庾岭未开，南北通衢"。乌迳古道不仅承载了中原南迁移民的脚步，也承载了南北的货物运输，是古代以水运为主的岭南地区连接中原的最快捷、最平坦的通道。

三国时期，岭北战乱不断，而孙权定都建业（今南京），偏安江南，所以江南通往岭南的路线是沿赣水直达桃江渡口九渡，然后肩挑

---

① 广东省地方史志办公室辑：《广东历代方志集成·南雄府部（一）·（嘉靖）南雄府志》，广州：岭南美术出版社 2007 年版，第 57 页。

② 广东省地方史志办公室辑：《广东历代方志集成·南雄府部（二）·（道光）直隶南雄州志》，广州：岭南美术出版社 2007 年版，第 314 页。

货物经乌迳古道至新田，再入昌水、下浈江，沿北江直下而达广州。

唐开元四年（716年），由于张九龄奉诏开凿大庾岭通道后，使得来往于岭南与中原的货物多数经梅关古道转运，但通过乌迳古道的人车仍十分繁忙。

五代时，由于位于江南的南唐国与岭南的南汉国有密切交往，所以乌迳古道又再度兴盛起来。

明代嘉靖年间，乌迳称"市"，并设立平田巡检司。沿新田的昌水河边有盐店、牙行211间，各种作坊100余间；来往乌迳路的牛车，每天有100多辆，且专设了3个水运装卸码头；来往于南雄至新田、乌迳的木帆船500余艘，有"日屯万担米，夜行百只船"之说。

至清代，乌迳是南雄州的第一大圩镇，闽、粤、赣三省来往贸易的人，川流不息，走乌迳路的商客及人力肩挑、畜力运输不计其数。直至清末，乌迳古道仍然是岭南与中原、江南联系的桥梁，作用不可低估。由此可见当时这条水陆联运的乌迳路之繁忙景象。

而梅关古道，秦时主要为军事服务，时称"大庾岭路"。唐开元时，张九龄所开之路为"新开大庾岭路"。梅关古道兼具官道、商路之作用。

秦汉以来，广州一直是我国对外贸易的重要港口，我国出口的丝绸、瓷器，从外国进口的香料、翡翠、象牙等都以广州为集散地，而从广州进出口的货物大多通过大庾岭路。

隋炀帝时，为进一步沟通南北之经济、政治及文化以加强统治，开凿了大运河。自此，中原的物资沿大运河南下，途径扬州，溯长江入鄱阳湖，再逆赣江上章水，至南安，然后翻越梅岭山路到达雄州，转水运沿浈江，下北江，直至番禺（今广州）。此时的大庾岭路山高路险，人货运输艰难。

唐代，随着社会经济的发展，广州设立了市舶司，成为当时全国最大的对外贸易港口。由于南北交通受阻于梅岭，开元四年（716年），时任内供奉的张九龄奉召"新开大庾岭路"，从而改变了过去"载则不容轨""运则负之于背"的状况，公私贩运大为改观。其时，海外进口及岭南北上的大量物资，从广州溯北江、浈江到南雄，转梅岭路百里马上之役便可达南安，然后沿章水下赣江后可出长江。岭北南下之物也经梅岭，下浈江、北江，直至广州乃至海外。所以，南雄

成了五岭南北货物的集散地，而梅关古道则有"商贾如云，货物如雨，万足践履，冬无寒土"之赞誉。

宋代，随着政治、经济中心的南移，梅关古道的作用更加凸显。进口到广州的珍珠、玳瑁、象牙、香药、犀角、金帛和百货，岭南的铜、铁、铅、水果及日用百货等都是经梅关古道运往南北各地的。其中，每年经梅关古道行销江西南安、虔州的粤盐达1 000多万斤；韶州岑水场所产之铜，"岁运羡铜三百万，以赡岭北诸冶"①。就运输而言，大约需要10万人次，而所需运力更难于数计。所以，此时来往梅关古道上的夫役和商客日有数千。

明代，梅关古道是将岭南货物输往岭北各省最多的一条商路。珠三角的荔枝、龙眼、蔗糖，高要的蒲草席，肇庆的荷包，佛山的铁器、陶瓷，加上沿海出产的海盐、海味及国外进口之珍珠、玳瑁、宝石、象牙等皆途径梅岭而进入中原各地。而中原内地之特产，如江浙的丝绸、安徽的茶叶、景德镇的瓷器、樟树的药材、江西的粮油与土纸等也皆越梅岭而南下广东。隆庆年间，设置于南雄河南桥之太平关，收取往来货物之商税银达4.2万两；而万历六年（1578年）税银为4.3万两，占全国各大关卡税收总额的38%，仅次于山东。

古道的繁忙还可以从意大利传教士利玛窦于万历年间取道梅岭进京对所见之情形的描述中得到印证，他说："南雄镇有个葛盛华的商人，雇有40个人在经营生意。"② 又说："梅岭山屹立在两河之间，标志着两省的分界线。越过它要花一整天时间，翻山的道路也许是全国最有名的山路。从山的南麓起，南雄江开始可以通航，由此流经广东省城，南入于海。山的另一面，在南安城，有另一条大河流经江西和南京，途经很多其他城镇，东注于海。许多省份的大量商货抵达这里，越山南运；同样地，也从另一侧越过山岭，运往相反的方向。运进广东的外国货物，也经由同一条道输往内地。旅客骑马或者乘轿越岭，商货则用驮兽或挑夫运送，他们好像是不计其数，队伍每天不绝于途。这种不断的交流的结果使山两侧的两座城市真正成为工业中心，而且秩序井然，使大批的人连同无穷无尽的行装，在短时间内都得到输送。"③

---

① （宋）余靖撰，黄志辉校笺：《武溪集校笺》，天津：天津古籍出版社2000年版，第165页。

②③ ［意］利玛窦：《中国札记》，北京：中华书局1983年版，第261、279页。

清乾隆二十二年（1757年），清政府实行海禁，广州成为唯一的通商口岸。那时，全国各地的商品都要集中到广东出口，广东与内地之间的商贸空前发展，梅岭商路更趋繁忙，每年"肩货来往于岭南者不下十万人"，梅岭商路上"酒肆饭栅，沿途相望，负重者随时可觅饭食"。梅岭商路共有七条街市：小岭、中站、火迳、灵潭、里东、石塘、沙水。嘉庆十一年（1806年）三月，医家杨炜游梅岭时看到了如下情形："长亭短亭任驻足，十里五里供停骖。蚁施鱼贯百货集，摩肩接踵行人担。"梅关古道可谓古代南方的"丝绸之路"，其"内接京师，外通岛夷，朝贡使命，岁无虚日"的繁忙货运，带来了南雄城的繁荣。

鸦片战争之后，五口通商，广州不再是唯一的对外贸易口岸，加上海运的发展及粤汉铁路的修通，使得走梅岭的货物数量逐年减少。但是，江西的瓷器、桐油、中药、土纸、粮油、钨砂仍大量南下，而北上的煤油、火柴、海味、洋蜡、糖果等百货仍然通过梅关古道而得到流通。民国二十二年（1933年），虽然韶关至大余的公路已修通，但由于当时汽车少而货物多，南雄境内行走在梅关古道上的挑夫也有2 500多人。

（2）梅关古道比乌迳古道更多地承接了中原人南迁的脚步。

历史上中原人南迁，在梅关古道未开之前更多是取道乌迳路而落籍乌迳、南雄。在梅关古道开通后，中原人南迁则是借道梅关古道落户珠玑巷、南雄；但更多的却是继续南行，散布海内外。

由上所述，我们知道乌迳古道域内，最早成聚居地且建村者为新田，所以新田村有"迁雄第一村"之称。据乌迳古道域内各姓族谱资料所载，域内各姓人绝大部分是从江西经乌迳古道迁入，在古道域内择地而居，进而开辟村落、发展生产、繁衍后代的。

新田村虽有"迁雄第一村"之称，但其余各姓村落是否有早于新田的情况呢？待考。

但是，对于梅关古道在承接移民南迁的情况，学界却达成了共识，且进行了较多的分析，认为梅关古道是中原人南迁的"入岭之驿"，古道上的珠玑巷是广府人的"桑梓之地""发祥之乡"。正如肖耀堂指出的那样，"世居中原的汉族大量南迁，踏足珠玑巷。唐宋时期，尤为鼎盛，商贾云集，异常繁荣。而从南宋末年开始，珠玑巷人为避战

乱大批南迁，他们一批一对地结伴同行，沿着浈江抵韶关，又顺北江南下珠江三角洲一带。至元末明初，迁徙到珠江三角洲一带就有 100 多姓氏……如今，珠玑巷后裔繁衍生息达四千万之众，遍及海内外"[①]。

为什么乌迳古道域内各姓族人迁入后少有再往南去，而梅关古道域尤其是迁入珠玑巷的人，却有多次而且是大规模的再次南迁呢？

其一，乌迳古道域内安定的生活环境。

梅关古道开通以后，虽然乌迳古道仍然起到了沟通岭南、岭北的作用，但这种作用与梅关古道相比却要逊色很多。由于受外界的影响相对较少，加上域内土地肥沃、资源丰富，饱受离乱、跋涉之苦的南迁之人便驻足于斯，依水傍山建立村落，聚族而居，从而在乌迳古道域内形成一个以李、叶、董、赖、严、邓、龚姓为主，具有相同的语言特征、建村风格和风俗习惯的，相对封闭的生活区域。他们开荒种地，过着日出而作、日落而息的农耕生活，繁衍生息。可以说，乌迳古道域内安定的生活环境是南迁乌迳的居民停留于斯不再南迁的重要因素之一。

其二，梅关古道域内，南迁人口数量的不断增加和社会动乱的频发是该地域人继续南迁的关键因素。

梅关古道开通后成了岭南沟通中原最便捷的通道。虽然经乌迳古道也可以进入岭南，但路程要比经梅关古道要远得多。所以，唐后大规模的中原移民多取道梅关古道，落户珠玑巷。

为避战乱，中原人不断南迁，他们有的往东南进入江南，有的则往南入岭南。受入岭南而落户珠玑巷人口的增加，"胡妃事件"，湘、闽、赣边的动乱及自然灾害的影响，已落户珠玑巷的中原人不得不又打起行装，继续往南迁移。"有宋一代，珠玑巷陆续有居民南迁，从未间断。由于处在交通要道上，稍有动乱，即可引起居民的走避以致迁徙，因而在南宋末之前可能有过几次有一定规模的居民南迁。到了南宋末年，连年战乱，则出现岭南有史以来最大规模的迁徙。"[②] 而"有宋一代，直接由珠玑巷及附近 58 村迁出的人口将近 10 万。现今珠

---

① 曾祥委、曾汉祥主编：《南雄珠玑移民的历史与文化》，广州：暨南大学出版社 1995 年版，第 1 页。

② 曾祥委、曾汉祥主编：《南雄珠玑移民的历史与文化》，广州：暨南大学出版社 1995 年版，第 31 页。

江三角洲许多家族都称来自珠玑巷，完全有可能"①。宋末，元兵逼近，南雄城内居民几乎逃迁一空。明末清初，战火连绵，南雄城三易旗帜，明清两军反复争夺，形同拉锯。顺治六年（1649 年），更遭清兵屠城，居民被杀六七成，雄城几成废圩。这是珠玑巷人南迁的真正原因所在。

3. 古道上大规模的盐运

通过古道的众多商贸活动中，自宋以后的广盐北运和赣粮南输是最重要的也是影响最大的商贸活动。

大规模的盐运是鸦片战争前南雄最大宗的商品储运。江西原食淮盐（苏、皖产的盐），宋熙宁年间始食广盐（广东沿海产的盐）。据《宋史》载，熙宁三年（1070 年）江西提点刑狱张颉上言："虔州官盐卤湿杂恶，轻不及斤，而价至四十七钱。岭南盗贩（广盐）入虔，以斤半当一斤，纯白不什，卖钱二十，以故虔人尽食岭南盐。"② 那时虽然食盐官卖，禁运私盐，但由广南贩卖私盐到虔州（即赣州）的人，为了谋利成群结队，武装护送，官府也没法制止。元丰三年（1080 年）章惇参政，因势利导，派遣蹇周辅往江西筹划，停运淮盐，改运广盐 1 000 万斤到江西南安军供应。元至元二十二年（1285 年），"江西盐隶广东宣慰司，岁办 10 825 引"，每引 235 ~ 320 斤，折合约 300 万斤。明洪武三十年（1397 年）进一步采取措施，"分三十万八千余引（盐）贮广东，别遣商入粟广西乏粮卫所，令支盐广东，鬻之江西南安、赣州、吉安、临江四府"。于是，广盐更进一步运销江西各地。

大批广盐北运都要通过梅关古道和乌迳古道，南雄城及乌迳便成了食盐转运站。每年几百万甚至上千万斤的食盐，由沿海溯北江水运至南雄，然后由南雄肩挑转运赣南各地。据《直隶南雄州志》载，乾隆五十四年（1789 年）南雄设保安埠，埠内有盐厂 7 所、子店 12 间，其盐行销江西南安府所属之大余、南康、上犹、崇义各县；嘉庆十三年（1808 年）南雄州销售盐引达 11 458 道，加配育婴堂盐 19 231 包 37 斤 4 两（每包 161 斤），两项合计近 500 万斤。

抗日战争时期，南雄盐运又有所发展。1939 年底，粤东盐务管理

---

① 曾祥委、曾汉祥主编：《南雄珠玑移民的历史与文化》，广州：暨南大学出版社 1995 年版，第 43 页。

② （元）脱脱等：《宋史》（第 182 卷），北京：中华书局 1977 年版，第 4443 页。

局设在南雄午田，管辖广州以东各盐场及粤北地区的盐务，南雄的盐运活动又进一步活跃起来。直到 1945 年才撤销粤东盐务管理局，成立两广盐务管理局。

4. 浈江古水路是海陆丝路对接的重要通道

浈水上游是昌水，昌水发源于江西信丰爬栏寨，西流至湖口，与源于梅岭大人寨之浈水汇合于湖口镇下陂山；继而西流至南雄县城西，与源于百顺帽子峰的凌江汇合而成浈江，浈江南注韶关，汇武水而成北江。

古代的浈江，河水清澈、水流宽广，是天然的内河航道。历代诗人为浈江写下了生动的诗句。"清风何习习，五渡何悠悠；且饮修仁水，不抱邪阶流。"——南朝齐始兴内史范云之作《三枫亭饮水赋诗》，描写了河水清澈、河道深广的浈江古水路。而宋代诗人杨万里的《二月十二日南雄解舟》："昨夜新雷几地鸣，今朝春涨一篙清；顺流更借江风便，此去韶州只两程"，更是把浈江水路描写得淋漓尽致。

可见，浈江古水路与乌迳古道、梅关古道的对接，在沟通岭南、岭北的联系中起着重要的作用，成为海陆丝路对接的重要通道。浈江古水路，上溯乌迳新田，下通韶关、广州，通航时间早、通航能力大。

（1）浈江古水路是楼船水师平南越之乱所用的主要航道。

《史记》载：元鼎五年（前 112 年）秋，汉武帝为平南越吕嘉之乱，兴兵五路，征讨南越。其中，汉武帝命"卫尉路博德为伏波将军，出桂阳，下汇水；主爵都尉杨仆为楼船将军，出豫章，下横浦[①]"。杨仆奉诏后，率楼船水师溯赣江至南安，弃舟渡岭，在浈、凌两江汇合处造船练兵，备战一年多。元鼎六年（前 111 年）冬楼船水师下浈江，与伏波将军会师石门，进军广州，一举而平吕嘉之乱。杨仆的楼船，高 30 余米，船队要负载 5 万水师，可见，当时的浈江是多么的深广、宽阔。

（2）浈江古水路是罗贵等珠玑巷人南迁及文宦过岭的主要通道。

从现有资料及当前学术界的研究成果来看，南宋初，由于"胡（苏）妃事件"而引发的惊恐，闽、粤、赣、湘边的社会动乱，南迁至珠玑巷移民的增多及自然灾害的影响，罗贵率 33 姓 97 家珠玑巷人

---

① （汉）司马迁：《史记》（第 113 卷），北京：中华书局 1959 年版，第 2975 页。

南迁。这是南宋初年珠玑巷人南迁最重大的事件。

据南雄珠玑巷人南迁后裔联谊会筹委会所编的《南雄珠玑巷人南迁史话》载："宋代间，有宫人苏氏，貌美性淫，贪私无己。一夕，上幸宫，失调雅乐。上怒，命下冷宫，时宋宫禁不严，妃乃潜逃，无人知觉，自度不可复入，因扮作游妇，混杂京省，踪迹飘（漂）泊，所遇辄投，时有富民黄贮万，系南雄府始兴郡保昌县牛田坊人，贮万备船运粮上京，遂得至关口市下，湾泊船只，备牲酬福，时有歌舞近前，似有献媚之态，万见女貌美，稍以意挑之，女即下船，与万言娓娓不己（已），愿托以终身之事，因载而归。后来上行敕复取苏妃，而不知逃亡久矣。上怒，敕兵部尚书张钦，行文各省缉访，经年无迹，乃复奏，上准歇，不行追究，不知贮万所遇女子，即苏妃也。已改胡姓，立为宠妇矣。一日，其家人刘庄因隙走出，扬泄弊端，传溢京省，兵部官知此，恐上查究，乃诈谓民违法作孽，会同五府六部，所有文武官僚共掩前迹，密行计议，欲洗其地以灭迹。伪称南雄府保昌县牛田坊，有贼作乱，流害良民，冒挟圣旨准行，以南雄府始兴郡保昌县牛田坊地方，择地建筑寨所，聚兵镇守，应国泰民安等事。时贵祖有婿梁乔辉，现在京都，任兵部职方司，得闻声息，遂遣家人密报，未旬月，部文行批立令照议，严行迁徙，时始兴郡牛田坊五十八村，居民亿万之众，莫不嗟怨惶惶。惟珠玑巷居民九十七家，贵祖密相通透，围集商议，以南方烟瘴地面，土广人稀，必有好处，大家向南而往，但遇是处江山融结，田野宽平，及无势恶把持之处，众相开辟基址，共结婚姻，朝夕相见，仍如今日之故乡也。众议而相语曰：今日之行，非贵公之力，无以逃生，吾等何修而至此哉，今日之德，如戴天日，后见公子孙，如瞻日月。九十七人即相誓曰，吾等五十八村，居民亿万之众，而予等独借公之恩，得赖逃生，何以相报。异日倘获公之福，得遇沃壤之地土，分居安插之后，各姓子孙，贫富不一，富者建祠奉祀，贫者同堂共餐，各沾贵公之泽，万代永不相忘也。世世相好，无相害也。即签名团词赴县陈告，准立文案文引，乃赴府告准案结引，立号编甲，陆续向南而行，所有案卷文引，备列于后。绍兴元年（1131年）仲冬望后志。"[1] 罗贵一行，"以竹结筏，浮浈水而下，至

---

[1] 南雄珠玑巷人南迁后裔联谊会筹委会编：《南雄珠玑巷人南迁史话》，广州：中山大学出版社1991年版，第17页。

连州水口，遇风伐散，溺毙男女无数，至广属香山县黄角大良，各投土人草屋安歇，分寻居住，成聚落焉"。由此可知，南宋罗贵一行的南迁之路是浈江古水路。

（3）浈江古水路是海陆丝路对接的重要通道。

唐代，自开元四年（716年）张九龄奉诏新开大庾岭路后，浈江便成为沟通岭南、岭北，连接长江、珠江的主要航道了。它将海外及广东的"齿、革、羽毛之殷，鱼、盐、蜃蛤之利"运到中原内地，"上足以备府库之用，下足以瞻江淮之求"。

宋代，由于西北陆上丝路为西夏等部族截断，南方的水路在对外经济、文化交流方面更显重要。浈江古水路是指由浈江干流对接北江水路的通道。对于浈江古水路，韶州籍北宋名臣余靖给予了充分的肯定。他在《韶州真（浈）水馆记》中说："凡广东、西之通道有三：出零陵下离（漓）水者，由桂州；出豫章下真（浈）水者，由韶州；出桂阳下武水者，亦由韶州。无虑之官峤南，自京都沿汴绝淮，由堰道入漕渠、溯大江、度梅岭、下真（浈）水至南海之东、西江者，唯岭道九十里为马上之役，余皆篙工楫人之劳，全家坐而致万里。故峤南虽三道，下真（浈）水者十七八焉。"[1] 又在《韶州新修望京楼记》中说："广之旁郡一十五，韶最大。在楚为边邑，在越为交衢。治城居武水东，真水西……唐、汉之西都（指长安）也，繇湘、衡而得骑田，故武水最要。今天子都大梁（指开封）浮江、淮而得大庾，故真水最便。骑田虽乘驲旧途，而王官往来太平水道，是以风亭水馆、高台上舍徙在真水。"[2] 可见，浈江古水路自古就是沟通南北的交通要道，它比骑田古道要繁华得多。

随着商业的发展，南雄内水运日益繁忙，船筏来往如梭，码头设施也逐步完善起来。明嘉靖年间，南雄县城至乌迳的往来船只有500余艘，南雄至韶州、广州的客货运输则更为繁忙。为此，州城沿河设有五大专业码头：一是盐码头，专供盐船使用；二是龙蹲阁码头，多为上方（浈江上游）客商船只起卸货物使用；三是大码头，四是青云门码头，这两个码头贴近闹市，最为繁忙，主要为行栈使用；五是木码头，专供竹木商使用。然而，由于码头的长期使用及战乱，河道与

---

①② （宋）余靖撰，黄志辉校笺：《武溪集校笺》（第5卷），天津：天津古籍出版社2000年版，第180、117页。"真水即浈水，避仁宗讳改为真。"

码头都遭到了不同程度的破坏。为了进一步发展南北的商贸交流，清同治六年（1867 年），南雄直隶州重修州城沿河原有的盐码头、龙蹲阁码头、大码头、青云门码头和木码头；又新修五个码头，即猪码头、顺水码头、槐花门码头、皇华门码头和回栏门码头，从而使南雄水路交通更加顺畅。光绪七年（1881 年）南雄第一家造船厂"李全记"在水南开业；光绪八年（1882 年），潮汕人在州城东小梅关外（牛轭潭）开办刘安合造船厂，常年雇请技工 20 余人，年造木船（载重 10～30 吨）20 余艘；光绪二十九年（1903 年），刘兴福造船厂也在水南开业。这些码头和造船厂的修建极大地推动了南雄水上运输业的发展，由此也产生了专营运输的行业。新中国成立前夕，南城就有 7 家专营运输的机构。

乌迳古道、梅关古道及浈江古水路的开通，一定程度上将珠江水系的浈水与长江水系的赣水连接了起来，形成了一条广州—北江—浈水—大庾岭—章水—赣水—长江的水陆联运通道，进而既可溯长江、汉水直抵长安，与陆上丝绸之路连接；又可沿长江而下建康（南京）、扬州，成了当时最为便利的南北通衢。于是，江南及中原地区的丝绸、陶、瓷、漆器等出口商品沿着这条南北通衢，进入浈江谷地，然后顺北江南下广州，远销世界各地。而从梅关古道下浈水，出北江、珠江，又与海上丝绸之路对接，海外商人运到广州的奇珍异宝，便可循此道源源不断地输向岭北各地。顾炎武在《天下郡国利病书》中对粤赣直接北上南下之商贸活动情况曾作如是记："梅岭道路，乃南雄、南安两府共藉其段，共享其利者，故驴骡驮载、少壮担员，中途转换，盖民情土俗，以为定例，自前代已然。"又说："北货过南者，悉皆金帛轻细之物，南货过北者，悉皆盐铁粗重之类；过南者月无百驮，过北者日有数千。"[①] 可见当时古道上的商贸之繁荣。

自宋至明清，南雄商贸繁荣。对此，清初诗人朱彝尊道经南雄时所作的四首《雄州歌》中，有一首就描写了南雄商贸繁荣之景，诗曰："绿榕万树鹧鸪天，水市山桥阿那边。蜑雨蛮烟空日夜，南来车马北来船。"

总之，乌迳古道与梅关古道开辟时间不同，在不同的历史时期所

---

① （清）顾炎武：《天下郡国利病书》（下），续修四库全书编纂委员会编：《续修四库全书》（0597 史部·地理类），上海：上海古籍出版社 2002 年版，第 133 页。

起的作用也有所不同。但是，它们在海陆丝路的对接，在岭南、岭北的政治、经济、文化的沟通与交流上所起的作用则都是非常重要的，两者都有力地推动了岭南社会经济的发展。

三、城口古道与古秦城、秦关

城口古道与古秦城，位于今广东仁化县境内。城口位于仁化之北端，与湖南汝城县三江口相接，是湘粤边境古道上的交通咽喉。

城口古道是古代粤湘之间的重要通道，北行出三江口、过汝城，然后经耒水可至湖南长沙；或出三江口往西北行，可至湖南郴州；而沿古道南下则与浈水相通，出北江，可远至广州；东北行可至大庾岭之梅关古道、乌迳古道，通江西等地。

古道上曾建有古秦城和秦关。据明嘉靖《仁化县志》记载：仁化旧属曲江，禹贡扬州南境。秦平南粤时以任嚣为尉，嚣死，赵佗继之。秦灭，赵佗据南粤，筑城仁化，以壮横浦。城口古城即是他们进入岭南所筑的第一座城池，名曰古"秦城"，也称"赵佗城"或"任嚣城"。古城东起八角亭，南靠恩村水，东至老盐街，北至油坪。清代曾重修，有前后两门，前门与古道相连接，后门与城内街道相通。前门上有红砂石刻横匾一块，正中楷书横刻"古秦城"三字，右上款刻"嘉庆元年仲冬吉日"，左下款刻"合乡重修"。

秦关是赵佗于古道上所设的古关隘。该关位于五里山大坳头的坳口，今关隘已毁，仅存石墙大半幅。此"秦关"并非"梅关"，这在清道光《直隶南雄州志》中说得很明确。《直隶南雄州志》云："秦关在保昌县西北，即横浦关。《史记·南越列传》：'赵佗行南海尉事，移檄告横浦关曰："盗兵且至，急绝道，聚兵自守'。《舆地纪胜》引《南康记》云：'庾岭四十里至横浦，有秦时关，今怀化驿也。'按：秦关当在今县西北界。而《舆地纪胜》独云在县东北四十里，《府志》又以梅关为秦关，皆非。"[1] 也有学者认为，此关在民间称为"北关"，是"秦代时著名的"广东关"，并言"用广东命关名的历史上仅此一处"[2]。这有待今后考证。

---

① 广东省地方史志办公室辑：《广东历代方志集成·南雄府部（二）·（道光）直隶南雄州志》，广州：岭南美术出版社 2007 年版，第 227 页。

② 李振林：《韶关文史掌故》，广州：广州出版社 2011 年版，第 22 页。

唐、宋以降，城口古道地位日显。明洪武七年（1374年），曾设恩村巡检司于城口。明清及之后的广盐北运，其中有部分经城口古道而至湖南各地。城口古道逐渐成为古代连接湘粤的交通要道。

四、"武溪何毒淫"的武溪水道和乐宜古道

武溪水道和乐宜古道是粤湘之间的交通要道，也是韶关北出宜章的交通通道。

1. "武溪何毒淫"的武溪水道

武溪有"虎溪"之称，唐代改名武溪（今韶关武江）。武溪水道因武溪而得名，也称"武水道"。武溪水道是古代韶州至坪石，转接乐宜古道的水上通道。该道从乐昌泷口沿武溪九泷十八滩，经罗家渡韩泷祠到坪石镇，再转陆路，经宜章向北可达中原。古时水路交通工具多为船，陆上交通工具多为马，所以，古时对此道的描述有"南船北马"之称。

郦道元的《水经注》记："武溪水出临武县西北桐柏山，东南流，右合溱水，乱流东南迳临武县西，谓之武溪。"又记，"武溪水又南入重山，山名蓝豪，广圆五百里，悉曲江县界，崖峻险阻，岩岭干天，交柯云蔚，霾天晦景，谓之泷中。悬湍回注。崩浪震山，名之泷水。东至曲江县安聂邑东，屈西南流。泷水又南出峡，谓之泷口。西岸有任将军城，南海都尉任嚣所筑也。嚣死，尉佗自龙川始居之。东岸有任将军庙。"[1] 此记，大体说明了武溪之流向及其险峻的情况。

欧阳修在《集古录》卷三《后汉桂阳周府君碑》中记："按武水源出郴州临武鸶县鸬鹚石，南流三百里入桂阳。而桂阳真水、庐溪、曹溪诸水皆与武水合流"，"韩退之诗云'南下昌乐泷'即此水也"[2]。险峻湍急，俗称为"泷"，武溪有三泷之险。伏波将军马援南征过武溪时曾作《武溪深行》诗，曰："滔滔武溪一何深，鸟飞不度（渡），兽不能临。嗟哉！武溪何毒淫。"由此可见武溪之凶险。为了进一步加强南北之联系，"嘉平三年（174年）前，桂阳太守周憬募民疏凿武

① （北魏）郦道元：《水经注》，长春：时代文艺出版社2001年版，第290页。
② （宋）欧阳修：《欧阳修全集》（第10卷），北京：北京市中国书店1986年版，第1127页。

溪，夷高填下，迄安聂（在今韶关市区武水西岸），商旅称便"①。屈大均在《广东新语》卷二中记："当时东岭未开，入粤者多由此二道。"② 此二道，一为仁化之城口古道，二为武溪水道。所以，屈大均又说："盖自宜章而下，三泷水最湍急，舟可两日至韶。"可见，武溪水道自古就是沟通南北的交通要道。

2. 乐宜古道

乐宜古道是岭南经韶州连通湖南、江西的古道。其起点为乐昌县城，经北乡圩，越沿溪山、九峰山，经蔚岭关、户昌山、黄圃司（庆云乡），进入湖南汝城，往东可达江西赣州；而在户昌山下向西过黄圃司，到老坪石接西京古道入湖南宜章。乐宜古道可在黄圃司的田头码头转罗家渡、九泷十八滩到乐昌一般为水路（武溪水路），是水陆联运的古道。

关于乐宜古道的文字记载，《乐昌县志》记乐宜古道是"北宋时期，广东与中原地区的交通主干道之一。自县城北行，经矮岭、北乡、石窖子、沿溪山、九峰、羊牯岭（今两江）、上斜、蔚岭关、大屋场（今五里冲）、土佳寮、湾树背、户昌山、金鸡岭、老坪石，达湖南省宜章县，接郴（郴州）宜（宜章）古道，乐昌县境内100余公里"③。乐宜古道在老坪石可接西京古道，也可接郴宜古道（郴宜古道即湘粤古道）。而《乐昌文物志》也记："宜乐古道，位于湖南宜章与广东乐昌县之间。相传秦汉时期就已开辟通行。公元660年，六祖从湖北黄梅山归，途径古道，过蔚岭关。"此记从另一个角度也说明了乐宜古道的存在，但以此为据说明六祖从湖北黄梅求法后经乐宜古道返回韶州，则有待于考证。

五、"一骑红尘妃子笑"与西京古道

西京古道，古称"西京路"，是东汉时期开凿的、连通岭南与中原的重要交通线路，也是对接海陆丝路的重要通道。

"西京路"，自明至今的史志均有记载，而最早对"西京路"之文

---

① 韶关市地方志编纂委员会编：《韶关市志·大事记》，北京：中华书局2001年版，第24页。

② （清）屈大均：《广东新语》，北京：中华书局1985年版，第32页。

③ 乐昌县地方志编纂委员会编：《乐昌县志》，广州：广东人民出版社1994年版，第214页。

字记载，是明万历二十九年至三十四年（1601—1606 年）知县吴邦俊主修之《乳源县志》。后清康熙二年（1663 年）的《乳源县志·山川》中关于"风门山"的描述中也有"西京路"之记，曰："风门山，县西十五里，两山夹峙，一迳中通，古西京路，夏日多风，故名。"《邮铺》中则记：县"西北旧有西京路，世久道湮，崎岖蒙蔽，行者畏之"。此外，古道上遗存的碑文中多有"西京路"的记载。而《韶州府志·舆地略》记："南关，洲头街，旧名西京路。"又说："小梅关，在县西北二十里，地名马头涧，旧传开元前西京路。"该志又记："西京路，县西大富桥上腊岭谓西京路。"① 另据《韶关市志》载：西京路"自洺洸（今英德市西）、浈阳（今英德市东）经横石塘、罗坑、凤田岭（今属乳源县，宋代以前属曲江县）、石角塘、云岩、梅花、罗家渡、老坪石、武阳司至湖南省宜章，全长 500 余里。因由宜章北上可达西京，故称西京路"②。而《曲江县志》对此也有"史称西京古道"③ 之记载。

西京路以东汉至中唐年间（即梅关古道开通前）为盛。而又何以取名"西京古道"？其原因有二：

其一，"西京"指我国古都长安（今西安），历史上是秦、西汉、隋、唐等朝代的都城，也是古代中国政治、经济、文化的中心。故曰西京古道为古代岭南的朝京、进贡通道。

其二，《乳源县志·桥路》所记"玄宗幸蜀南粤使臣或由此朝贡，肇此名"，此说可信。吴邦俊于《乳源县志·桥路》中记："西京路，旧传唐武德年间未必然也，唐太宗建京太原，岭南朝贡俱从大庾至。玄宗时，张相国开梅岭。西京之名何取焉？意者玄宗幸蜀南粤使臣或由此朝贡，肇此名耶。"这就是说，唐都城为长安（西京），是岭南朝京、进贡的目的地，玄宗时进贡尤盛，"一骑红尘妃子笑，无人知是荔枝来"④ 便是其真实写照。

西京古道的时间概念如何呢？西京路，时间上以东汉卫飒于建武

---

① （清）林述训等修，单兴诗纂：《韶州府志》（第 14 卷），韶州万竹园据光绪二年（1876 年）本重印。

② 韶关市地方志编纂委员会编：《韶关市志》，北京：中华书局 2001 年版，第 616 页。

③ 曲江县地方志编纂委员会编：《曲江县志》，北京：中华书局 1999 年版，第 373 页。

④ （唐）杜牧：《过清华宫绝句》，林庚、冯沅君主编：《中国历代诗歌选》（上编 2），北京：人民文学出版社 1964 年版，第 512 页。

二年（26年）"凿山通道五百余里"为始，中经历代修葺、加固、扩修而成。其中几次较大型的修筑可见史料之记载：《乳源县志》记唐代曾重修；明嘉靖十二年（1533年）刘浚等以石砌筑路面；万历三十三年（1605年）知县吴邦俊从乳源县城至湖南宜章的古道全程进行修筑。清康熙元年（1662年）知县裴秉钫修凿梯云岭；乾隆四十六年（1781年）当地乡民重修梯云岭路段，路面用石块铺筑，宽处达三四米。直至清后乃至民国年间，西京古道因其作用为其他更便捷、更安全之路所取代后，便逐渐荒废、衰微。现在学界多以1958年坪乳公路的开建为西京古道的终止时间，距今西京古道已有1 900余年的历史。

西京古道，空间上则以英德洽洸为起点，中经曲江、乳源，至湖南宜章县城为终点，全程250多千米。而以乳源县城为起点至乐昌老坪石为终点的古驿道长150余千米，清康熙二年（1663年）《乳源县志》记："由邑治前而西南至于腊岭风门，折而走北以至（于）梯云岭、白牛评，梅辽武阳司抵于楚之宜章三百二十里。"可见其主线基本为南北走向。

《乳源瑶族自治县志》也记："西京路，起点英德洽洸，经曲江县罗坑、江湾、凤田进入乳源县侯公渡，达县城后登上腊岭，向北经龙南、大桥、红云、梅花（现属乐昌市），出境接湖南宜章县、乳源县境内（现辖范围）70多公里，是东汉至唐开元（713—741年）前岭南通往中原的交通干线之一。明万历三十三年（1605年）乳源知县吴邦俊征集民工，自腊岭至宜章沿途拓宽道路，砌铺石块，并修建龙溪、均丰、白牛坪、梅花、武阳5间公馆，以便公文传递。1970年，乳源至坪石公路开通，西京路废。"① 随着历史的发展，沿西京古道衍生出一些岔道，这些岔道可视为西京古道的分支。

乳源县城东有通往韶关的通咽路，如《乳源县志》记自乳源"西至连州白花塘一百四十里"；清乾隆五年（1740年）《重修梯云记》："上通荆楚，下接连阳。"乳源文史专家许化朋说："西京古道北行至大桥镇后，主要有2条支线：一是经乌鹊岭、新谷、西山岭头、茶园、沙坪（茶园、沙坪今属乐昌市辖）至湖南宜章县境。二是从猴子岭分道左行经云山脚、三元、核桃山、沙坪（今乐昌市辖）至宜章县境。"

---

① 乳源瑶族自治县地方志编纂委员会编：《乳源瑶族自治县志》，广州：广东人民出版社1997年版，第342页。

可见，以西京古道为轴形成了多支道的驿道网，而"韶关境内古道，经历代开辟，至清代，形成的驿道网总长达 2 000 余里"[1]。

那么，开凿西京古道有何意义呢？究其原因，简述如下：

其一，进贡岭南佳果之必须。据史料记，西汉建元六年（前 135 年），汉武帝刘彻平定南越后，把产于广东的荔枝、龙眼等岭南佳果列为贡品，每年定期要岭南各地向朝廷进贡。为使进贡之物品顺利送达，东汉建武二年（26 年），桂阳太守卫飒主持开凿了一条从浛洸（今英德浛洸镇）经乳源至湖南宜章而达京都长安的驿道。但因路途遥远，而道路崎岖险峻，途中多毒虫猛兽，且佳果难以保管（尤其是保鲜），永元十五年（103 年），临武县令唐羌上书朝廷，要求取消进贡，得到朝廷恩准。据《资治通鉴》转引谢承《后汉书》载："岭南旧贡生龙眼、荔枝，十里一置，五里一堠，昼夜传送。临武长汝南唐羌上书曰：'臣闻上不以滋味为德，下不以贡膳为功。伏见交趾七郡献生龙眼等，鸟惊风发；南州土地炎热，恶虫猛兽，不绝于路，至于触犯死亡之害。死者不可复生，来者犹可救也。此二物升殿，未必延年益寿。'帝下诏曰：'远国珍羞（馐），本以荐奉宗庙，苟有伤害，岂爱民之本，其敕太官勿复受献！'"[2] 经过此事，岭南佳果进贡才得以停止。

但是，隋之后又恢复了岭南以佳果进贡之事，唐尤为突出。《资治通鉴》又记：玄宗天宝五年（746 年），"杨贵妃方得宠，每乘马则高力士执辔授鞭，织绣之工专供贵妃院者七百人，中外争献器服珍玩。岭南经略使张九章，广陵长史王翼，以所献精美，九章加三品，翼人为户部侍郎；天下从风而靡。民间歌之曰：'生男勿喜女勿悲，君今看女作门楣。'妃欲得生荔枝，岁命岭南驰驿致之。比至长安，色味不变"[3]。这就有了"一骑红尘妃子笑，无人知是荔枝来"的名句。佳果例贡的恢复，加重了岭南民众的负担。

因此，进贡岭南特色佳果，可视为开凿古道的一个原因。

其二，海外诸国遣使贡献之通道。西京古道的开凿沟通了中国与海外诸国的交流，海外诸国遣使贡献是其开凿的第二个原因。

① 韶关市地方志编纂委员会编：《韶关市志》，北京：中华书局 2001 年版，第 616 页。

② （宋）司马光：《资治通鉴·汉纪四十》（第 48 卷），北京：中华书局 1956 年版，第 1559 页。

③ （宋）司马光：《资治通鉴·唐纪三十一》（第 215 卷），北京：中华书局 1956 年版，第 6872 页。

《梁书》卷五十四之《诸夷》记："海南诸国大抵在交州南及西南大海洲上，相去近者三五千里，远者二三万里，其西与西城诸国接。汉元鼎中，遣伏波将军路博德开百越，置日南郡。其缴外诸国，自武帝以来皆朝贡。……其所经及传闻，则有百数十国，因立记传。"从这则记载中可以看到，自西汉汉武帝元鼎年间，"缴外诸国，自武帝以来皆朝贡"。朝贡之路必由海路至广州，后翻越南岭至中原（西安）。而东汉建武二年（26年），桂阳太守卫飒开凿的西京古道，使朝贡与交流更加方便、快捷。"后汉恒帝时，大秦、天竺皆由此道遣使贡献。及吴孙权时，遣宣化从事朱应、中郎康泰通焉。"①

岭南地区与其他地区相比，其突出特点是濒临海洋。广州与海外的联系十分紧密，海外贸易十分发达，出洋的船只和航海的来舶频繁，各种宝货和山珍海怪皆由此入。海上获利极巨，这就极大地促进了岭南乃至中国海外贸易的发展。伴随海外贸易的发展，海外诸国的使臣便由海路至广州，经西京古道北上朝贡。

其三，加强行政沟通与地方治理。关于这一点，我们从《后汉书·循吏列传》有关卫飒的记载中可见一斑。

《后汉书·循吏列传》卷六十六记："卫飒字子产，河内修武人也。家贫好学问，随师无粮，常佣以自给。王莽时，仕郡历州宰。建武二年（26年），辟大司徒邓禹府。举能案剧，除侍御史，襄城令，政有名迹，迁桂阳太守。郡与交州接境，颇染其俗，不知礼则，飒下车，修庠序之教，设婚姻之礼。期年间，邦俗从化。先是含洭、浈阳、曲江三县，越之故地。（含洭故城在今英德市西部浛洸镇。浈阳，今英德市英中、英东地区和翁源县，以及新丰县、佛冈县的部分地区。曲江，韶州县也）武帝平之，内属桂阳。民居深山，滨溪谷，习其风土，不出田租。去郡远者，或且千里。吏事往来，辄发民乘船，名曰'传役'。每一吏出，徭及数家，百姓苦之。飒乃凿山通道五百余里，列亭传，置邮驿。于是役省劳息，奸吏杜绝。流民稍还，渐成聚邑，使输租赋，同之平民。又耒阳县出铁石（《续汉志》记耒阳县有铁官），佗郡民庶，常依因聚会，私为冶铸，遂招来亡命，多致奸盗。飒乃上起铁官，罢斥私铸，岁所增入五百余万。飒理恤民事，居官如家，其所施政，莫不合于物宜。视事十年，郡内清理。二十五年征还，

---

① （唐）姚思廉：《梁书·列传第四十八》（第54卷），北京：中华书局1973年版，第783页。

光武欲以为少府，会飒被疾，不能拜起（《东观》记曰：'飒到即引见，赐食于前。从吏二人，赐冠帻，钱人五千'也），敕以桂阳太守归家，须后诏书（须，待也）。居二岁，载病诣阙，自陈困笃，乃收印绶，赐钱十万，后卒于家。"[1]

从这里我们不仅能看出主持开凿西京古道的卫飒之其人其事，而且也能看出开凿古道之意义。东汉建武元年（25 年），卫飒任桂阳太守，浛洸（今英德西部）、浈阳（今英东及翁源县）与曲江一带之人民散居深山，距郡治桂阳（今湖南省郴州市）远至或有千里。官吏往来，常常摊派"传役"，即要各地派船接送，百姓的负担很重。卫飒督民凿山开道，建成长 500 余里的驿道，沿途列亭传，置邮驿。驿道开通后，减轻了当地人民的负担，流民稍还，促进了当地经济、文化的发展。《韶关市志》也记："两汉时期，浛洸、浈阳、曲江等县属桂阳郡（治在湖南郴州）管辖，县间的公事往来全靠水路，官府有事就征发民丁驾船运送，水险难行，百姓极苦，每遇征发，都隐匿深山或走避他乡，放弃生产，造成当地人烟稀少，生产凋零。卫飒倡导开山凿路，打通韶关至郴州的道路，沿途设置亭传、驿站。从此，官吏来往和公文传递不再征发民夫驾船，而由驿站传送。西京道路给粤北人民带来了方便，也使广东通往中原地区增加一条直捷的通道。"[2]

西京古道是古代乳源"上通三楚，下达百粤"的重要通道，今保存完好的石板路面有梯云岭段约 3 千米、猴子岭段约 2.5 千米、乌鹊岭段约 2 千米、西山岭段约 5 千米。古建筑则有大觉禅寺、观音堂、文昌塔、文塔。

西京古道的开通，连接着珠江水系与长江水系，承接海陆丝路的交汇，不仅较好地沟通了岭南与中原的经济、文化交流，而且直接促进了岭南经济、文化的发展。

六、韶州古道是古代海陆丝路的对接通道

一般而言，"丝绸之路"是指古代起始于中国，连接亚洲、非洲和欧洲的路上商业贸易路线。以运输的方式为依据的话，"丝绸之路"可分为"陆上丝绸之路"和"海上丝绸之路"。

---

① （南朝宋）范晔：《后汉书》（第 76 卷），北京：中华书局 1965 年版，第 2458～2460 页。
② 韶关市地方志编纂委员会编：《韶关市志》，北京：中华书局 2001 年版，第 616 页。

"陆上丝绸之路"主要是指欧亚大陆北部的商路。此路由西汉时期的张骞首次打通，张骞出使西域被誉为"凿空之旅"。西汉末年，在匈奴的袭扰下，"丝绸之路"中断。至公元 73 年，东汉班超率吏士 36 人到了鄯善，之后，经过努力，再度打通西域，并将这条路线首次打通并延伸到了欧洲。由此，罗马帝国也首次顺着丝路来到当时的东汉洛阳，从而开启了欧洲和中国的首次交往。丝绸之路不仅是古代亚欧互通有无的商贸大道，也是促进亚欧各国和中国的友好往来、沟通东西方文化的友谊之路。

"陆上丝绸之路"向南延伸到了岭南，韶州古道则是海陆丝路的对接通道。

自秦以降，北方政治势力不断南扩。公元前 223 年，秦兵临五岭，适时用兵"因南征百越之君"①，于公元前 214 年将岭南纳入秦王朝的版图。"秦并天下，略定扬粤，置桂林、南海、象郡，以适徙民与粤杂处。"② 从而结束了岭南奴隶制社会散乱无序的历史，岭南首次建成了与中原相关的制度文化。自兹以后，历代封建王朝都不断加强对岭南的统治与管辖，自长安（今西安）、洛阳南下至广州的路线也在不同程度地修筑与扩大。历史上，自先秦以来形成了交通五岭的五条古道：浈水—北江（大庾岭线）、武水—北江（骑田岭线）、湟水—北江（都庞岭线）、潇水—贺江（萌渚岭线）、湘江—漓江（越城岭线）。北宋余靖《武溪集·韶州真（浈）水馆记》曾载，"凡广东、西之通道有三：出零陵下离（漓）水者，由桂州；出豫章下真（浈）水者，由韶州；出桂阳下武水者，亦由韶州。无虑之官峤南，自京都沿汴绝淮，由堰道入漕渠、溯大江、度梅岭、下真（浈）水至南海之东、西江者，唯岭道九十里为马上之役，余皆篙工楫人之劳，全家坐而致万里。故之峤南虽三道，下真（浈）水者十七八焉。刘氏之自王也，割韶之壤置英、雄二州，壤虽减而道如故，韶于岭外为剧郡，宜矣"③。

秦时的广州已经是全国九大都会之一，是珠玑、犀角、象牙、翡

---

① （汉）司马迁：《史记·白起王翦列传》（第 13 卷），北京：中华书局 1959 年版，第 2341 页。

② （汉）班固：《汉书·西南夷两粤朝鲜传》（第 95 卷），北京：中华书局 1962 年版，第 3847 页。

③ （宋）余靖撰，黄志辉校笺：《武溪集校笺》，天津：天津古籍出版社 2000 年版，第 180 页。参见《武溪集》卷五（四库本）《韶州真（浈）水馆记》，光绪《韶州府志》卷二十五。

翠等商品的贸易中心。由于南北通道的进一步修筑与扩大，自长安（今西安）、洛阳至广州的南北陆路通道已基本形成，并延伸至西南方向的海外诸国，以致形成了自广州向海外拓展的"海上丝绸之路"。

在不同的历史时期，"海上丝绸之路"的起点与线路有所不同。

曾昭璇教授在《岭南史地与民俗》一书中，曾对"海上丝绸之路"进行了探析。曾教授指出，"海上丝绸之路"应作狭义之理解，认为"海上丝绸之路"是"我国通向西亚的贸易航道的统称"，并进一步指出："'海上丝绸之路'起源于先秦时代，起航点为番禺"，"汉代，'海上丝绸之路'的起航点是徐闻"①，"隋、唐'海上丝绸之路'的起点在广州"②。从这些起航点出发，古代中国开展了对西亚甚至非洲各国的商贸活动。

曾教授还引《汉书·地理志》末所附的有关"南海航路"的记载，以说明汉代"海上丝绸之路"的存在。因此，她认为："如果说汉代'海上丝绸之路'是开始发展时期，则隋、唐'海上丝绸之路'是全盛时期。"③ 然而不管如何，"海上丝绸之路"的存在却是不争的事实。

既然，"陆上丝绸之路"和"海上丝绸之路"的存在及它们在历史上所发挥的作用都是不争的事实，那么，海陆丝路的对接问题就凸显出来了。

海陆丝路的对接是通过岭南各通道实现的，韶关境内的乌迳古道、梅关古道、城口古道、乐宜古道和西京古道是对接海陆丝路的重要部分，它们的存在，沟通了南北的联系，带动了地方社会经济、文化的发展与繁荣。

因此，可以说包含乌迳古道在内的韶州古道是古代海陆丝路重要的对接通道，乌迳古道是对接海陆丝路的重要通道之一，对其历史缘由、作用和价值的研究还有待于深入和扩展。

① 曾昭璇：《岭南史地与民俗》，广州：广东人民出版社 1994 年版，第 75 页。
② 曾昭璇：《岭南史地与民俗》，广州：广东人民出版社 1994 年版，第 47 页。
③ 曾昭璇：《岭南史地与民俗》，广州：广东人民出版社 1994 年版，第 56 页。

第三章 乌迳古道与移民

在古代之南雄州境（今南雄），乌迳古道与梅关古道一样，在承接北方移民的南迁中，发挥着重要的作用。但是，乌迳古道上的移民，在数量、迁徙路线、居住时间等方面又具有与梅关古道移民不一样的特征。

南雄盆地内较早就有先民的活动，这可以从该域内所发现的先民遗物中得到证实。据1991年《南雄县志》记，自1983年在梅岭中站石灰厂东北200米一个石灰岩溶洞内发现牛牙齿化石、鹿牙齿化石及夹砂粗陶片等新石器早期遗物后，在南雄的珠玑镇下汾村、界址镇黄坑村、水口镇篛过村、黄坑镇围背水库、古市镇老村头及湖口镇太和岭陆续发现了石斧、石戈、石刀等人类生产工具，经鉴定为新石器晚期遗物。① 它们的出土可以证实，最晚在新石器时代就有原始部落人群生活在南雄盆地，尤其是浈水、昌水流域。

在这些遗址遗物中，界址镇黄坑村、水口镇篛过村、黄坑镇围背水库等地所发现的遗物又正好分布于乌迳古道域内，其中的界址镇黄坑村则是其典型所在。而前面所介绍的在乌迳新田村附近发现的汉墓、民居遗址及晋墓、南朝墓遗址，在一定程度上也说明乌迳古道域内较早也有先民的活动。

遗物犹存，先民安在？这只能从历史的变迁中去寻找答案了。

对于南雄的人口及其变化情况，记述较多的是关于移民的问题。清道光《直隶南雄州志·舆地略·户口》记："稽户口于雄州，昔也往来无定，今也安止不迁。周末越人徙此，晋迁江左，而西北荐绅随以南焉。宋南渡而仕宦之族，徙浈水者尤众，是岭表之首，亦远人之

---

① 南雄县地方志编纂委员会编：《南雄县志》，广州：广东人民出版社1990年版，第711页。

所萃也。然仙城、鉴海间，自北而来者不少，望南以去者亦多。而今殊不尔矣，烟村鳞栉，考其先世，来自岭北者十之九。宅而宅，田而田，安土重迁，各有世业，以长子孙，斯非久道，化成之效，与所愿沐养涵濡，引于靡，竟而永底，烝民之生也。"① 从中可以看出，南雄人口是变化的、流动的，是"昔也往来无定，今也安止不迁"的。而自"周末越人徙此，晋迁江左，而西北荐绅随以南焉。宋南渡而仕宦之族，徙浈水者尤众，是岭表之首，亦远人之所萃也"，而"考其先世，来自岭北者十之九"。

现代学者罗香林在其《客家研究导论》中也指出，南雄先民百分之八十属于客户移民。因此，可以说，南雄人口并非仅仅是原有先民的自然繁衍所致，更多的是外来之移民。

一、客家源流与移民概述

客家之源在中原大地。客家先民迫于战乱、自然灾害等原因，万里迢迢向南迁移，流向大江南北，甚至散居海外。客家人是中华民族大家庭中的重要组成部分，而且是具有特定文化内涵的族系。

对于古代沟通岭南、岭北的交通，大凡与韶关、南雄有着密切的关系。余靖曾指出，"凡广东、西之通道有三：出零陵下离（漓）水者，由桂州；出豫章下真（浈）水者，由韶州；出桂阳下武水者，亦由韶州"②。北方军事、政治力量的南扩主要是通过这些通道实现的。而北方移民向南迁徙，其主要的路线除了自洞庭湖南下，取道湘桂走廊和骑田岭道等路途外，有相当一部分是经鄱阳湖、溯赣江、越梅岭而进入岭南的。尤其是自新开大庾岭路以来，大庾岭道（梅关古道）便成了最重要的"入岭之驿"。

从史书的记载来看，具有一定规模和数量的移民南迁，当始于秦汉，历经魏晋、南北朝、隋唐及明清各代，其中当以唐宋、明清时期为显。学界把南迁之民均称为"客族"或"客家"。晚清杰出诗人黄遵宪有"中原有旧族，迁徙名客人。过江入八闽，展转来海滨。俭啬崇唐魏，盖犹三代民"③"筚路桃弧展转迁，南来远过一千年。方言足

---

① 广东省地方史志办公室辑：《广东历代方志集成·南雄府部（二）·（道光）直隶南雄州志》，广州：岭南美术出版社2007年版，第166页。

② （宋）余靖撰，黄志辉校笺：《武溪集校笺》，天津：天津古籍出版社2000年版，第180页。

③ （清）黄遵宪：《送女弟》，《人境庐诗草》（第1卷），上海：上海商务印书馆1937年版，第5页。

059

证中原韵，礼俗犹留三代前"① 等诗句，描写的就是客家先民辗转迁徙，南渡长江，定居赣、闽、粤诸省，后又繁衍各地和移居海外的历史事实。

对于客家源流的研究，观点颇多。刘佐泉在《客家历史与传统文化》一书中指出，最早讲述客家源流的徐旭曾先生说："今日之客人，其先乃宋之中原衣冠旧族，忠义之后也。自宋徽、钦北狩，高宗南渡，故家世胄，先后由中州山左、越淮渡江而从之，寄居苏、浙各地。迨元兵大举南下，宋帝辗转播迁，南来岭表，不但故家世胄，即百姓亦多举族相随。有由浙而闽，沿海至粤者；有由湘、赣逾岭至粤者。沿途据险，与元兵战，或徒手与元兵搏，全家覆灭，全族覆灭者，殆如恒河沙数。天不祚宋，崖门蹈海，国运遂终。其随帝南来，历万死而一生之遗民，固犹到处皆是也……嘉应宋芷湾检讨、又曲江慎轩学博，尝为余书：嘉应、汀州、韶州之客人，尚有自东晋后迁来者，但为数无多也。"② 山西大学历史系教授罗元贞则指出：为避北方战乱，北人南迁有过三次。第一次是两晋之际，即所谓"永嘉之乱""五胡十六国"时期，北方汉族先后逃奔长江以南各地；第二次是唐中叶时期，北方人民为避"安史之乱"战祸而南迁；第三次是金国灭北宋时期的北人南迁。中山大学副教授罗香林则认为："客家先民原自中原迁居南方，迁居南方后，又尝再度迁移，总计大迁移五次，其他零星的迁入或自各地以服官或经商而迁至的，那就不能悉计。"③ 罗香林在其《客家研究导论》和《客家源流考》中具体分析了五次大迁移，刘佐泉在《客家历史与传统文化》中转引了此观点，本书也赞同这个观点。

北方移民五次大的南迁主要指：

第一次南迁是自东晋至隋唐时期。其主要原因是"五胡乱华"。迁移之起点远至山西、河南等地，终点则达长江流域。

第二次南迁是隋唐时期。其主要原因是为避唐末的"黄巢之乱"。起点多为河南各地，终点则达江西、福建；或经由赣北、赣中迁至闽

① （清）黄遵宪：《己亥杂诗》，《人境庐诗草》（第9卷），上海：上海商务印书馆1937年版，第5页。

② 徐旭曾：《和平徐氏族谱旭曾丰湖杂记》，参见刘佐泉：《客家历史与传统文化》，开封：河南大学出版社1991年版，第32页。

③ 罗香林：《客家源流考》，北京：中国华侨出版公司1989年版，第13页。

南或粤北等地。

第三次南迁是南宋时期。其主要原因是元人入侵及宋室南渡。北方民众迫于外患，南迁至粤之东、北部地区。

第四次南迁是明清时期。其主要原因一方面是基于满洲部族入主中国的影响，另一方面则是内部人口的膨胀。此次多由粤东、粤北迁向粤中及沿海地区、台湾彰化、四川东部、广西柳江等地，更有小部分迁至贵州南边及西康（今四川及西藏部分地区）会理等地。

第五次南迁是清朝后期。由咸丰六年（1856 年）的广东西路"土客"大械斗及太平天国动乱而引起。此次多由粤之中、东部地区迁向雷州半岛或海南岛等地。

当然，对于客家源流与移民的研究，还有其他诸多成果，在此不一一赘述。

二、珠玑巷与移民

就移民之历史而言，具有一定数量和规模的移民南迁是从秦汉开始的，历经魏晋、隋唐、两宋，直至明清，从未消歇。而就迁移路线而言，其中有相当部分是经鄱阳湖、溯赣江、越梅岭而进入岭南，与梅关、珠玑巷有着诸多的渊源。

对珠玑巷与移民，清代诗人罗天尺曾有诗云："南渡衣冠故里赊，洞天赢得住烟霞。而今恰似乌衣巷，野燕低飞入酒家。"[①] 该诗不仅反映了"衣冠南渡"的史实，也见证了珠玑巷的繁荣。可见珠玑巷的移民与乌迳古道的移民是联动的。

1. 秦汉移民

经梅岭而南迁的移民，在秦汉时主要与军事活动紧密相关。据屈大均《广东新语·山语》载："梅岭之名，则以梅鋗始也。鋗本越勾践子孙，与其君长避楚，走丹阳皋乡，更姓梅，因名皋乡曰'梅里'。越故重梅，向以梅花一枝遗梁王，谓珍于白璧也。当秦并六国，越复称王。自皋乡逾零陵至于南海，鋗从之，筑城浈水上，奉其王居之，而鋗于台岭家焉。越人重鋗之贤，因称是岭曰'梅岭'。"[②] 而《广东

---

① 广东省地方史志办公室辑：《广东历代方志集成·南雄府部（二）·（道光）直隶南雄州》，广州：岭南美术出版社 2007 年版，第 338 页。
② （清）屈大均著，李育中等注：《广东新语注》，广州：广东人民出版社 1991 年版，第 62 页。

新语·人语》也载："项羽封锱为台侯，食台以南诸邑。其后沛公以锱能成番君功名，复封锱广德十万户（侯）。"① 梅锱所辖地为梅岭南侧的南雄、始兴、仁化、翁源、曲江、英德等地，而其后裔则迁徙、分布广东各地。要指出的是，梅锱后裔并没有在南雄留居，这可以从南雄人口结构及当地族谱中得到证实。

可见，"梅锱的渡岭南迁，落籍南雄，是有名姓可考的最早的一批定居南雄的北方（江南）移民，也可视为北人南迁之始"②。

秦始皇二十四年（前223年），秦命尉屠睢率60万大军灭楚，其获胜后屯兵于湘桂赣粤边，并以数万之众渡岭击越。屠睢战死后，任嚣、赵佗统领5万士卒，沿着先秦入粤的三条山路南进：一路过大庾岭，下浈水；一路过骑田岭，下连江；一路过萌诸岭，下贺江，终于抵达广州，平定了南粤之乱。又据《史记·淮南衡山列传第五十八》载：秦二世时，龙川睢令赵佗"求女无夫家者三万人，以为士卒衣补，秦皇帝可其万五千人"。这批女子同留戍岭南的秦军官兵结合成个体小家庭，从而成了当地一支重要的社会力量。秦朝对岭南的用兵所引发的移民南迁，是岭南有史以来第一次大规模的移民，他们是继梅锱之后又一批落籍南雄的北方移民。

而汉时的移民南迁与西汉武帝平"吕嘉之乱"密切相关。元鼎五年（前112年），南越王相吕嘉谋反，汉武帝命"卫尉路博德为伏波将军，出桂阳，下汇水；主爵都尉杨仆为楼船将军，出豫章，下横浦"。其中，楼船将军杨仆在击败梅岭守军后，乘楼船南下，与伏波将军路博德会合于南海，并击叛军。平定叛乱后，汉武帝在南海地设置南海、苍梧等九郡。除部分士卒留守外，其余凯旋北还。而戍守梅岭的是杨仆裨将庾胜兄弟，所以，梅岭又有大、小庾岭之谓。这些留守士卒，是汉时数量较多的军事移民。在今南雄境内，至今仍留有杨仆将军的遗迹"杨沥岩"，相传亦有其部属及子孙世居于此。以上南下定居的汉人，被称为"中县人"（即中原人）。

可见，秦汉时北方移民的大规模南迁，实乃军事、政治之因素所致。

① （清）屈大均著，李育中等注：《广东新语注》，广州：广东人民出版社1991年版，第200页。

② 曾祥委、曾汉祥主编：《南雄珠玑移民的历史与文化》，广州：暨南大学出版社1995年版，第8页。

2. 两晋移民

西晋时期的"八王之乱""五胡乱华"及"永嘉之乱"直接导致了秦汉以后中原人民南渡的又一高潮。

"八王之乱"是西晋时统治阶层历时 16 年（291—306 年）之久的内乱；而"五胡乱华"是西晋时期塞北众多游牧民族趁中原"八王之乱"所造成的衰弱之际，陆续建立非汉族国家而造成与南方汉人政权对峙的局面。"永嘉之乱"（永嘉五年，即 311 年）是西晋历史上继"八王之乱"后的又一次大规模战乱，也是中国历史再次由统一走向分裂的重大事件，引发了秦汉以后中原人民南渡的又一高潮，规模之大、人数之众、历时之长，空前未有。历史上将西晋永嘉年间大规模的移民事件，称为"永嘉南迁"或"衣冠南渡"。这一南渡的浪潮一直持续到南朝刘宋元嘉年间，前后达近 150 年（从 307 年到 453 年）之久。罗香林在《客家源流考》中指出，此次迁徙，其"远者已达赣省中部，其近者则仍淹滞于颖、淮、汝三水间，浸至隋唐，休养生息，劳困渐苏，慢慢的乃得度其比较安适的生活"[①]。然而，据《曲江县文物志》载，该县已清理出仰天塘晋墓，南华 6 号晋墓，南华 3、4、6、15、16 号南朝墓，河边厂南朝墓群，回龙塘南朝墓群，算溪南朝墓和石下 2 号南朝墓。而《广东通志》也载："自汉末建安至东晋永嘉之际，中国之人，避地者多入岭表，子孙往往家晋，其风流遗韵，衣冠气习，熏陶渐染，故习渐变而俗庶几同中州。"[②] 由此可以证明两晋时期北方移民在粤北、粤中等地均有分布，但此时，进入南雄地者仍不多。

3. 唐、五代移民

经过"贞观之治""开元盛世"的唐代，成为中国封建社会一个繁荣的时期，社会经济、政治和文化都得到了长足的发展。

唐代，为方便物资的进出口，高宗于显庆六年（661 年）创设市舶使于广州，使广州成了全国最大的贸易港口。而为了加强和改善南北的交通，方便岭南和海外的"齿革羽毛""鱼盐蜃蛤""岭南佳果"

---

① 罗香林：《客家源流考》，广州：中国华侨出版公司 1989 年版，第 15 页。
② 广东省地方史志办公室辑：《广东历代方志集成·省部（十六）·（道光）广东通志（三）》，广州：岭南美术出版社 2007 年版，第 1556 页。

运往中原，以"备府库之需"和"赡江淮之求"，开元四年（716年），曲江籍内供奉张九龄奉诏新开大庾岭路，使"以载则曾不容轨，以运则负之以背"的梅岭羊肠小道变成了"坦坦而方五轨，阗阗而走四方"的大道。新路开通以后南北的交通距离大为缩短，还把珠江水系与长江水系连接了起来，使梅关古道成为南北贸易和移民南迁的最重要的交通路线。宋代余靖就指出，梅关古道，沟通南北，安全快捷，"沿汴绝淮，由堰道入漕渠，溯大江、度（渡）梅岭、下浈水、至南海之东西江者，唯九十里马上役，余皆篙工楫工之劳，全家坐而万里。故之岭南虽三道，下浈水者十之七八焉"①。说明了大庾岭新道（今称梅关古道）在交通五岭南北上的重要性。

然而，繁荣的唐王朝也潜伏着巨大的社会危机。天宝十四年（755年）爆发的"安史之乱"及稍后的"黄巢战乱"导致唐王朝由盛转衰，也造成北方汉人又一次大规模的南迁。岭南地区的韶州、浈昌等地由于遭受兵燹战祸影响较少，因而吸引了大批难民迁来，成为难民休养生息的乐土。如孔子后裔孔闰，即为其时迁居南雄的北方难民。赫赫有名的郭子仪的后代也是为避"黄巢之乱"，率家往南徙居金陵乌衣巷，不久由金陵迁居江西泰和，之后又迁徙至南雄及乌迳古道域内。《新唐书》卷一百四十三《徐申传》载：徐申于安史乱后40年任韶州刺史，"始来韶，户止七千。比六年，倍而半之"②。六年间韶州户口增加了1.5倍，这显然是移民涌入所致。

4. 宋代移民

开通后的大庾岭新路不仅承担了南北政治、经济和文化交流的任务，也承接了更多移民南迁的脚步。大庾岭新路不仅有着"官路""香路"的称谓，还具有"移民之路"的特定内涵，也与珠玑巷紧密关联，以致后来迁居珠三角一带之移民视珠玑巷为"祖宗故居"和"七百年前桑梓地"。

陈乐素教授指出："北宋政权结束，高宗仓皇南渡。在战乱中，中原士民，一部分随高宗走东南，流寓于太湖流域一带；一部分随隆祐太后走赣南，在隆祐太后自赣南回临安后，士民在动乱中，更南渡

---

① （宋）余靖撰，黄志辉校笺：《武溪集校笺》（第5卷），天津：天津古籍出版社2000年版，第180页。

② （宋）欧阳修、宋祁：《新唐书》（第143卷），北京：中华书局1975年版，第4964页。

大庾岭，寄寓南雄。这渡岭的一支，经过一段时期，又从南雄南迁，流寓于珠江流域一带。"① 相关史志对韶州、南雄等地户口变化的记载，也能说明北方移民对这些地区的影响。《广东通志》载：唐贞观十三年（639 年），韶州领曲江、始兴、乐昌、翁源四县，仅有 6 950 户，40 416 口；到天宝元年（742 年），仅过百年就有了 31 000 户，168 948 口，户数、人口的增加都接近 5 倍。至于南雄本土户口在该时期的变化情况，明嘉靖《南雄府志》也载："宋初，南雄州，户 17 366（其中保昌 16 000，始兴 1 366），口 51 773（其中保昌 48 886，始兴 2 887）；嘉定间，户 33 639（其中保昌 30 823，始兴 2 816），口 55 756（其中保昌 50 357，始兴 5 399）"。②

而《太平寰宇记》对南雄宋初的人口统计为主户 7 738，客户 625。《九域志》载，宋嘉定间，南雄有主户 18 686，客户 1 653。

虽然，唐黄巢兵燹时，以及南宋末年、元末明初有过三次较大的人口南迁，但由于战争等社会、自然因素，人口的增加是很缓慢的。宋以前，南雄人口无文可查，但是，宋代（南）雄州的人口变化，无论是主户还是客户的数量都增加了许多。就人口的自然繁衍而言是难以达到的，唯一的原因就是北方移民的大量涌入，以致有了以"天灾人祸，民不堪命，十存四五，犹虑难周。及今奉明旨颁行，筑土设寨所。因思近处无地堪迁，远闻南方烟瘴，地广人稀，堪辟住址"③ 为由的"罗贵南迁"事件。

罗贵群体南迁之举似乎与所谓的"胡妃事件"有关。胡妃，又称苏妃、尼妃等，今存的广府氏系族谱中，对此有较多记载。如市桥谢氏族谱云："宋有皇妃苏氏，失调雅乐，诏下冷宫，因而潜逃，为南雄牛田坊商人黄贮万所得。后来事泄，有司恐皇上追究，图谋灭迹，请旨于冲田坊择地建寨，聚兵镇守以防贼乱。中田坊三十三姓九十七家以罗贵为首，赴府告准案结引，立号编甲，向南而行。"他们沿浈水至韶州，又从韶州沿北江南下至广州，再从广州逐渐散处各地。陈乐素教授指出："综合黄慈博先生遗稿收集到的家谱族谱所载的姓氏，先后从南雄南迁的，除上述《流徙铭》中的三十三姓外，还有庞、

---

① 陈乐素：《求是集》（第 2 集），广州：广东人民出版社 1984 年版，第 265 页。
② 广东省地方史志办公室辑：《广东历代方志集成·南雄府部（一）·（嘉靖）南雄府志》，广州：岭南美术出版社 2007 年版，第 67 页。
③ 陈乐素：《求是集》（第 2 集），广州：广东人民出版社 1984 年版，第 263 页。

唐、邝、丁、石、雷、孔、邓、孙、司徒、邵、任、朱、魏、程、侯、鲍、缪、房、容、潘、冼、祁、袁、姚、蓝、肖、韩、甘、林、杨、梅、吕、严、刘、关、屈、余、简等四十姓，连前合计有七十多姓。而七十多姓中，有不少是同姓而异宗的，如黎、麦、李、陈、张、何等。这样加起来就接近一百姓。这近一百姓人家，先后南迁，散居各地。"①

由于珠玑巷的特殊地理位置，它不仅"是驿道上必经的一站，最重要的一站，又是难民们入粤的第一站，还因为它的知名度，因为有许多人日后实际上就居住在巷内和附近，所以珠玑巷就成为整个地域的象征。等到南迁之后，就变成了故乡的象征。唯其如此，才能解释为什么这么多人都自称出于珠玑巷"②。也正是由于珠玑巷存在这样的条件，所以，稍有战乱便会引发居民的迁徙。北宋末、南宋初，北方之民为避战乱而渡岭寄寓南雄；宋末元初，珠玑巷移民再次南下珠江流域一带，这是岭南历史上最大规模的南迁，其中以罗贵为首的33姓97家结伴南下就是典型。

对于珠玑巷，屈大均于《广东新语》中曾两次谈及，他说："珠玑巷得名，始于唐张昌。昌之先，为南雄敬宗巷孝义门人。其始祖辙，生子兴，七世同居。敬宗宝历元年（825年），朝闻其孝义，赐兴珠玑绦环以旌之。避敬宗庙谥，因改所居为珠玑巷。"③ 又说："吾广故家望族，其先多从南雄珠玑巷而来。盖祥符有珠玑巷，宋南渡时诸朝臣从驾入岭，至止南雄，不忘枌榆所自，亦号其地为珠玑巷。如汉之新丰，以志故乡之思也。"④ 所以，明代中后期，南迁移民的子孙又有回迁珠玑巷的情况。

5. 元、明、清移民

宋后的元、明、清三个时期，由于战乱、自然灾害等原因，北方仍不断有人南迁至珠玑巷，而珠玑巷同样也不断有人继续南下。

由于元兵的大举南下，宋朝皇帝辗转播迁，南来岭表，不但故家

① 陈乐素：《求是集》（第2集），广州：广东人民出版社1984年版，第265页。
② 曾祥委、曾汉祥主编：《南雄珠玑移民的历史与文化》，广州：暨南大学出版社1995年版，第23页。
③④ （清）屈大均著，李育中等注：《广东新语注》，广州：广东人民出版社1991年版，第50、43页。

世胄，即使普通百姓亦多举族相随。他们有的由浙而闽，沿海至粤；有的由湘、赣逾岭至粤，"沿途据险，与元兵战，或徒手与元兵搏，全家覆灭，全族覆灭者，殆如恒河沙数"①。虽有文天祥等抗元志士，然而天不祚宋，崖门蹈海，国运遂终，部分随帝南来历万死一生之遗民，遂相率迁居闽、赣、湘、粤等地；更多的是越岭迁居广东之南雄、韶州、连州、惠州、嘉应及潮州大埔和丰顺、广州龙门等地。而从1351 年起，刘福通、徐寿辉、郭子兴、陈友谅、张士诚等相继领导农民起义。战乱持续约有 20 年之久，在这个过程中逐步形成了群雄割据的局面。最后郭子兴的部将朱元璋摧毁了元朝的残暴统治，消灭了所有割据者，建立了明朝。元末的战乱，又触发了客家先民的迁移。至明初，客家先民继续迁移。迁出地多为福建，迁入地则集中在粤东的嘉应（今广东梅县），粤北的南雄、始兴、韶关等地，而乌迳古道域内也是他们迁居的好地方。

元、明、清时期，南雄的人口变化最大。《元史·地理志》载，时有户 10 792，人口 53 960。明初洪武二十四年（1391 年）南雄有户7 431，人口 58 186。之后便出现减少的现象，嘉靖间减数最大。而至清代，顺治八年（1651 年），编审丁口数为 12 595；由于乾隆四十一年（1776 年）清廷实行对滋生人口永不编审、永不加赋之策，至乾隆五十一年（1786 年），人口已达 210 422，增速可谓快矣。

为了能更好地说明北方移民对南雄人口的影响，特列宋、元、明、清南雄人口变化简表（见表 3），以窥其一斑。

表 3　宋、元、明、清南雄人口变化简表

	时间	户数（户）	人数（人）	备注
北宋	初	16 000	48 886	
南宋	嘉定（1208—1224）	30 823	50 357	
元		10 792	53 960	据《元史·地理志》

①　徐旭曾：《和平徐氏族谱旭曾丰湖杂记》，参见刘佐泉：《客家历史与传统文化》，开封：河南大学出版社 1991 年版，第 32 页。

时间		户数（户）	人数（人）	备注
明	洪武辛未（1391）	7 431	58 186	
	永乐壬辰（1412）	−853	−27 266	
	正统壬戌（1442）	−1 528	−34 310	
	成化壬寅（1482）	−1 620	−33 788	
	嘉靖壬午（1522）	−1 938	−40 863	
	隆庆壬申（1572）	−290	−36 155	
	万历壬午（1582）	−132	−35 745	
清	顺治辛卯（1651）		编审男子 8 019　妇女 4 576	
	康熙丁未（1667）		编审男子 8 992　妇女 5 211	

注：此表据清道光《直隶南雄州志》卷九"舆地略·户口"整理。

从表3可以看出，南雄之人口变化与整个社会之动乱紧密相关，明代是南雄人口减少和流动最大的历史时期。至清朝，社会逐步转为安定，尤其是乾隆三十七年（1772年）恩诏"永不加赋""永免编审"后，南雄人口有了较大的增长。

三、乌迳古道与移民

伴随中华大地的整个移民潮，自秦已降，历代迁入南雄域内的客族约有千族，乌迳古道与梅关古道一并承载着千万移民的脚步。

乌迳古道域属粤、赣交界之地，古道本身就是沟通粤、赣之要道，往南沿昌水可接浈江、北江，通韶州、广州，直至海外；向北接桃江、赣江，可通中原地区和江南地区。乌迳古道地势低洼、多丘陵，自然资源丰富，域内相对安定，故此，吸引了众多的移民迁此生息。

乌迳古道域内的客家移民，其迁入时间多为魏晋、唐宋和明清三个时期。其迁入线路大体上为三条路线：中原—江浙—闽西—赣南—乌迳；中原—赣南—南雄—乌迳；中原—闽西—赣南—始兴—南雄—乌迳。

从各族族谱及相关史料的记载来看，乌迳古道域内的居民都是移民，也都是客族。在这些客族中，最早迁入乌迳古道域内的是新田李族，其族谱称："未立雄州，占籍浈昌者，惟予族最先，亦惟予族最久。"其余各族，稍后迁入。

笔者根据 2011 年《南雄市志》进行初步统计，乌迳古道域内聚居的氏族主要有：叶、李、陈、赖、董、黄、彭、赵、孔、龚、严、王、邓、刘、钟等 60 余姓，其中以叶姓人数为最多。本节将简述乌迳古道域内的主要客族。

1. 叶氏

叶氏是南雄第二大姓，总户数为 5 866，占南雄总户数的 7.03%，大部分卜居在乌迳古道域内。

叶姓，源于芈姓沈氏。春秋后期，楚国左司马沈尹戌在与吴军交战中战死，楚昭王封其子沈诸梁在叶县（今河南叶县旧城），称为叶公，子孙遂以叶为姓。

《叶氏联谱》（二修）称：叶氏受姓始祖诸梁一世，周楚大夫，居南阳郡。传七十世乾昱，居浙江松阳，生五子：道构、道与、怀孜、怀裕、怀凤。道与、怀孜、怀裕后裔先后有八支迁来南雄乌迳古道域。

具体如下：

（1）乌迳七星树下叶族。

先祖叶道与，原居浙江处州府丽水县（今浙江省丽水市莲都区）。生五子：崇道、崇德、崇仁、崇义、崇礼。四子叶崇义，名浚，唐乾符元年（874 年）初授广东崖州都督，年老告归，至南雄，闻黄巢寇入长安，道路云扰，乃择地卜居于乌迳七星树下（今乌迳水城，城门上仍存有"七星世镇"之匾刻），开创叶氏基业。叶浚生三子：雨物、雨济、雨时。叶雨物务农，开发山下垌；叶雨济经商，于乌迳建圩开市；叶雨时①（字云兴）仕南汉，以军功授千夫长，戍守乌迳，保境安民。后晋时，贼兵犯境，叶雨时接战于白石岗（乌迳圩北约 5 千米），阵亡，敕封护国都统。七星树下叶族被视为开基祖、叶氏姓氏节纪念之祖，其后裔播迁乌迳、坪田、新龙、孔江、界址等地。

（2）乌迳龙迳叶族。

先祖叶崇礼，唐懿宗咸通初年以孝行任常州刺史，其次子叶瞻鉴以太常博士出知合州。唐昭宗天复三年（903 年），叶瞻鉴病卒于南雄沙水。其家属因世乱遂卜居沙水；其后裔迁龙迳开基，又分迁朱溪。

---

① 又名叶浚、叶云兴，见南雄市人民政府地方志编纂委员会编：《南雄市志》，北京：方志出版社 2011 年版，第 605 页。

（3）乌迳白胜、溯水叶族。

先祖叶希泽，其后裔文德、文宗、文修、文崖兄弟四人，于元末自江西信丰桃江同迁南雄城北关世显街，与早于南宋初便卜居于此的希泽五子之叶仁和之后裔叶文通、叶文实、叶文赞兄弟鳞集而居，名曰"叶氏山庄"。明初，叶文德之后裔叶用谦迁居白胜，叶文宗之后裔叶万福迁居溯水，叶万全之后裔迁居珠玑塘东。

（4）坪田、姜塘、东坑叶族。

先祖为叶希泽第五子仁和，宋神宗熙宁二年（1069年）进士第一，官直学士。其孙叶翁，龙门县令。南宋初，解组归，闻余寇未清，遂卜居南雄北关。七传至叶文逊、叶文实、叶文赞兄弟，于元代延祐甲寅（1314年），自北关迁居坪田、姜塘、东坑、迳口下村。

（5）新溪叶族。

先祖叶崇道，唐时任莆田主簿。其后裔叶守葺，官拜行军都统，南宋高宗绍兴十五年（1145年），解组后，携子带谱自汀州迁南雄珠玑里石井头。其后裔叶献诚、叶献富迁新田开基，而后再分迁响石、南亩、大坑等地。清乾隆末，叶廷荣由乌迳迁南雄城，因经商而成巨富。

（6）坪田龙头叶族。

先祖叶甘霖，原居南雄北关。南宋绍兴年间，"因厌余寇蜂屯"，遂东迁坪田龙头开基。

（7）坪田亨邦叶族。

先祖叶宗文，南宋理宗淳祐癸卯（1243年）举人，宋度宗咸淳乙丑（1265年）进士，任南雄州助教，于南宋恭帝德祐乙丑（1275年）与弟叶宗武自南京迁坪田亨邦开基。

（8）坪田龙溪、乌迳竹溪叶族。

先祖叶仲华，官户部侍郎，南宋绍兴十五年（1145年）随岭南安抚使黄宣来粤，因喜爱南雄山水，遂自浙江天台挈家迁来雄城居住。生二子：南英、南昌。叶南英徙居乌迳，其次子叶熙元于宋孝宗隆兴二年（1164年这）迁龙溪开基。叶南昌之子叶以仁于南宋咸淳间迁竹溪（乌迳大竹）开基。

2. 李氏

李氏开南雄人文之先肇，总户数为4 830，占南雄总户数的

5.81%，主要卜居于乌迳古道域的乌迳、新龙、油山，以乌迳新田为显。

李氏族人修谱次数为南雄诸姓之最，至今已有十次。相传李氏乃帝少昊后裔皋陶之后。皋陶是尧帝部下管理司法的大理，执法公正，因而子孙世代袭任，历虞、夏、商三代，称理氏。李氏族谱称：肇姓始祖利贞，其父理征（皋陶裔孙），仕于商，因执法公正、直谏，被纣王赐死。利贞随母入山避难，以木子为食而获命，利贞不敢再称理氏，遂改理为李。后来，李氏发祥于陇西（甘肃）。北朝时，李虎封为陇西公，为兰州一带望族，因名"陇西堂"。

至宋，李纲为相，封忠定公。李纲曾生孟公，李孟生子名珠。李珠因避宋元之乱，经浙江、江西石城而入闽，定居汀州宁化石壁李家坊。娶吴氏，生金、木、水、火、土五子。

南雄李氏有三大支派：西晋太常卿李耽派、唐西平王李晟派、宋进士节度使李火德派。

（1）乌迳新田李族。

《新溪李氏十修族谱》（1997年）记：新田李族，始迁祖李耽[1]，字介卿，秣陵（今南京）后街人。西晋愍帝朝正议大夫、太常卿。因见朝政危乱，国事日非，乃叩陛出血，极言直谏，愍帝不纳，怒而左迁始兴郡曲江令。建兴三年（315年）秋，李耽挈家之任，由虔入粤，道经新溪，环睹川原幽异，遂弃官隐居于新溪之岸，子孙繁衍，人文蔚起，遂成一方望族。后裔孙李金马[2]，唐宪宗元和七年（812年）进士，后授江陵令，政绩颇著，迁户部侍郎，大中七年（853年）卒于官，晋阶尚书、金紫光禄大夫，开南雄人文之先肇。

新田李族卜居新田至今近1700年，故其族谱称："未立雄州，占籍浈昌者，惟予族最先，亦惟予族最久。"由此，就有了"先有新田李，后有浈昌县"之说。

另有一族为西平王李晟的第十一子李听之后裔李开棠，于唐时由福建迁来新田开基，后裔分迁大塘棋杆岭。

---

① 李耽，见南雄市人民政府地方志编纂委员会编：《南雄市志》，北京：方志出版社 2011 年版，第 602 页。

② 李金马，见明嘉靖《南雄府志》上卷"选举"、（清）徐松《登科记考》卷十八。

（2）油山古城李族。

始迁祖李叔通，唐西平王李晟之后裔，原居虔州。北宋哲宗绍圣四年（1097年）进士，任广州司马，卒于雄州，子孙卜居油山古城。古城李族，人文蔚起，有"七代五进士"之誉，为宋代南雄之名门望族。

《直隶南雄州志》载：北宋元符元年（1098年），昭天下皆兴学。时南雄州应乡试者2 000人。从皇祐壬辰（1052年）至咸淳辛未（1271年）的219年间，保昌县举进士39名，特科64名，为粤北之冠。平林村和周边的上朔、延村、古城等尤盛，共举进士11人，其中古城一村就举进士5人。

古城李族后裔分迁里仁上门、溪塘水西、南亩官溪。宋徽宗政和己未（1115年）进士李琰徙广州府番禺陈村开基，称望一方。

（3）由始兴迁雄的李火德后裔。

据四川内江三一郎派旧李氏族谱记："火德翁姓李，其先汀之宁化人，值宋元兵乱，与妻伍氏避于上杭胜运里之丰朗。目其山秀土腴，民淳俗养，遂居焉。"李火德来自陇西望族，唐高祖李渊的第二十八代裔孙，死后葬于上杭稔田丰朗岗头，今福建上杭县稔田镇官田村仍有纪念李火德的宗祠——惇叙堂。《始兴兴贤街李氏八修族谱》（2001年）也载：该族以迁闽始祖李火德为一世祖。

李火德为宋进士，累官河南节度使，封关内侯，世居福建上杭，其后裔分迁始兴，再分迁南雄乌迳、新龙、黄坑等地。而今闽、台、赣、粤、桂和东南亚各国以及我国香港地区的李氏，尊李火德为始祖的甚多。

3. 陈氏

陈氏是广东第一姓、南雄第三大姓，总户数为4 954，占南雄总户数的5.95%。南雄陈氏主要分布于乌迳、黄坑等地，以曾是"南雄第一州城"的黄坑溪塘村之陈氏为著。

陈氏起源于妫姓，乃虞舜之后裔。夏禹得帝位后，曾封舜之子商均于虞城（今河南虞城县）。后又移封于商，让他由虞城迁到陕西商县。商均迁走后，他的后人虞思仍留在虞城旧地。周武王灭商后，为追封前代圣王之后人，找到虞思之后裔妫满，将其长女太姬许配给他，封他为陈（河南淮阳）侯，后人遂以"陈"为姓。其国都宛丘，在今

河南省淮阳县城东 1 500 米处，有颍水出自阳城县西北，故陈氏以"颍川"为堂号。妫满死后，谥号"陈胡公"。陈胡公成为陈氏得姓之开山祖。后裔陈文，因谪官由福建隆溪迁入广东南雄珠玑巷。而陈后主陈叔宝、陈叔明一支，其八世孙陈伯宣于唐代任临海县令，为避难迁居福建泉州仙游。陈伯宣之子陈旺于唐大和六年（832 年）迁居江西德安县太平乡常乐里永清村，后迁南雄，今其后裔遍布珠江三角洲及粤北、粤东、粤西。

据《南雄陈氏首修联谱》（1998 年）称：现居南雄陈氏为南朝陈宣帝顼长子叔宝（后主）之弟——陈叔明之后裔，计有十族。

迁雄最早的陈氏是北宋治平年间迁入横水的陈族，其次是南宋末迁入溪塘的陈族，其余八族多于明代从赣南、闽西迁来，或从赣南、闽西迁始兴而后迁入南雄。

（1）帽子峰横水陈族。

北宋治平年间，南雄知州陈俒（江州义门陈氏之后裔）卒于任，子孙遂居雄城。传至第九代陈公佑，于南宋末迁横水开基，承江州义门陈氏之遗风，历 12 代 290 多年，创至和堂。明成化甲辰（1484 年），南雄知府江璞，远道寻访，登门嘉奖，为至和堂题匾，并题诗为赞："五马迢迢访义门，一堂和气蔼春风。立家创业前朝祖，共食同居九代孙。风俗坐看回太古，褒旌行见沐殊恩。笑他割户分门者，敢与同年共日论。"该族后裔分迁于洞头村的忠圿、河背、桥头、大村、张屋坪、下迳等处及澜河镇的寨湾。

（2）黄坑溪塘陈族。

溪塘陈族始祖陈福基，原居福建莆田，南宋理宗时任签书枢密院事，宋度宗时任广东安抚使。因与"师臣"贾似道不合，辞官隐居南雄珠玑巷，元德祐二年（1276 年）迁居溪塘。《溪塘陈氏族谱》记，明嘉靖三十四年（1555 年），户部尚书谭大初曾为溪塘作《溪塘水东坊陈氏地舆记》，说溪塘"上下比屋，烟火相连，而陈氏古族在此，冠盖联翩，绅衿继美"，"为一方望族"。清乾隆年间，胡定《溪塘陈氏族谱源流考》记，德祐二年（1276 年），元师逼境，其始祖陈福基起兵抗元，因势单力薄，无济于事，也曾拒为元官，后辟居溪塘，子孙昌盛，为一方巨族。传至六世，一脉分居象湖，子孙散布乌迳、新龙、江口等。

（3）新龙莲口陈族。

明洪武年间，汀州庠生陈诗礼之曾孙陈泽通（亦为庠生）自汀州迁南雄新龙之莲口村开基。其后裔分迁水口镇泷头竹陂坑、雄州镇贵村、湖口镇青山以及山角岭、上锡、乌迳流塘、邓坊、里元、土洞、中心洞、茶头背、枫树下、员坑、旱坳、上兰田、洋西苟石等地。

（4）卓公祠迁雄陈族。

陈卓，宋绍兴进士，知江州。长孙陈千四郎于明洪武年间由福建莆田迁江西信丰杨溪堡，再迁南雄大山下开基。其后裔多迁回江西崇义、信丰、大余等处，少数分迁于油山镇老屋场、上兰田、坪田坳、大兰、大岭下以及大塘镇上朔、孔江镇桐子树下等地。

（5）柳溪祠迁雄陈族。

先祖陈轼，官任迪功郎、翁源令，由江西泰和柳溪迁保昌（南雄）珠玑巷开基。其后裔迁广州，又回迁泰和，再分迁于乌迳、梅关、珠玑凤凰桥、里仁等地。

4. 赖氏

赖氏族人主要居住在乌迳牛子石域，环聚而居，总户数为 2 069，占南雄总户数的 2.48%。

据《赖氏族谱》（六修）（1995 年）称：赖姓之起源乃轩辕黄帝第十九代裔孙，少宗叔颖是也。商纣王五十三年（前 1122），文王崩，武王即位。因纣王无道，武王愤之，遂会弟叔颖率兵讨伐。叔颖因助武王伐纣有功，赐赖地为食邑，加封侯爵，后又赐赖地为赖国。时赖国属颍川，即今河南，旧之许州、陈平、汝宁、汝州等地，赖氏发祥于此。赖以国为姓，以地名颍川纪念之，后之子孙列叔颖公为赖姓始祖，以"颍川"为堂号。而裔孙繁衍，瓜瓞绵延。鲁昭公四年（前 538 年），传至第十四世添公时，赖国为楚灵王所灭。裔孙为避杀戮，各迁其所，或迁于鄢（今湖北襄阳），或流窜于洛州（今河南宜阳）、丰宁（今陕西西乡），或迁浙江。至汉文帝元年（前 179 年），始有赖先公仕汉有功，官至户部主事、交趾太守、大司马，加爵忠王，始复兴世系。传十三世赖光，官任浙江观察御史，迁浙江处州府松阳县。东晋安帝隆安四年（400 年），十六世赖遇，官任郎中、东江知府，诰授中宪大夫。牒奏安帝，以所居之松阳县改为郡。安帝御笔亲书"松阳郡"三字赐之，故赖氏有"松阳"之称号，人称"松阳望族"，并

立"松阳"堂号。后来，这支赖姓人中有一部分人在南朝刘宋元嘉末迁居南康郡，开创了赖姓南康郡望。隋唐以后，这支赖姓人中又有人相继迁到潭州、汀州、清流、上杭、永定、宁化、永春、漳州、程乡、镇平、平远等地，成为浙江、江西、福建、湖南、广东等省赖姓的最大支派。而称"西川"者，则迨至清康熙二十一年（1682 年），御制百家姓时，以文王都于西岐，西岐者即西川也。叔颖为文王之子，溯本追源，所以称赖氏为西川也，建"西川"堂号，故赖氏有颍川堂、松阳堂、西川堂之称。虽称之有别，然一脉相承，三江殊流，终归沧海。

《赖氏族谱》（六修）记，北宋熙宁四年（1071 年），欧阳修曾为赖氏重修族谱作序，曰："族之有谱，欲人知所出，则知敬其祖，敬其祖则知爱其亲。而非以昭姓氏、别亲疏、分异同而已。……吾乡赖氏，著姓之望也。朔其先世与南赣闽粤郡，同出一源，因家谱散佚，合志重修。有自修者，乃吾家之姻亲也。一日持其谱帙请序于予，予按：赖氏出春秋赖国，楚子迁鄀之后，有十四孙名先，为交趾太守；仙芝，官一品。传至好古布衣奏事。又珠公为汉丞相（桓帝二年封为开国公）。妙通仕金紫银青光禄大夫，泊忠郎为崇政殿大学士。迨其后，雯则有博通今古、著作名家，武则有袭阴薰臣，拱卫王室，以及观察郡伯甲第科名，代有其人。"而南宋咸淳九年（1273 年），文天祥作《赖氏族谱序》则记，"今天下多事之秋，独赖氏立身于万世之表，而能以谱牒讲究，不也难哉"。赖氏，名宦世家，不假也。

（1）牛子石赖族。

《赖氏永诚祠六修族谱》（1995 年）称，牛子石赖姓族人，乃永诚公之后裔。永诚公之后裔以明正德至嘉靖年间福建古田所修族谱为据，于清康熙元年（1662 年）始修谱，至嘉庆二年（1797 年）三修族谱时尊永诚公为基祖［永诚为赖氏第五十三世，明正德己巳（1509 年）年生，今江西信丰罗兜有祖祠］。基祖永诚一支，本源河南颍川，先祖居福建武平，明宣德年间，由福建武平迁江西会昌，嘉靖年间，又由会昌迁江西信丰。

据《赖氏重修族谱序》载，"永诚公生五子，长汝隆居信丰，次汝宣居信丰，三汝禹居信丰，后一半徙保昌，四汝文徙保昌者九之六，居信丰者九之三，五汝章居信丰者三之一，徙保昌、南安者三之二。

乾隆癸未（1763年），五房同建大宗祠于信丰罗兜八字水，祀永诚公为始祖"。

赖汝文二子赖万芩、赖万芳兄弟于明正德年间由信丰迁来南雄乌迳牛子石域。赖万芩在孔塘开基，赖万芳在庙前开基。传至第四世，赖万芳长子赖富茂迁江背开基，次子赖福茂在孔溪（即今孔坑村）开基。赖万芩之孙赖爵谨（字梅山）由孔塘迁大迳开基。此后，赖汝文一脉子孙繁衍，明清年间，环聚牛子石，方园五六百户；亦有迁于乌迳、老龙、背迳、大竹、布庄、田心、沧浪、白胜以及界址汶井、下屋、珠玑叟里元、梅岭大源、梅关、黄坑许村，湖口抚岭等处；亦有迁江西之信丰、大余、南康、会昌、赣州，远播四川、湖南、广西等地。

又据清康熙五十四年（1715年）翰林院教习吏部观政侯王大年于《赖氏族谱·序文·赖君福茂公墓志铭》中记，"公讳福茂，字浩信〔生于弘治戊申元年（1488年），殁嘉靖三十九年（1560年），葬于杨梅岗〕，其先世系出闽地，公之世祖汝文，自闽而迁于雄郡之牛子石，见其山环水聚，遂家焉。数传至公，疆宇渐启，生齿日蕃，其本支各择名胜富庶……赖姓之望遂甲于郡邑"。可见，永诚支脉迁至牛子石，始于永诚之子赖汝文（尊称高祖），至其孙辈赖浩信（即福茂公）而昌盛。后裔多自称"牛子石"人。

清乾隆甲戌（1754年），孔塘村赖堂，会试中第二十五名进士，授廉州府教授，乃举家迁居于博白县大旗堡下甲大坪村。

（2）全安四脑赖族。

《松阳堂赖氏族谱》（1999）称，赖遇传下十三世赖虞观。赖虞观，行十九郎。北宋靖康丙午（1126年）进士。南宋初致仕后，举家自福建上杭迁居苍石四脑村，建祠立业，子孙昌盛。其祠堂联云："虞公开甲第，唐宋以来千余年；赤祖肇家风，文武相继百余人。"

5. 董氏

董氏主要分居于乌迳、界址、新龙，以乌迳古道域内的水松（即松溪）董氏为著，总户数为1 699，占南雄总户数的2.04%。

据《松溪董氏七修族谱》（2011年）之《董氏历代源流考》记："吾家出自颛顼后，飂叔安之裔孙。曰董父能豢龙，以事舜帝，帝嘉之，封董父为鬷川（今山东菏泽定陶）侯，赐董氏。曰豢龙，其后遂

以为氏。"

水松董族，始迁祖董玮，是耒阳知县董俦第六子。北宋元符三年（1100年）荐举从江西乐安县流坑任南雄州刑曹参军，举家随任迁居南雄城东门孝悌街。南宋初，孙董宗成自东门孝悌街迁保昌松溪开基。长子董政聪生三子，其中一乳双胎为董双生、董双保。时南海寇兵猖乱，董双生、董双保随父董政聪平乱，三年后乱平凯旋，至半路为奸党以拥兵反叛为由，挑唆皇上加以谋害。后得以平反，追封武略将军。这个事件，可以从《松溪董氏七修族谱》和清道光《直隶南雄州志》的记载中得到印证。

《松溪董氏七修族谱》（2010）之《水松董氏族谱序》记："董之先，唐丞相晋之后二十三世孙玮，南雄刑曹参军，因家城东关。再传宗成，徙望梅乡水松之山坑。生政聪，有勇力，为守土都司、千兵长。戴氏双生二子，长双保，次双生。年一纪，有大用。南海寇乱，父子兄弟起义兵，保障一乡。宋敕封宣政武略将军。乡人立庙山坑祀之，永报功也。"

而清道光《直隶南雄州志》卷三十二也载："宋，董玮，耒县知县俦六子，元符三年（1110年），由荐举任南雄州刑曹参军，遂居城东门，迁徙松溪。曾孙政聪都司千兵，一乳生二子双保、双生，勇略过人。南海寇乱，二子随父征讨有功。政和三年（1113年），敕封宣政武略将军。"[1] 政聪父子三人，均葬于今坪田镇中坪村蒙子坳，该地"将军公""将军山"均由此得名。乌迳水松董氏姓氏节有三个，即每年八月十四纪念"将军公"，九月二十一纪念其父，而三月二十则是将军公祭日。

董氏子孙繁衍，由水松枝分楚庭桂北，后裔分迁于乌迳、界址、孔江、新龙等镇，并远播广州石牌、北村、梅田、山水等珠三角地区，以及广西钟山，江西大余、于都，湖南常宁、攸县、汝城，中国香港、澳门、台湾，加拿大等地。

6. 黄氏

黄氏主要分布于乌迳、孔江、大塘、油山等地，总户数为4 820，

① 广东省地方史志办公室辑：《广东历代方志集成·南雄府部（二）·（道光）直隶南雄州志》，广州：岭南美术出版社2007年版，第550页。

占南雄总户数的 5.79%。

黄姓出自嬴姓。周代有黄国（今河南潢川县西），相传是伯益后裔的封国。公元前 648 年，黄国被楚国灭。亡国后的黄国子孙，以国名为氏，就是黄氏。

南雄黄氏多为黄峭山之后裔。黄峭，字峭山，又名岳，字仁静，号青岗，后裔尊称其为峭公或峭山公，远祖自河南光州固始入闽。《南雄黄氏族谱》（1999 年）称：峭山公生于唐懿宗咸通十三年（872年），宋初进士，授江夏太守，官至直学士兼刑部尚书。世居福建邵武。娶上官氏、黄氏、郑氏各生七子。后周广顺二年（952 年），公以生齿繁盛，留三妻份下各一位长子侍养故里，其余皆命择胜地而分居各处州县乡里，创业兴家。邵武黄氏的这次大分家，以及随之而来的迁徙流布，在相当多的黄氏谱牒中都有详细记载。

黄峭山之后裔，在南雄开基创业者有以下几支：

（1）珠玑巷黄族。

珠玑巷黄族始迁祖为黄昌，北宋元祐三年（1088 年）进士，南雄州守，后升都漕运使，因官而入籍珠玑巷。其次子黄澄洛迁回福建莆田。黄澄洛长子黄居正讳由，号万石，生于北宋宣和七年（1125 年），南宋淳熙二年（1175 年）举进士，因忤权奸，出知英州，随任携眷回居南雄珠玑巷。后起复擢刑部尚书，卒赠少师，葬于南雄东门外大井头。其后裔均已于南宋末迁冈州杜阮及顺德等地。

（2）浆田大井坊黄族。

始迁祖黄辅魁原居福建宁化。南宋中，赐进士及第，任广东安抚使，因朝政腐败，心怀愤懑，辞官隐居于南雄浆田大井坊。淳祐年间建祠一本堂。其后裔于明清时先后分迁新龙石构塘（今属坪田镇）、下湖、落水塘、邓坊洋稠、邓坊村、长龙圩、磊子脑、老虎前、下惠、南亩文坑等地。

（3）浆田爱敬堂黄族。

始迁祖黄元轩，原居浙江绍兴。南宋末，黄元轩之父黄缜任韶州教授，景炎二年（1277 年）任满归里，道卒南雄，黄元轩扶榇避兵走信丰，路经浆田，爱其风土，并得大井坊宗亲之助，就地葬父卜居。元延祐甲寅（1314 年）建祠爱敬堂。其后裔分迁乌溪塘、乌泥坑、全安竹头坑、古市黄龙坪等地。

（4）上浆田黄族。

一为始迁祖黄伯麟，南宋绍定元年（1228 年）举人，随兄黄伯启（进士，广东转运使）宦游来粤。景定二年（1261 年），黄伯启致仕，黄伯麟择地上浆田前宅村隐居。

一为始迁祖黄辅亮，于元元贞丙申（1296 年）由江西黄金高楼迁上浆田开基。

（5）油山黄地黄族。

始迁祖黄树孙，号千一，于元大德年间由庐陵迁南雄上朔。其后裔于明永乐二十一年（1423 年）再迁黄地开基，后分迁珠玑横江、新龙长坑等地。

（6）南亩鱼鲜、官田、文坑黄族。

鱼鲜迳坊黄族，始迁祖黄翰敬，于明宣德年间由龙南迁来开基，其后裔分迁船塘湾。

官田黄族，始迁祖黄苑义，于明永乐四年（1406 年）由始兴车八岭迁官田开基，其后裔分迁龙斑里、邓坊村、油山沙洲坑等地。

文坑黄族，始迁祖黄朱晨，于明天顺年间由龙南象塘堡迁文坑新屋下开基。

（7）乌迳黄竹塘、官门楼黄族。

黄竹塘黄族，始迁祖黄紫良，于明弘治年间由龙南象塘堡迁黄竹塘开基。

官门楼黄族，始迁祖黄良善，于南宋嘉熙年间由庐陵迁崇化伯罗石。第十七世裔孙黄思通（谱名紫通），于明正德年间再迁官门楼开基；其兄黄思义（谱名紫义）留居伯罗石；其弟黄思满（谱名紫满）先迁凉树下，后迁官门楼。后裔分迁黄洞岗、乌迳圩等地。

（8）孔江迳口、寨子脑黄族。

迳口黄族，始迁祖黄良文，于南宋德祐丙子（1276 年）由江西南丰县新城双井头村迁雄城北门，其后裔黄翰隆于元至正乙未（1355 年）迁迳口开基。后裔分迁梅岭小岭圩、观音山等地。

寨子脑黄族，始迁祖黄里碧，于明正德年间由龙南象塘堡迁寨子脑开基。

（9）百顺黄屋城黄族。

黄屋城黄族，始迁祖黄文山，原居程乡（梅县），明洪武十年

（1377 年）迁百顺司城开基，创建仁里村（今黄屋城）。后裔分迁寨地、新地、孔寨洞等地。

7. 赵氏

南雄赵氏主要分布于乌迳、孔江、界址，以界址赵屋为著，总户数为 1 361，占南雄总户数的 1.63%。

赵姓源自嬴姓，得姓始祖为造父。传说周穆王的驾车大夫叫造父，是伯益后裔飞廉的裔孙。造父在桃林（今华山一带）得八匹千里马，献给周穆王，并驾车为穆王带兵打败了徐偃王造反。由于造父平叛有功，穆王赐他以赵城（今山西省洪洞县北）。从此，造父及其子孙便以封地为姓，成为赵姓。宋代出现了《百家姓》，因宋朝皇帝姓赵，是国姓，所以"赵"姓放在《百家姓》第一位。

南雄赵姓开基于宋。《赵氏族谱》（1996 年）称：南雄赵氏开基祖为赵子崧，宋太祖赵匡胤六世孙。

对于南雄赵氏之开基祖赵子崧，《宋史》卷二百四十七有载："子崧字伯山，燕懿王后五世孙。登崇宁五年（1106 年）进士第。宣和间，官至宗正少卿，除徽猷阁直学士、知淮宁府。"后因各种军事、政治斗争原因被贬。康王"诏御史往案其狱，情得，帝震怒，不欲暴其罪，坐以前擅弃城，降单州团练副使，谪居南雄州。绍兴二年（1132 年）赦，复集英殿修撰，而子崧已卒于贬所"①。

从《宋史》所载可知，赵子崧，字伯山，自号鉴堂居士。燕王德昭五世孙。徽宗崇宁五年（1106 年）进士。宣和四年（1122 年），宗正少卿。宣和末，知淮宁府。靖康之乱，汴京失守，子崧起兵勤王。宋高宗建炎元年（1127 年）为大元帅府参议官、东南道都总管、知镇江府、两浙西路兵马钤辖。建炎二年（1128 年），子崧为政敌辛道宗诬陷，贬为单州团练副使，谪居南雄州。绍兴二年（1132 年）卒于贬所。

由于靖康之乱，汴京失守，子崧起兵勤王，辅高宗赵构登上帝位，建立南宋政权。然而之后赵子崧却被贬谪南雄州四年并死于贬所，这对其后裔是一个很大的打击。赵子崧之后裔对朝廷心灰意冷，淡泊功名，不求仕进，乃由南雄城厢徙居乡村。宋末，文天祥招兵勤王，陈

① （元）脱脱：《宋史》（第 247 卷），北京：中华书局 1977 年版，第 8745 页。

福基在南雄起兵抗元，均不见南雄赵氏积极响应的记载。赵子崧之后裔为避元兵，其中一支先卜居于今南雄宾阳门，后迁牛田坊洋坋村，再迁粤赣边陲龙头坊（今界址镇赵屋），立祠隐居，世代以农耕为业，为开发南雄东北一隅作出了贡献。他们不言门第，安分守己，尊崇"厚生""光宗"祖训，尤重"平平安安地安居乐业，和和睦睦地繁衍子孙"的"厚生"内涵，养成勤劳、纯朴、犷直之风。其后裔散布于界址、乌迳、孔江、新龙、油山、南亩、梅岭等边远山区。另外一支迁乐昌改籍瑶族，部分回迁金陵，部分远迁居四川峨眉等地。

8. 严氏

严氏主要分布于界址湟溪（今黄坑），总户数为749，占南雄总户数的0.90%。

《富春堂严氏福修族谱》（1999年）载：严氏为黄帝裔，本姓芈。春秋熊渠为楚王，改芈为熊。楚庄王熊昭时，其庶兄弟以庄王谥为姓，改熊为庄。

至东汉明帝刘庄时，为避明帝讳，又改庄为严，以严光（子陵）为一世祖。严光，一名遵，字子陵，余姚人。少有高名，与刘秀同游学。东汉建武元年（25年），刘秀即位为光武帝，严光乃隐名换姓，避至他乡。刘秀思贤念旧，请入宫论道，几授官，不从。后归故里，卒于家。

传至三十四世，北宋初严美由金陵（南京）迁江西泰和，为泰和始迁祖；再传至四十六世严君瑞（字宗瑞，号念一郎），于元初自泰和徙居南雄湟溪（即崇化，今黄坑村），为南雄湟溪严族始迁祖。迄今已传27代，后裔分迁于黄坑日形村、寨脚下、古池、孔班、上村、船寨、水南乾、流地、老龙圩、官路头、虎珠坑、坑毛子、白木、虎井坑、米王亭以及江西大余、南康等地。湟溪严族为南雄界址地域望族。

9. 龚氏

龚氏主要分布于界址、新龙，总户数为624，占南雄总户数的0.75%。

龚源出姬姓，由共姓所改。周厉王时，贵族姬和封为共（今河南辉县）伯，举"共和行政"。春秋时，子孙以国为姓，称共氏。共氏

一支为晋献公后人，为避仇改姓隐居，共字头上加"龙"而成龚姓。

《武陵堂龚氏七修（二次联修）族谱》称，龚氏本姓姬。周文王第十四子错叔绣之后，裔孙际元封于滕地龚邱，因以龚为姓。望出武陵，因以武陵为堂号。其《初修族谱序》云："龚氏之先出于姬姓，自分茅胙土而后姓，以地传至春秋，时诗有晋大夫名坚者，已著姓于世矣。传至遂公作渤海太守，封水衡都尉，政教所被，顽梗即化，诚为千古循良之宗。传至英公，为武陵守，令母贤。爱民治声载道，遂开武陵之宗源矣。"[1] 武陵堂龚氏尊遂公为一世祖。

传至龚苍，为避王莽乱，迁福建上杭梅州村，是为迁闽之始祖。传至龚茂良，宋绍兴进士，参知政事，被谗贬英州，卒于贬所。次子龚夔，字龙飞，进士，历官礼部员外郎，因奔丧，途经雄州，无力归家，乃于宋淳熙七年（1180年）居南雄城居仁街。南雄龚族多为其后。

（1）界址大坑等地龚族。

始迁祖龚福海、龚福江、龚福滨、龚福湛兄弟，于明洪武间由南雄城居仁街迁大坑开基。而后龚福滨、龚福湛迁江西信丰，龚福海、龚福江仍居大坑，其后裔分迁南雄各地。明永乐年间，龚政瑛分迁水口下寮，龚政治分迁湖口积塔。明嘉靖年间，龚万裕分迁长甫桥三子下，龚万仪分迁大塘坪地山，龚万琼分迁下坪，龚志和分迁新龙野猪石。明万历间，本支龚万青分迁叟里园。

（2）新龙杨梅坑、谢地等地龚族。

其先祖龚伯六郎，世居福建上杭龙龟寨，后裔迁江西安远、全南、信丰等地，而后再分迁南雄。明嘉靖晚期，龚承违由信丰门洞迁南雄新龙杨梅坑开基；明弘治、正德年间，龚永敦、龚仕环先后由全南东埠迁南雄长潭水定居，其后裔于明嘉靖年间由长潭水分迁谢地、莲塘、武台岗、大坪、窑前、菖蒲塘、小水面、大坪山等地开基。

10. 孔氏

南雄孔氏是孔子脉下的南支，主要居住于油山平林，总户数为343，占南雄总户数的0.41%。

孔氏有四支，其一支源出子姓，后以孔父之"孔"为姓，世居鲁国，叔梁纥生孔子，后为仙鹤世家。

---

[1] 《武陵堂龚氏七修（二次联修）族谱》，1999年，第5页。

清乾隆四年（1739 年）《保昌平林孔氏家谱》称：始迁祖孔温宪，是唐元和时岭南节度使孔子三十八代孙孔戣之第三子。

据《新唐书·列传第八十八·孔戣传》载，"戣，字君严，擢进士第。郑滑卢群辟为判官，群卒，摄总留务。监军杨志谦雅自肆，众皆恐。戣邀志谦至府，与对榻卧起，示不疑，志谦严惮不敢动。入为侍御史，累擢谏议大夫。条上四事：一、多冗官，二、吏不奉法，三、百姓田不尽垦，四、山泽榷酤为州县弊。宪宗异其言。中人刘希光受赇二十万缗，抵死，吐突承璀坐厚善，逐为淮南监军。太子舍人李涉知帝意，投匦上言承璀有功不可弃。戣得副章，不肯受，面质让之。涉更因左右以闻，戣劾奏涉结近幸，营冈上听。有诏斥涉峡州司马，宦宠侧目，人为危之，戣自以适所志，轩轩甚得。……卒，年七十三，赠兵部尚书，谥曰贞"。

韩愈对孔戣有较高的评价，说其"为人守节清苦，论议正平。年七十，筋力耳目未衰，忧国忘家，用意至到。如戣辈，在朝不过三数人"。孔戣，字君严，举进士，刚正清俭。宪宗时历任尚书左丞、大理卿、国子祭酒。元和十三年（818 年）至长庆元年（821 年）拜岭南节度使，在任四年，惠政颇多。孔温宪因侍父于岭南，执掌为安置岭南已故官员及其妻子而购置田宅之事。孔戣奉诏赴阙后，孔温宪仍留岭南。唐穆宗长庆四年（824 年）孔戣逝世。孔温宪北归，抵南雄，闻朱温乱，乃择地平林隐居，率家人"昼耕夜读，不惮勤劳，营创田宅，遂开平林孔氏不息之基"。长子绎早卒，次子纯昼耕夜读，竭力养亲训子，营创田宅。纯长子闻，年十九应广东乡试中举。唐昭宗景福元年（892 年），连捷进士，为南雄州科举进士第一人。后周时官至朝散大夫，迁袁州刺史。鉴于乱世，不屑就职，隐居吉州泰和县石禾场十年。宋建隆元年（960 年）才挈家归隐平林祖居。建隆三年（962 年），创办孔林书院。子孙繁衍，人文蔚起。宋有进士孔绍旦、孔绍祖，明有进士孔传正。

据平林孔氏族谱载，南宋初，孔林村五十三世孔绍祖（特科进士）曾前往山东曲阜谒见五十一世衍圣公孔元措，校订孔戣谱系。孔氏后裔分南北两支，北支为孔戣祖以上，南支则自孔温宪始，从而确认了平林为岭南孔氏发祥地。

平林孔氏曾创岭南最早书院——孔林书院，它比创办于北宋景德

年间（1004—1007 年）英德南山的涵晖书院，要早 40 多年。清乾隆十八年（1753 年）修的《保昌县志》《南雄府志》均载："孔林书院，平林村。唐孔戣为岭南节度使，卒于任，季子温宪扶榇至雄，闻安禄山乱，遂家焉。建隆三年（962 年），裔孙孔闰因创书院。陈叔秀记。"陈叔秀，保昌县人，南宋绍兴乙卯（1135 年）特科，任潭州监庙。清道光四年（1824 年）修《直隶南雄州志·书院》记载与县、府志同。

南雄孔氏的另一支，孔震雷于南宋宋理宗嘉泰年间迁居南雄城，为南雄城孔族之开基祖。孔希宁分迁龙口，孔弘道迁矮寨开基，而孔希擎分迁南安稳下铺开基。

11. 彭氏

南雄彭氏，主要居住于油山，总户数为 1 395，占南雄总户数的 1.68%。

《朔溪彭氏六修族谱》（1937 年）称：彭氏得姓始于篯铿。篯铿是黄帝第九世孙，尧封于大彭国，因以国为姓。世居彭城（即今徐州），其后裔分迁福建永丰沙溪，后迁江西庐陵吉水沙溪。后唐天成年间（926—929 年），楚国辰州刺史、兵部尚书彭彦晟之曾孙彭南选游学岭南，择地朔溪城头卜居，为朔溪彭氏之始祖。

而江西吉水民国二十八年（1939 年）《三修族谱》记：吉水彭氏奠基祖彭玕，世家庐陵，长兴三年（932 年）封为安定王、吉州刺史。据元代欧阳玄《圭斋文集》卷七《彭氏族普序》的记载，彭玕有"子十一人，皆检校、太傅、太保、六曹尚书、诸镇刺史。孙二十七人，相继登进士第，为显宦"。其后子孙繁衍，派分十四房。元延祐年间，因赋税繁重，部分族人先后为经商而远徙于苏州、广州、肇庆、揭阳、顺德、新会及湖北、四川等地；迁徙于本市境内的有黄田、古城、锦陂、大塘、油山、坪田坳、兰田、连山、乌迳、龙迳、洋西、邓坊、里元、许村、黄坑、小陂、丰源、丹铺、城门、上坪、南亩、水口、古塘、中站、大源、百顺湖地、大沙洲等地。上朔彭氏是彭彦晟一脉，该族自彭南选开基迄今有千余年。

12. 王氏

南雄王氏，主要居住于乌迳、邓坊、界址、南亩、油山，总户数为 2 337，占南雄总户数的 2.81%。

先秦时期帝王子孙多称王子、王孙，他们的后人有不少就称王氏。王氏源出五姓，即妫姓、姬姓、子姓、虏姓（来自域外）和赐（冒）姓。

南雄王姓始祖为周灵王太子晋。《王氏族谱》称：王氏是周灵王之后。世居太原，因出于王族，以王为姓，以太原为郡望。

《王氏族谱》称，南雄王氏为"三槐王氏"后裔。三槐堂王氏兴起于五代十国，鼎盛于宋代，其始祖为宋初的王祐。"三槐"之说，源于宋代大名府王祐，因器重儿子王旦，王祐曰："此儿当至公相"，并手植三槐于庭，以志之。后世立"三槐堂"，并称"三槐王氏"。《宋史·王旦传》载：王旦，字子明，大名莘人。曾祖言，黎阳令。祖彻，左拾遗。父祐，尚书兵部侍郎，以文章显于汉、周之际，事太祖、太宗为名臣。尝谕杜重威使无反汉，拒卢多逊害赵普之谋，以百口明符彦卿无罪，世多称其阴德。祐手植三槐于庭，曰："吾之后世，必有为三公者，此其所以志也。"后，王旦于真宗时拜工部尚书、同中书门下平章事、集贤殿大学士，监修《两朝国史》。

王氏迁入南雄，早的于宋末由闽西上杭、赣南信丰迁来，迟的于明代由始兴迁来。

（1）鱼鲜王族。

始迁祖为王源观（卫辉府汲县尹）之子王日遵、王日泰、王日进兄弟三人，世居福建上杭。南宋末年，文天祥兴师勤王，王日遵、王日泰、王日进投戎于文天祥麾下，随师至南雄，元师逼境，兵败瓦解，三弟兄见鱼鲜山水宜人，就此卜居立祠。后裔分迁赤石、高陂。

（2）大坊莲塘王族。

始迁祖王顺兴，于南宋末年由江西信丰桃江石背迁来开基。

（3）茶头背王族。

始迁祖王居惠，于明永乐间由江西万安白坭里，迁南雄茶头背里边开基，后裔分迁上湖探地、小车坑及大余惜母等地。

13. 邓氏

南雄邓氏，主要居住于乌迳、坪田，总户数为3 206，占南雄总户数的3.85%。

《粤赣边邓氏联谱》（1998年）称：南雄邓氏为东汉邓禹之后，祖居南阳新野。邓氏先后迁雄17族，卜居乌迳古道域内的有以下

几族：

（1）雄城秋千街、聪背、坪田等地邓族。

先祖邓文进，隋大业初为韶州刺史，子孙世居曲江。北宋邓戒为户部尚书，第三子邓向于治平丁未（1067 年）举进士，嘉祐三年（1058 年）因贼乱拢乡，由曲江迁居南雄城北门，即今秋千街。邓向之子邓显道登元符庚辰（1100 年）进士，曾孙邓希颜登嘉定甲戌（1214 年）进士。邓希颜生三子：邓曜东、邓曜邦、邓曜林。邓曜东世居北门，其后裔分迁聪背、腊树园等地；邓曜邦长子邓钟鼎于元至元间迁居灌溪，其后裔邓奉我于明末分迁大坪山；邓曜林徙居坪田开基。

（2）象湖邓族。

南宋绍兴年间，南雄州金判邓升之次子邓玉，因婚籍南雄。其子邓鹏飞举特科，任象州推官，传至四世孙邓坤钟，于南宋末避乱迁象湖开基。其后裔又分迁坪田、黄坭塘等地。

（3）齐石邓族。

元代，潮阳主簿邓友贤之子邓思诚，因寻找先祖华山公游学南雄故地，遂择地卜居于乌迳孔塘齐石村。

14. 刘氏

刘姓为南雄最大姓，总户数为 6 955，占南雄总户数的 8.36%。乌迳古道域内刘氏主要居住于乌迳、坪田、界址、油山、邓坊等地。

刘姓来源有三：祁、姬或赐姓。一般认为，刘姓为祁。相传祁姓是黄帝的后裔所分得的姓氏之一，即帝喾次子帝尧伊祁氏。帝尧初封于陶地，后封于唐地，故又称"陶唐氏"。其号曰"尧"，史称"唐尧"。后来祁氏被封于刘国，亦即今定州唐县。其子孙以国为姓，相传姓刘。史称刘氏正宗，此为祁姓刘氏。

据《南雄刘氏重修联谱》称，刘氏之先祖为帝尧第九子，封于刘邑，因以刘为姓，以彭城为郡望。南雄刘氏为宋刘广传之后。刘广传之父刘开七，原居福建宁化石壁村，南宋嘉定年间，任职潮州府都统制。宋理宗端平二年（1235 年），刘广传举进士，任江西瑞金县令，因筑城建学、平洞寇有功，擢迁为奉议郎，卒于职。生十四子。四子刘巨渊，官授宁波府副总府，生子八。刘巨渊八子后裔分居南雄、始兴、普宁、海丰等地，其中先后迁入南雄之后裔有 60 多族。

刘氏最早迁入南雄的时间是在南宋末年。在明代迁入南雄的有24族，约在明末清初迁入南雄的有30余族。迁雄的60多族中约有一半来自赣南之信丰、龙南、兴国、南安、上犹、安远及福建之武平，另一半则从赣南、闽西迁始兴而后再迁来南雄。迁徙频仍，居址分散，遍布24个镇179个村，而多聚居于盆地中心地带的湖口、珠玑、黎口、全安、黄坑、乌迳、百顺等镇。

（1）南亩镇长洞、官田等地刘族。

南宋末，刘祖富、刘祖贵兄弟自江西兴国迁南雄城孝悌街，其子刘泽洲、刘泽川兄弟由雄城迁坪田之平岗，其孙刘洽桃、刘洽杭、刘洽杞兄弟又由平岗迁南亩长洞，为长洞之基祖。

明永乐间，刘景贤，性豪爽，有远大志向，四处寻山玩水，行见官田山清水秀，遂由福建武平迁官田开基创业。

钗坑刘族始迁祖为刘钦胜、刘钦福兄弟，于清初自信丰安息迁来开基。

禾稼塘刘族始迁祖刘彭浩，于明末自始兴高车迁来开基。

（2）湖口镇岗围、坪地、罗佛寨、彭坑、公陂坑、野猪窝、牛牯陂等地刘族。

明永乐年间，刘仁由信丰小河堡迁岗围开基，刘延任自始兴迁入野猪窝开基，其后裔分迁牛岗地、邓公桥。

明成化年间，刘朝胜由始兴迁罗佛寨开基。

明嘉靖年间，刘学祖、学祥兄弟由始兴县总村迁坪地开基，刘元信由始兴迁牛牯陂开基，刘元敬由始兴迁彭坑开基，刘倚湘等自信丰石背迁三角下村开基。

明末，刘彰晃由信丰回戈堡迁公陂坑开基。

（3）黄坑镇许村塔岭、猪头岭、上象刘族。

明嘉靖年间，刘明迥由信丰迁许村塔岭开基，刘元胜由始兴迁上象开基。

明末，刘元峰自江西上犹迁猪头岭开基，其后裔分迁灯笼排、主田大旺洞、雄城槐花巷。

（4）乌迳镇矮公坑、莲塘刘族。

明成化年间，刘弼恭由兴宁迁矮公坑开基，其后裔分迁赤溪湖、晏塘、角公塘开基。

明嘉靖年间，刘明祥自信丰迁莲塘开基。

15. 何氏

南雄何氏，总户数为 3 021，占南雄总户数的 3.63%。

何氏主要居住于黄坑、湖口等地，《珠玑巷何氏五修谱》载：何氏乃黄帝裔，得姓始于韩瑊。

周末，韩王安命韩瑊为公族大夫，与韩非同秉国政，因谏安勿朝秦，安不听，韩瑊乃退处韩原。公元前 230 年，秦灭韩，韩瑊遁居庐江。秦始皇立，因出游至搏浪沙为人所击，大索不获，疑是六国公子阴谋，乃下令潜访六国之后尽杀之。韩瑊于庐江为秦吏渡，被诘问是何姓，韩瑊指水而应之，意谓如河水之"寒"。秦吏不觉，以为河姓，韩瑊幸而得免屠戮。为避搜杀之祸，韩瑊乃改韩姓为何姓。河字部首以人换水。现居南雄何氏主要为两大支派：

（1）以何昶为始祖的珠玑巷何族。

何昶先祖何容，东汉时由荆州桂阳徙居岭南阳山之通儒坊。五代后晋时，何昶被晋帝拜为给事郎、侍御史。后周时，拜南海参军，持节谕南汉，被南汉主刘晟所拒，乃携家馆于雄州珠玑巷。不久，南雄与韶关的浈水一带连盗起，刘晟举何昶统兵征讨。于韶阳滩夜遇盗，舟覆，何昶落水死，其尸逆水上浮 1 500 多米，雄人嘉其忠义神异，厚葬于巾子岭，立庙祭祀。宋熙和年间，赠清海军节度使、殿中侍御史，何昶子孙遂卜居珠玑巷。传至何礼，其生五子，次子何琛迁今广州番禺开基，三子何琰迁肇庆开基，四子何瓒迁新州开基，五子何琪迁循州开基。长子何砺及何礼之弟何利仍居珠玑巷，其后裔由珠玑巷陆续分迁南雄各地。

何瑞唐于清初由信丰水西沂塘迁乌迳开基。

（2）以何亶为始祖的迁雄何族。

何亶，五代后梁进士，闽西宁化尹、梅州守，后裔辗转迁徙，由福建入粤，分迁于程乡（梅县）、海阳（惠阳）、长乐（兴宁），后迁始兴，再迁南雄，部分迁入乌迳。

16. 吴氏

吴氏，总户数为 2 063，占南雄总户数的 2.48%。乌迳古道域内吴氏主要居住于乌迳、南亩等地。

《南雄吴氏联谱》（2001 年）载：吴氏本姬姓，黄帝裔，始祖泰伯建国句吴（今江苏无锡），子孙遂以吴为姓。南雄吴氏来自闽西、赣南，共有 10 支，分居南雄各地。

（1）尖岭吴族。

始迁祖吴士贵于明景泰三年（1452 年）由信丰迁南雄乌泥坑，传九代后迁新龙尖岭开基。

（2）雄城孝悌街吴族。

先祖吴元美，原居福建永福县，宋高宗时任太常主簿、福建安抚使，被秦桧害，贬南雄吴地，淳熙元年（1174 年）迁雄城孝悌街。其后裔分迁乌迳小塘、溪塘水西、平田天柱寨、南亩爱塘等地。

17. 沈氏

沈氏，总户数为 1 645，占南雄总户数的 1.98%。乌迳古道域内沈氏主要居住于黄坑、油山等地。

《吴兴堂沈氏五修族谱》（2001 年）载：沈氏始祖为周文王第十子聃季载，成王时为司空，受封沈国，后裔遂以沈为姓。传十七世沈隋，为楚内史司参军，因功封吴兴侯，望出吴兴郡，因以"吴兴"为堂号。传至六十五世沈启承，宋高宗绍兴二十七年（1157 年）进士、汀州府尹，其子沈廷辅，进士，官任谏议大夫，卜居福建建阳。其子孙播迁于闽西、赣南、粤东。明成化七年（1471 年），传至八十四世沈元达、沈元远，由福建上杭分别迁居始兴柴塘、远迳，其后裔于明末清初分迁南雄各地。

乌迳乌泥坑，始迁祖沈梯于明嘉靖年间由始兴柴塘迁来开基。

18. 肖氏

肖氏，总户数为 995，占南雄总户数的 1.20%。乌迳古道域内肖氏主要居住于乌迳、湖口等地。

《南雄肖氏七修族谱》载：肖氏是黄帝裔，周釐王元年（前 682 年）封叔太心于肖邑，因以肖为姓。汉代，望出兰陵。五代时，迁长沙。肖觉仕楚，因内乱，出走江西泰和。传至七十五世肖宗智，元延祐二年（1315 年），迁吉水之燕山士林，生六子，分迁始兴等地，而后分迁南雄。

（1）新迳莲塘肖族。

先祖肖钦淇从始兴斜潭迁南雄三驳桥。其曾孙肖学茂于明万历三十二年（1604 年），由三驳桥迁新迳莲塘开基，其后裔分迁筲箕窝、樟树下、赤溪湖等地。

（2）乌迳腊树园肖族。

始迁祖肖文辅，百九郎之后，原居赣县，因经商道经乌迳，见"乡里之仁，土地之美"，乃于明嘉靖间弃商就农，卜居腊树园，其后裔分迁高发、中站角湾。

19. 林氏

林氏，总户数为 1 223，占南雄总户数的 1.47%。乌迳古道域内林氏主要居住于湖口等地。

《林氏重修联谱》（2000）称：林氏为黄帝三十三世孙比干裔。比干仕商纣王，因直谏被纣王焚面剖心，有遗腹子泉生于长林石室。武王灭纣，表比干忠德，赐泉林姓，改名坚，是为林姓之太始祖。望出西河郡。东晋明帝太宁三年（325 年），林禄出任晋安郡守，遂定居晋安，为入闽始祖。后裔播迁闽、赣、粤各地。明景泰六年（1455 年），林宗春、林宗和兄弟由福建武平迁始兴县顿岗，分别卜居上台、佛子坳。林宗考由福建武平碰背迁始兴县。林宗寿由江西龙南迁始兴清化竹山下。林士奇于明永乐二十一年（1423 年）由福建莆田迁始兴顿岗斗塘。林士道之孙林季兰随任迁于江西信丰。

以上各支派后裔均有分迁南雄者，共有 20 余族，但多卜居于南雄的西南地城，如南雄城、修仁、澜河、珠玑等地。

居于乌迳古道域内者为新龙丰乡林族，始迁祖林允安于明嘉靖年间，由始兴清化迁来开基，其后裔分迁山坑、龙头、龙江坑、孔江坑等地。

20. 郭氏

郭氏，总户数为 1 760，占南雄总户数的 2.11%。乌迳古道域内郭氏主要居住于乌迳、南亩、油山等地。

《汾阳浆溪七修族谱》（1998 年）载，郭氏本周王季之后，为周文王卿士，封于虢。春秋时，虢为晋所灭，其族出奔京师，就城郭而居，且虢、郭之音相近，因以郭为姓。望出汾阳。以郭敬之为第一世，

唐汾阳王郭子仪为第二世。郭子仪生八子,长子郭曜和六子郭暖的后裔辗转播迁于赣南、闽西,而后分迁南雄。

(1)浆田郭族。

始迁祖郭崇蛟,文林郎、连州刺史,原籍江西吉州,寓居于南雄城。致仕后,游于浈昌,雅爱浆田山水,乃于南宋乾道年间携家迁浆田开基。其后裔分迁牛坑、船塘湾、川头山、上会、油山苦竹坑、乌迳坪地山、水口泷头、梅岭新路口、铁罗坑等地。

(2)乌迳上塘水老屋下郭族。

始迁祖郭贵琳、郭贵与兄弟于明天顺三年(1459年)由江西信丰小河堡迁来开基。

21. 马氏

马氏,总户数为963,占南雄总户数的1.16%。乌迳古道域内马氏主要居住于新龙、水口等地。

《南雄马氏首次联修族谱》(2001年)载:马氏为黄帝裔,扶风邑伯益之后,本姓赵。战国时,赵奢因功被赵王封为马服君,子孙遂以马为姓。唐太宗时,马榜郎戊子登科,官监察御史,从南昌迁福建汀州府,是为马氏入闽始祖。南雄马氏均为其从福建汀州府迁来之后裔。

其中,新龙山茶坑马族,始迁祖马满子(长华)于明正德年间由福建清流县横溪苍仁里迁南雄鱼鲜,而后再迁山茶坑开基,其后裔分迁梅岭小岭圩、乌迳傍江下。

22. 温氏

温氏,总户数为756,占南雄总户数的0.91%。乌迳古道域内温氏主要居住于坪田、湖口等地。

《温氏太原堂八修族谱》(1996年)载:温氏本黄帝裔,周武王之后,望出太原。传至温念深由太原迁金陵,再传五世温守正生六子。长子温庆,官宁都,其后迁居信丰;次子温宝,进士,福建武平令,随任居上杭,而后迁江西信丰。其后裔分迁南雄。

(1)新龙长坑温族。

始迁祖温经远于明弘治年间自信丰铁石堡迁来开基,其后裔分迁上朔。

（2）乌迳竹园里温族。

始迁祖温庭华于明嘉靖年间由信丰铁石堡迁来开基。

23. 蓝氏

蓝氏，总户数为 588，占南雄总户数的 0.70%。乌迳古道域内蓝氏主要居住于新龙、水口等地。

《南雄蓝氏族谱》（1997 年）载：蓝氏始祖蓝昌奇，是炎帝十一世孙帝榆冈之次子。传至一百二十二世蓝吉利南迁珠玑巷，其后裔都已南徙中山、江门、新会、顺德等地。现居南雄的蓝氏均为一百二十九世蓝传泰、蓝传嵩、蓝传恒之后裔，由信丰迁来南雄，分别居于 13 个镇 33 个自然村。

（1）界址天心坝蓝族。

始迁祖蓝程圆，原居信丰，于明正统十三年（1448 年）应募义勇来雄，乃卜居天心坝。

（2）乌迳鹁鸪洞蓝族。

始迁祖蓝程昭，于明正统年间由信丰迁来开基。其后裔分迁大口塘、黄坭塘、大园俚。

24. 钟氏

钟氏，总户数为 2 399，占南雄总户数的 2.88%。乌迳古道域内钟氏主要居住于乌迳、油山、水口等地。

南雄钟氏多为钟接之后。钟接本为汉钟离昧之子，复姓钟离，为避祸，去离为钟。南朝梁元帝时，钟接第二十三世孙，浙江临海令、全青光禄大夫、检校户部尚书钟宠，为避"侯景之乱"迁居赣州，携眷渡江行至虔州（当时的赣县）岗下朝天坊（今赣州天竺山）定居，是钟姓接公系南迁入赣始祖。其后裔分迁赣南、闽西等地，而后有多支分迁南雄。

分迁南雄的钟氏又多卜居于南雄的西南地域，如湖口、珠玑、南亩、主田、全安、百顺、澜河、帽子峰、修仁及南雄城。

迁入乌迳古道域的钟氏主要是浆溪钟族和灵潭钟族。

（1）浆溪钟族。

始迁祖有二：一为钟仁清，祖居河南许昌，南宋末任雷州主簿，任满北归，途经南雄，见浆溪山水秀美，乃携家卜居于此。一为钟仁

绅，宋淳祐三年（1243 年）进士，肇庆路总管，咸淳二年（1266 年）致仕北归，闻元兵逼境，遂卜居浆溪。两房后裔分迁长龙圩、龙迳、吊斗下、修仁、油山廖地、南枫、澜河上矽、大塘五炉等地。

（2）灵潭钟族。

谱载不详。始迁祖钟必铨于清初由江西泰和县柘塘，迁南雄昆仓洲，后迁南雄城，又迁乌迳，再迁灵潭开基。所以，乌迳域内的灵潭现今也有钟氏后裔。

25. 邱氏

邱氏，总户数为 976，占南雄总户数的 1.17%。乌迳古道域内邱氏主要居住于新龙、湖口、水口等地。

据《河南堂赣粤湘邱氏联谱》（1998 年）载：邱氏始祖为炎帝裔，姜尚之后。姜尚封于齐为齐侯，建都营邱（山东淄博），其子穆领镇营邱，以邱为姓，以穆公为一世祖。传七十世邱法言，于宋真宗年间由邵武迁福建宁化。其子三五郎，宋进士，生十子，散居闽、粤、赣、湘等地。南雄邱氏均为其后裔。

据《南雄邱氏谱》记，南雄城邱族祖居福建莆田。后裔邱淑敏，曾任南雄州知录事，后举家迁于南雄。四子邱必明，咸淳七年（1271年）进士，累官韶州金判。德祐二年（1276 年）元兵逼梅关，东莞勇士熊飞领兵与元兵战败还韶，城陷，邱必明被执，不屈被杀。明嘉靖《南雄府志》也载："邱必明，保昌人，咸淳辛未进士，累官韶州金判，德祐丙子，元兵逼梅关。时东莞勇士熊飞领兵与元师战败还韶。城陷，必明被执，不屈，（元师）杀之。白血流地。韶人哀其忠节，立祠祀之。"[①] 由此可见邱氏族人之忠勇可嘉。

迁入南雄之邱氏共 15 族，其中于乌迳古道域内开基生息者有二族：

（1）南亩蕉坑、忠心坑丘族。

始迁祖邱守隆、邱守标，于明末由信丰龙下堡迁来，邱守隆在蕉坑开基，邱守标在忠心坑开基，其后裔分迁上坳村。

（2）新龙棠梨树下邱族。

---

① 广东省地方史志办公室辑：《广东历代方志集成·南雄府部（一）·（嘉靖）南雄府志》，广州：岭南美术出版社 2007 年版，第 104 页。

始迁祖邱守叔，于明末由信丰龙下堡迁来开基。

26. 杨氏

南雄杨氏主要居于黄坑、湖口等地，总户数为945，占南雄总户数的1.14%。

《南雄珠玑巷杨氏族谱》（1997年）称：杨氏为黄帝裔，本姬姓。箕子为商之贵族，不臣周，走朝鲜，食采于杨，子孙遂以杨为姓。传八世，至杨杼，周康王六年（前1014年），赐杼杨侯，后以杨杼为第一世，堂号"弘农"。

南雄杨氏多来自江西泰和、信丰，计有十余族，多卜居于南雄的西南地域，如黄坑、湖口、水口、珠玑、黎口、江头、主田、百顺、澜河等地。

杨氏卜居乌迳古道域内者较少。乌迳江口杨族，其始迁祖杨元祝于明正德年间由信丰迁来开基，其后裔分迁湖口三角、牛牯陂、黄坑乌交塘等地。

27. 杜氏

南雄杜氏主要居于乌迳等地，总户数为945，占南雄总户数的1.14%。

周成王封丹朱后裔于杜，称唐杜氏，又称杜伯。子孙以祖先名字和封地为姓。杜氏发祥于京兆郡，因名"京兆堂"。

据《中国江南杜氏联修族谱》（1995年）之《源流序》记："杜氏系出帝尧裔孙刘累之后，周成王封唐列三代为诸侯，后成王灭唐，封其弟叔虞，改封杜为城。有杜伯者，周宣王为上大夫，因无罪被杀，其子孙奔赴各诸侯国，随之也以杜为氏。"

而《明南雄保昌乌迳杜氏重修族谱序》记："乌迳杜氏，派衍京兆，唐名相如晦①之后嗣，刺史端州遂分居此地，代有历年，文人蔚起。载入邑志，诚凌江望族也。"《明杜氏重修谱源序》记："粤稽杜姓得氏于周成王灭唐邑迁封杜伯因氏焉，厥后派衍甚繁，而其人文之蔚起、勋业之彪炳则莫盛于京兆。自京兆而居岭南者，吾祖悦卿公是也。悦卿公者何？唐左仆射蔡公如晦嫡嗣也。"如晦公生三子，"长子

曰憬，官拜御使；次子曰福，官荫殿前宿卫；三子曰愉，字悦卿，官荫太常博士，贞观十九年（645 年）出为端州刺史，此杜姓入岭南之始也"，"显庆三年（658 年）戊午卒于官，葬于州城之东锦鸡山"。

"杜愉悦生二子。长子杜正宇，弘道元年（683 年），诏同三品以上各举一人，广州都督裴舒景交章荐宇公有文武才，公应召见"，"时粤未经通道，宇公道由广及韶，路经乌迳，值高庙崩，嗣圣即位"，"武后称帝"。于是，杜正宇便托疾不进。"见此地川原秀异，因复卜居，名曰杜屋，盖不忘所氏也。此宇公又为浈昌杜宅之始祖也。"次子杜正宸留居端州，"迄今杜姓繁衍于广肇属邑者，皆其公苗裔"。

而《清杜氏三修谱源流引》也记："吾杜姓世居京兆，自唐贞观十九年（645 年），宦祖悦卿公由太常博士拜朝散大夫，出为端州刺史，遂繁衍岭南。二世正宇公应诏毕见，由广达韶，路经乌迳。旋值武后僭位，乃托疾不进，卜居乌迳。其时光宅元年（684 年），始分始兴郡东北置浈昌县。是未有浈昌以前，吾祖已立籍此邦，较他姓为独久。由唐迄今，鼎更数朝，年延千载。"

所以，杜氏认为："愉公为岭南杜氏之始祖，宇公为浈昌杜氏之始祖也。"杜氏后裔分居福建建宁，广东肇庆、南雄、乐昌、乳源和江西吉水、万安、南康、于都等地。

四、乌迳古道移民的特征

乌迳古道域内移民与珠玑巷移民，既有共性，也存在个性特点。从上面所列的 27 姓迁入客族情况来看，他们的个性特征主要表现在以下几个方面：

1. 族脉流长

乌迳古道域内各姓族人所编族谱中，均能找到"炎黄"或周武、文王后裔之记载，从而表现出中华民族血脉相通、血缘相连的民族特质。如：

乌迳古道内的第一大姓——叶氏，其族谱称："叶氏受姓始祖诸梁一世，周楚大夫，居南阳郡。"

迁雄第一家——李氏，其族谱称："肇姓始祖利贞，其父理征，仕于商，因直谏被纣王赐死。利贞随母入山避难，以木子为食而获命，因以木子两字合成之李为姓，郡望陇西。"

南雄第三大姓——陈氏，其族谱自称虞舜之后裔。

较早迁入乌迳的杜氏，先祖杜伯为尧之子丹朱后裔，而奠基祖杜正宇乃唐代名相杜如晦之孙。

赖氏，其族谱称："赖氏始祖叔颖，西周武王之弟，因伐纣功封赖国，子孙遂以赖为姓，世居河南颍川郡。传至东晋赖遇，授中宪大夫，都御史，江东太守，奏请安帝赐'松阳'郡名，子孙世居浙江松阳。"

2. 迁入时间多为宋、明时期

卜居乌迳古道域内的各族中，迁入最早的是新溪李族，迁入时间为西晋建兴三年（315 年）秋；其次为杜氏，迁入时间为唐天授元年（690 年）。乌迳七星树下叶族于唐乾符年间迁入。

从上面各族情况的简述中可知，其余各姓氏族多在宋、明时期迁入。如：古城李族于北宋后期卜居油山古城；溪塘的陈族于南宋末年迁入；乌迳牛子石赖姓于明正德年间由信丰迁入；浆田王氏早的于宋末由闽西上杭、赣南信丰迁入，迟的于明末由始兴迁入。他们的迁入时期与整个历史之移民时期是一致的。

3. 氏族的祖先大凡都是仕宦世家

他们迁入后，承传中原文化，耕读传家，人文蔚起，从而使南雄成为唐宋、明清时期的人文荟萃之地。如：

新田李族，开村始祖为西晋太常卿李耿。其后裔李金马，唐元和年间举贤良方正、直言极谏科，官户部侍郎，金紫光禄大夫、开南雄人文之先肇。

油山平林孔闰，唐景福进士，朝散大夫，袁州刺史，宋初在平林创办岭南第一所书院——孔林书院，从而使南雄成为岭南人文荟萃之地。

乌迳山下叶云兴，五代时仕南汉，为千夫长，保境安民，后忠烈殉难，敕封都统。

牛子石赖氏，轩辕黄帝之后。赖唐，清乾隆十九年（1754 年）进士，廉州府教谕，花县训导。

古城李族，宋代有"一门五进士"之佳话。

延村冯迁，宋端平进士，太子洗马，封大司马。

上朔彭圩和水松董双保、董双生兄弟因军功而敕封将军。

可见乌迳古道域内各族，科第仕宦代不乏人，光耀一方。

4. 永久定居

客家人迁居乌迳古道域内后，不再大规模南迁是乌迳古道域内移民的最大特点。

从乌迳古道域内各姓族谱的记述看，乌迳古道域内的各姓族人并没有像珠玑巷的移民一样，在受到战乱、人口激增的影响后再度大规模南迁。考其原因，关键是乌迳古道域内资源充足、土地肥沃，受水、旱、风、雹、地震等自然灾害的影响小；而且社会又比较安定，是躲避战乱的理想之地。

5. 文化特征明显

乌迳古道域内移民既带来了资金，也带来了知识和先进的技术，从而使他们在新的定居地具有一定的氏族优势，较快繁衍并发展成为大村大姓，甚至成为连村巨族。这些氏族在与当地及周边居民的交融中，因其氏族优势而不易被同化，保留了一些祖居地的语言习俗，从而形成了一个颇具特色的而又相对封闭的乌迳古道文化圈。乌迳话、乌迳饮食及乌迳人的习性在南雄地域内是独特的，即使一些好斗、好赌的陋习也不逊于别地。

6. 多以乌迳古道为主要迁入线路

乌迳古道域内移民，或由南向北迁，或由北向南迁，他们多是经乌迳古道并立籍乌迳古道域内各地。如"迁雄第一家"的新溪李族，西晋太常卿李耿建兴三年（315 年）被贬曲江县令，"道经新溪"并卜居于此而成一方望族；乌迳杜族，唐端州刺史杜愉悦之子杜正宇，弘道元年（683 年）被荐举而应诏上京，"时粤未经通道，宇公道由广及韶，路经乌迳"，并立籍乌迳。其他各族亦多沿此道而迁入乌迳古道域内。

总之，乌迳古道移民与珠玑巷移民相比较，其个性特征是明显的。

第四章　乌迳古道文化圈

由于南岭山脉的阻隔，岭南自古便成了一个相对封闭的区域。南岭特殊的地理条件不仅使岭南与岭北的气候、温度、湿度、植被等呈现差异，而且在语言、风俗、文化等方面也表现迥异。秦征百越后，中原文化不断越过五岭，在与当地文化的冲撞、交融中形成了富有特色的岭南文化。

岭南文化内容丰富、涵盖面广，以移民和商贸为主要特征的珠玑文化、乌迳古道文化构成了岭南文化的一个重要内容。

由于乌迳古道的开辟、中原和江南移民的迁入等因素的交互作用，乌迳古道域内形成了一个独具语言、建筑、民俗、饮食特色的文化区域——乌迳古道文化圈。它位于广东南雄东部，是一个以昌水流域为依托，以乌迳古道为前提，以乌迳古道文化为基础，在一定的历史、地理条件下沉淀而成的文化区域。

一、乌迳古道文化圈的成因

文化是具有明显的地域性的，它源于人类对生态环境的依赖与适应。乌迳古道文化依托昌水流域和乌迳古道而成，而乌迳古道文化圈则是以乌迳古道文化为基础，在特定的历史、地理条件下沉淀出的文化区域。

1. 昌水流域的宜居生态环境是乌迳古道文化圈形成的地理条件

昌水是南雄境内最长的河流，是浈江源头之一，它汇集南雄境内的浈水、凌水而成为北江之源。

明嘉靖《南雄府志》有关于浈水、昌水、凌江之记载。"府南曰浈，源出梅岭，下流经灵潭、乌源都，至何村与昌水合。曰昌，源出

信丰界，下流经延福、莲溪都，至何村与浈水合。又下流四十余里，至城西与凌水合，同入于海。二水合流，因名县曰浈昌。西曰凌江，源出百丈山，下流八十里至归仁都，又六十里至城西合浈水。宋天禧间保昌令凌皓凿渠堰水灌田，故名。"① 《直隶南雄州志》《保昌县志》也有类似记载，不赘。昌水由信丰流入南雄后，于界址镇汇马芫水、大坑水等而汇集成今孔江水库。在乌迳镇境内，它汇东部的庙前水，南部的桥渡安水、黄洞水，北部的高排水、大竹水、孔江水于一体，流域面积不断扩大。昌水流域为人类的居住、古道的形成提供了有利的地理条件。由于昌水流域地处亚热带，域内四季分明、气候宜人、雨量充沛。此外，昌水的浇灌，使得土地肥沃、植被茂盛，造就了一个宜居的生态区域。

昌水流域内人类的活动最早可上溯到新石器时代中晚期。《南雄市志》记："1984 年 4 月在水口镇下楼村附近台地发现新石器中期斧形遗物 1 件"，属新石器中晚期遗物。"1980 年 4 月在界址区黄坑乡对面岭上发现石斧 1 件。1981 年 5 月在水口区箓过村东二公里雄亩公路旁北侧，发现青玉色两面钻孔石锛 1 件，石斧、石刀各 1 件。1982 年 7 月在黄坑区围背水库发现磨制石斧、石刀各 1 件"，属新石器晚期遗物。而 1980 年 10 月发现的乌迳新田"甘埠山汉代居住遗址"、水口"黄竹潭汉代居住遗址" 及 "乌迳新田龙口山、甘埠山汉墓""乌迳西晋墓""乌迳南朝墓"② 等古迹、古墓也可证明该地先民的活动情况。

在历史的发展中，在以水运为主要交通方式的古代，乌迳借便捷的水运成为商业经济与运输的重要地区，从而促进其商贸的繁荣，以致形成了历史上南雄治下最大的人口聚居区域——乌迳。乌迳在清道光《直隶南雄州志·建置略》有关圩市的记载中就曾被称为"乌迳市"③。可见，昌水流域的宜居生态环境为乌迳古道文化圈的形成提供了地理上的条件。

① 广东省地方史志办公室辑：《广东历代方志集成·南雄府部（一）·（嘉靖）南雄府志》，广州：岭南美术出版社 2007 年版，第 52 页。

② 南雄市人民政府地方志编纂委员会编：《南雄市志》，北京：方志出版社 2011 年版，第 491 页。

③ 广东省地方史志办公室辑：《广东历代方志集成·南雄府部（二）·（道光）直隶南雄州志》，广州：岭南美术出版社 2007 年版，第 229 页。

2. 乌迳古道依昌水而行，是乌迳古道文化圈形成的历史前提

水流流域为人类的居住、古道的形成提供了地理条件。乌迳古道与昌水流域相依，流域内人类的活动最早可上溯到新石器中晚期。有了人类的活动，当然也就有人类通行之路。那么，乌迳古道形成于何时呢？

笔者经过调查与考证后，认为乌迳路汉时就以乡经小道的形式存在，并和水路——昌水联通，沟通粤赣，后因西晋愍帝时期太常卿李耿沿此路南行至新溪（今新田），于此落户建村而为世人关注。现今学界在考察乌迳古道的开辟时间时，多以此为断。

正如前文所言，乌迳古道是指人们对古代水陆联运的粤赣通道——"乌迳路"的习惯称法。明嘉靖《南雄府志》记："乌迳路，通江西信丰，陆程二日，水程三四日，抵赣州大河。庾岭未开，南北通衢也。"① 可见，乌迳古道是"庾岭未开"前的"南北通衢"。

现今乌迳古道的路线如何呢？经调查、考证，其具体路线如下：

古道水路由南雄县城溯昌水而上可抵乌迳新田码头，约 65 千米；然后转陆路经乌迳圩、永锦街、石坳子，过锦龙圩、石盘江、迳口，到石迳圩；由石迳圩过老背塘、犁水圫、担水排、焦坑俚、分水坳，进入信丰县九渡镇潭头水，再到九渡水圩码头转水运，约 30 千米。乌迳古道水、陆全程 100 余千米。

古道周边曾形成了新田、乌迳、锦龙、石迳和九渡水五大圩市，新田、九渡水两大码头，商贸极其繁荣。

乌迳古道联通着广东南雄与江西赣州，是古代岭南北进中原、东出江南的捷径，也是古代海陆丝路对接的重要通道。

水是人类及人类文明的起源，位于南雄东部的昌水、乌迳古道是乌迳古道文化得以形成的基础性条件，也是乌迳古道文化圈形成的地理、历史条件。

3. 乌迳古道文化圈形成的内在机制

乌迳路的存在是乌迳古道文化圈形成的重要历史条件，社会交往则是文化形成的内在机制和关键，而乌迳古道文化的主体条件及其社

① 广东省地方史志办公室辑：《广东历代方志集成·南雄府部（一）·（嘉靖）南雄府志》，广州：岭南美术出版社 2007 年版，第 66 页。

会交往的情况如何呢？

（1）乌迳古道域内原居民与南迁并卜居于此之客族的融合，形成了乌迳古道文化圈的主体条件。

乌迳古道所承接的客族移民迁粤时间，大体可分为三个比较集中的时期，即魏晋、唐宋和明清时期。

在这些客迁姓族中，最早迁至乌迳的是新田李族，始迁祖为西晋太常卿李耿。至唐，迁入乌迳古道域内的有：平林孔族，始迁祖为岭南节度使孔戣三子孔温宪；山下叶族，始迁祖叶浚，崖州都督；上朔彭族，始迁祖彭南选，五代楚兵部尚书彭承彦之曾孙，于后唐天成间自吉安永丰沙溪迁来开基。宋后，乌迳叶氏继崖州都督叶浚之后，迁来乌迳古道域的有户部侍郎叶仲华迁龙口；进士、南雄州助教叶宗文迁坪田亨邦；龙门县令、曲江侯叶翁卜居南雄北关，其后裔迁坪田。界址赵氏，始迁祖赵子崧，宋太祖后裔，镇江知府，谪居南雄，卒后子孙迁居界址龙头坊。至明及清初，由闽西、赣南迁来的客家氏族，其迁徙路线，有的由闽西、赣南直接迁来，有的则由闽西、赣南迁始兴而后再迁南雄，等等（详见第一章第六部分）。迁往始兴的 36 族中，吴氏、罗氏、何氏、郭氏、邓氏、周氏迁雄者少数来自始兴。

经乌迳古道并卜居于乌迳古道域，或迁至始兴再返迁于乌迳古道域的中原、江南客族、商贾，他们带来了中原先进的文化、技术及相对雄厚的资金，捷足先登，选择在水源充足、土地肥沃而又比较安定的地方开基创业，成了定居地上的一支新生力量。文化的形成具有自身相对独立性的"自己构成自己"的过程，乌迳古道域内民众的活动及其与周边民众的交往便是这样的过程。南迁并卜居于乌迳的客族与当地及周边居民的交融，成了乌迳古道文化圈的主体力量。

（2）乌迳古道承接着古代粤盐、赣粮及其他商品的贸易往来，带来了社会交往的扩大与发展，使人的社会关系得到进一步发展，从而使乌迳古道文化具有了独特的意义。

乌迳古道是古代以水运为主的岭南地区连接中原的最快捷、最平坦的通道。三国时期，岭北战乱不断，而孙权定都建业（今南京），偏安江南，所以江南通往岭南的路线是沿赣水直达桃江渡口九渡，然后肩挑货物经乌迳古道至新田，再入昌水、下浈江，沿北江直下而达广州。唐开元四年（716 年），在张九龄奉诏开凿大庾岭新路后，来往

于岭南与中原的货物虽多数经梅关古道转运，但通过乌迳古道的人车数量仍十分多。五代时，由于位于江南的南唐国与岭南的南汉国交往密切，所以乌迳古道又再度兴盛起来。明洪武二年（1369年），于南雄设红梅、平田、百顺三巡检司，"置平田巡检司于乌迳"①。明代嘉靖年间，乌迳称"市"，沿新田的昌水河边有盐店、牙行211间，各种作坊100余间；"嘉靖十七年（1538年）来往于乌迳路的牛车有100多辆"，且专设水运装卸码头3个；"航行于新田至南雄的木帆船500余艘，有'日屯万担米，夜行百只船'之说"②。至清代，乌迳仍是南雄中的第一大"市"，闽、粤、赣三省来往贸易的人川流不息，走乌迳路的商客及人力肩挑、畜力运输不计其数。直至清末，乌迳古道仍然是岭南与中原、江南联系的桥梁，作用不可低估。

如果说乌迳古道和昌水流域是乌迳古道文化圈形成的历史、地理条件，那么，客族、商贾和当地居民则是乌迳古道文化圈形成的主体条件，他们的社会交往则是乌迳古道文化圈形成的关键。所以，乌迳古道文化圈就历史、地理因素而言是因古道和昌水而成；就文化主体而言是古代中原南迁客族的生活写照；而就社会因素而言，则是社会经济、文化交流的沉淀。

二、乌迳古道文化圈的文化特质

方言、民居、饮食、风俗和宗教信仰是一个文化圈、文化区域形成的重要元素，也是判定文化圈是否成立的依据。乌迳古道域内稳定的方言、民居、饮食、风俗和宗教信仰特征凸显了乌迳古道文化圈的独特文化特质。

1. 独特的方言——"乌迳话"

南雄境内方言复杂，根据其音韵特定可分为城关话、上方话、下方话和北山话4个类型。

乌迳文化圈内居住之人口多为汉族，也有少数畲族。不管是汉族人还是畲族人，他们的沟通主要以乌迳方言为主。乌迳方言流行于乌迳古道域内（当地称乌迳片区），在南雄被称为"乌迳话"或"上方

---

① 广东省地方史志办公室辑：《广东历代方志集成·南雄府部（一）·（嘉靖）南雄府志》，广州：岭南美术出版社2007年版，第60页。
② 南雄县地方志编纂委员会编：《南雄县志》，广州：广东人民出版社1991年版，第161页。

话"，它非常明显地体现了该地域的语言特点。据 2013 年《南雄年鉴》统计，至 "2012 年，全市年末户籍人口 47.48 万"①，而 "乌迳话" 在乌迳古道域内的使用人口有十余万之众，几乎占全县人口的 30%。

（1）乌迳方言的形成。

乌迳位于南雄东部，是乌迳古道文化圈的中心。交通便利：水路有浈江，穿过南雄与北江、珠江连接；陆路有乌迳路，通往赣南、闽西，是仅次于梅关古道的官道。乌迳历来就是南雄东部的商贸中心、粤赣边贸重镇，集市贸易繁荣，每逢圩日，"上方" 八镇及赣南信丰民众云集于此，人们在频繁的交流中，自然磨合出一种独特的乌迳方言。这种方言与客家话有所不同，似乎带有江浙口音，可能与乌迳叶族、新田李族、爱敬黄族、孔塘赖族、界址赵族祖居江浙有关。

（2）乌迳方言的特点。

"乌迳话" 在音韵上明显区别于南雄其他地方的方言，表现出独特的语言学特征。

就语言学的角度看，乌迳方言属客家语系。虽然学界对乌迳方言的归属有一定的分歧，但是，中山大学教授庄初升博士经过调查，把粤北土话分为雄州、韶州、连州 3 个片区，并把雄州片区区分为乌迳、雄州、百顺、长江 4 个方言点之后，明确指出："以前《中国语言地图集》把东北部乌迳等 4 个方言点划入归属未明的土话区，乃是一种权宜之策……今天，我们有理由把这些方言点划归客家方言区，而且，可以把这一片的客家方言看成是赣南'老客'往广东境内自然的延伸。"② 所以说，"乌迳话" 属客家话是确定无疑的，但乌迳方言又有自己的特征。乌迳方言不仅在乌迳古道文化圈内通用，即使在江西的大余、信丰、南康、龙南等地也是通用的。然而，要指出的是，这种方言如果在南雄的 "下方" 区域，如湖口、南雄县城、珠玑、百顺、主田等地却是行不通的，当地人会表示很难听得懂，由此可见其独特性。

乌迳方言具有独特性的另一个表现，则是乌迳古道文化圈虽以 "乌迳话" 为代表，但文化圈内的乌迳方言，根据地域和使用情况又可以加以细分，东部是以庙前、孔塘村为代表的 "赖屋佬" 方言；南

---

① 南雄年鉴编纂委员会编：《南雄年鉴》，2013 年，第 32 页。

② 庄初升：《粤北土话音韵研究》，北京：中国社会科学出版社 2004 年版，第 307 页。

部是以水松、山坑村为代表的"董屋佬"方言；西部是以新田、大岭背为代表的"李屋佬"方言，北部、中部是以大竹、白胜、山下、黄塘村为代表的"叶屋佬"方言等。各地方言在同属客属乌迳方言的前提下，都具有自己的某些特点，其原因可归结为迁入族群的开基族原居住地的语言的延伸及后来因人群交流而出现的原始性与交流性、变异性的趋同。由上可见，乌迳方言具有独特性。

2. 建筑特色

乌迳古道文化圈内的建筑不同于一般的客家围屋式，又区别于客家的围龙式，而是融两者之长的排列式风格，形成了以祠堂为中心、对称排列的建筑风格。

（1）祠堂建筑。

各村均建有祠堂，以纪念初祖或开基建村者。祠堂位于村庄的中心，是村里举行重大活动的场所。有"迁雄第一家"之称的李氏所在的新田村至今仍保留着晋、唐、宋、明、清五代的40多座祠堂、照壁、书院等古建筑，其中祠堂就有8座之多。各村祠堂的占地建筑面积均在500平方米以上，新田村、山下村、山坑村、孔坑村、孔塘村和庙前村的祠堂达800平方米。各村祠堂大小视该村世系位置和具体财力而定，但各村祠堂的布局却基本相同，多由二进或三进组成，每进之间设庭院或天井。

据《南雄文物志》之"古建筑"一章载，今乌迳古道域内所存古祠堂有黄塘村叶氏宗祠、孔塘村赖氏祠堂、上朔村彭氏宗祠、浆田村黄氏爱敬堂、箬过村欧阳氏宗祠、溪塘村陈氏宗祠、白胜村叶氏宗祠、新田村李氏宗祠、水松村董氏宗祠、上朔村欧氏宗祠等，这些祠堂的存在表现了古道域内的文化特质。

（2）建屋与建村。

村中住户以祠堂为中心，向东、南、西三个方向依次建住房，讲求左右对称和上下排列，形成封闭式、内部生活设施完整的村庄。村中居民之房屋均为土木结构，祠堂、大厅则为砖木结构。如果不考虑自然因素的话，这种房屋结构能明显地反映出他们聚族而居、血脉相通的共同心理和情结。现代村民建房却使这种结构发生了巨大的变化。

从建村的最初布局看，各自然村建村时所选的位置皆取坐北朝南向，依山傍水，村前有河流、池塘；三面靠山，整个村落布局呈

"凹"字形结构，堪舆学上称左青龙右白虎，村后山稍高（称后龙山或屋背岭），视野开阔。

以祠堂为建村的中轴，对称排列，村庄相对封闭，村内生活设施齐备，从而具有了一定的安全性。圈内各村的建村要求、民居建筑风格几乎相同。

另外，值得注意的是，圈内居民以同家族、"同公房"为前提建村，往往同姓村落成片分布，具有同源同族、同言通俗的特征，以致村内无别姓。即使有别姓之人想迁来居住，也须得到村民首肯，且得相隔较远建房才行。

据近年南雄地方历史文化工作者的发掘和界定，乌迳古道域内的古村有鱼鲜古村（入广东省第一批古村落名录）、新田古村（入广东省第二批古村落、第二批历史文化名村名录）、溪塘古村（入广东省第二批古村落名录）、水松古村、孔塘古村、白胜古村、关门楼古村、黄塘古村、黄坑古村（界址黄坑）、叶坑古村、赵屋古村、延村古村、上朔古村、浆田古村等。它们构成了乌迳古道上的古村落群，是一道亮丽的乡村美景。

3. 嗜好香、辣的饮食特征和多样的风味食品

由于处于亚热带季风气候区，乌迳古道域内四季分明，山多林密，土地肥沃，且水资源丰富。该地以水稻为主要农作物，经济作物以黄烟、辣椒、番薯、芋头、黄豆为主。其饮食习惯与当地所产之物关系紧密，凸显出人与自然的和谐。

（1）当地人以稻米为主食，以番薯、芋头为辅食。当然，在水稻歉收的年份，只好反其道而行之。

（2）口味以香、辣为主。平时布衣蔬食，逢年过节则有鸡鸭鱼肉可吃。"黄姜辣椒焖狗肉""黄姜辣椒焖鸭肉"是远近闻名的菜肴。

（3）风味食品多样。当地人心灵手巧，几乎家家都能自制样式丰富的风味食品。下面是几种较为独特的品种，如：

腊鸭（俗称"曝腌"）：《直隶南雄州志》记："雄鸭，以雄得名。鸭嫩而肥，腌之，渍以茶油，日久肉红味鲜，广城甚贵之。"① 南雄腊

---

① 广东省地方史志办公室辑：《广东历代方志集成·南雄府部（二）·（道光）直隶南雄州志》，广州：岭南美术出版社 2007 年版，第 177 页。

鸭的制作，当选本地麻鸭尤以油山地区的麻鸭为佳，选择在入冬霜风天气，讲求人工腌制、自然曝晒（区别于烤干、熏干之法），肉嫩骨酥，香味独特。南雄腊鸭以肥嫩、清香、味美而驰名海内外，成为我国珠三角、港澳地区及东南亚地区宴客的珍品佳肴。当地也制腊肠、腊肉等（俗称"风肠"），方法相同。

龙猪：《直隶南雄州志》记："龙猪出保昌龙王岩，在城东百里。重一二十斤，小耳，庳脚细爪。土人腌薰，以竹片绷之。皮薄肉嫩，与常猪不类，广城亦重之。又出江西赣州、龙南县。"[1] 此载所言，龙猪出保昌龙王岩，在城东百里，按此说，应该也就是乌迳古道域内。龙猪曾经是古代南雄的一大特产，今绝。

豆腐：以手推石磨磨豆浆再加石膏制作而成，品种较多，尤以芋蓉为主馅，馅中加入腊味、虾米、冬笋等佐料所制作的"酿豆腐"为著，四季可制。

糍粑：品种有"推浆糍""油糍"。"推浆糍"也称"灰水糍"，用白黏米在草木灰中泡浸后磨浆，经熬浆而成，可制成条块状、饼状、饺子状。"包糍"是其中较有特色的品种，做法是用手捏成饺子状，内包酸菜、辣椒、萝卜干等，蒸熟可吃，酸辣爽口。南雄"下方人"所称的"饺俚糍"者，则是小号包糍。糍粑为节庆时制作。

酸芋苗（俗称"芋禾"）、酸菜（俗称"醋菜"）：为腌制品，均取新鲜的芋苗、芥菜晾干，加盐腌制而成。

酸笋：乌迳酸笋的制作有两个特别的要求：其一，竹笋必须是当地产的簕竹（有些地方称"万竹"）之嫩笋；其二，水必须是太阳出来之前的清泉水。把清洗干净的竹笋晾干放入清泉水中，这样浸制出来的酸笋，肉厚爽口、嫩滑无渣，酸、香味纯正。

钻缸酒："上方人"不喜饮茶但善饮酒。酒为自酿的糯米酒（俗称"黄酒"）、烧酒，尤以钻缸酒（俗称"酒酿烧"）远近闻名。钻缸酒为糯米酒勾兑烧酒"钻"十天至半月不等（时间越长越好）而成。该酒口感绵甜，颇有温脾胃、破症结、厚肠胃、驻容颜、通血脉、养肌肤之功效，但此酒有一定的酒精度数，醉后易头痛且难于清醒。钻缸酒本为节庆待客之品，当地人客情浓厚，逢红白之事均有亲戚朋友

① 广东省地方史志办公室辑：《广东历代方志集成·南雄府部（二）·（道光）直隶南雄州志》，广州：岭南美术出版社2007年版，第177页。

往来，所以喝酒是生活中的重要部分。同时，喝钻缸酒还寓意吉祥如意，所以，此俗至今盛行。

南雄乌迳古道文化圈内，人们之所以喜好香辣的菜式、制作多样的风味食品及喜饮酒（这一点与赣南地区可相媲美），与当地之气候、水土有很大关系，也是勤俭节约观念之使然。

4. 民间信仰

古道文化圈内居民不仅敬奉祖先，也敬奉其他神灵，表现出偶像崇拜和多神崇拜的色彩。每逢初一、十五，家家都焚香，诸神皆敬。

域内之人敬奉祖先，从而形成了以敬奉祖先、沟通亲朋等社会关系为主要特征的"姓氏节"。这种以姓为节的"姓氏节"历史悠久，国内少有，值得研究。

毋庸置疑，文化是具有时空性的。从人类文化的产生与发展的角度看，文化与古道、水的关系非常紧密，由古道和水孕育出的各种文化形态构成了人类文化的多彩图景，乌迳古道文化亦然。除语言外，乌迳古道居民的饮食、建筑、信仰所体现的文化，强调了人与自然的和谐，凸显出乌迳古道文化所具有的生态文明光辉。

三、乌迳古道上的古祠堂与祠联文化

1. 乌迳古道上的古祠堂

乌迳古道域内，各氏族有较浓的宗族文化。人们继承中原氏族敬祖睦族的优良传统，重视宗祠修建，几乎村村都有祠堂。据调查统计，叶氏宗祠有十余座，其中亨邦崇德堂创建于元初，黄塘叶氏宗祠建于明洪武年间，白胜敦本堂、龙口金玉堂均建于明万历年间，新溪叶氏世敬堂建于明弘治年间。这些祠堂迄今都有四百至六百多年的历史。

上朔彭族世德堂建于明正德九年（1514 年）。该族还有小宗祠堂十余座。此外，新田李族、浆田黄族、孔塘赖族、界址赵族、水松董族、古城李族的祠堂都具有一定的规模，且有悠久的历史。

过去，各族祠堂都置有田产，谓之"公尝"，经历代积累，数额相当可观，其收入除供祭祖之用外，还用于补助族中子弟入学、奖励科考中试者，以及创办公益慈善事业。新田李族叙伦堂的管理章程规定其所租收入"除祭祀完粮众用以外，所余华利照丁颁胙，遇有子孙

游泮帮补，出贡中举登第者必给以花红奖赏，以示鼓励"。

祠堂，就其基本功能而言是祭祀祖先。从这一基本性出发可衍生出其他功能：其一，教化、奖惩族人。在祭祀祖先的过程中，许多宗族会向族人宣读"族谱""族规"，讲述祖先创业的艰难、祖上的荣光，教育、勉励后代子孙奋发图强，不辱祖德。而各族之族规一般都附有奖惩条例，族人之光宗耀祖或侮辱门庭的行为，均会依据族规对其实行奖励或惩罚。笔者发现，各族之族谱均记载有族规，族规是该族族人必须遵循的行为规范，其惩戒的行为范围比国家之法律要大，严厉的程度超过法律。其二，聚会、议事。族中如遇大事，如选举族长、修建祖坟、与邻族产生纠纷，就可由族长召集族人，在祠堂聚会，或互相讨论，解决问题，或实施选举。其三，藏谱、修谱。族谱是关于家族起源、世系传承、迁徙、风俗人情及家族人物等情况的历史记录。古时，修族谱是一个宗族的大事，不仅耗时长，涉及的人员也多，还需要有专门的修编场所。因此，祠堂就成了修族谱的办公场所。而族谱修好后，还要将其备份，存放到祠堂中，由专人看管。其四，助学。一般的祠堂都有田产，田产的收益除作祭祀、修谱、宴饮、办会、修缮之用外，还用于族中子弟的助学。各姓族谱中均有"凡族内有清贫学子可造者，应予募捐补助其学费，或由本会拨款伸资鼓励其父兄而便栽培其人材（才）"的相关规定。

祠堂也是族人祭祀祖先或先贤的场所，其发展历史悠久。建宗立祠、祭祀先祖的风气在清朝康熙、雍正、乾隆三朝达到了顶峰，成了一种普遍现象。清康熙九年（1670 年），由清政府朝廷颁布的《上谕十六条》，对祠堂的功能作出规定："敦孝悌以重人伦，笃宗族以昭雍睦，和乡党以息争讼，重农桑以足衣食，尚节俭以惜财用，隆学校以端士习，黜异端以崇正学，讲法律以儆愚顽，明礼让以厚风俗，务本业以定民志，训子弟以禁非为，息诬告以全善良，诫窝逃以免株连，完钱粮以省催科，联保甲以饵盗贼，解仇忿以重身命。"① 这个规定既有愚民统治之效，也有传承文化之果，乌迳古道域内的各姓祠堂均有这种功能。

2. 祠联文化

乌迳古道域内现今保留了数百间各姓祠堂，祠堂是当地建筑的一

---

① 《清圣祖实录》（第 34 卷），北京：中华书局 1985 年版。

个显著特点。而祠堂石柱、木柱上辞藻精美、蕴义深远的对联，更是当地祠堂文化的一种标志。下面是笔者对乌迳古道域内各姓、各村之祠堂对联进行的调查，简述如下：

（1）叶姓祠堂联。

黄塘村　从古名门无非忠孝诒家法
　　　　当今望族只是诗书蔚国华

　　　　南阳诗礼旧传家碧缥千箱奇士倾心胜海录
　　　　东粤勋名旋播世风搏万里令公讴德映苏门

　　　　崇俭传家吟诗娱老宰相尚书堪步武
　　　　平行清水滴露研硃（朱）青溪化县好渊源

　　　　敬承先颛昂懿重清介重易简南薄早储宰相器
　　　　笃效与中盛德崇道谊崇清勤西垣直续侍郎风

　　　　宏恢寝庙俦先灵翼攒忠厚遗风榴实占祥联夺锦标奇祖诒
　　　　远荫玄曩启后裔爰绵诗书余泽云官纪瑞频登玉署绍清臣

溯水村　溯水汇昌江千里流长源远
　　　　弩冈连庾岭万代人杰地灵

　　　　虎踞龙盘祖业煌煌高北斗
　　　　蛟腾凤起人文奕奕绍南阳

　　　　东粤展鸿谋门庭阀阅
　　　　南阳贻燕翼世代簪缨

　　　　登黄甲步青云不愧七星世胄
　　　　砺廉偶修德行毋忘五则家规
　　　　报祖德以登皇须极翚飞鸢革
　　　　启人文于奕翼从兹鲲化鹏搏

萃聚英豪登兹堂敦诗说礼
和同宗族在此地讲到明伦

山下村　俭德传家无地楼画风不改
　　　　英才富国存心屯种俗仍留

恍问政之家风近悦远来圣教于今不朽
溯崖州之治绩少怀老安史册在昔常昭

桥梓握钢章冠裳济济家声远
埚篚膺墨缓科第绵绵世泽长

世系由来根叶尹
家声自昔著崖州

虹桥仙术传千古
宝树天培耀七星

黄泥井村　南服楚称雄底定中原资保障
　　　　　阳生春又到好凭庾岭作观瞻

南土震余威百代声灵犹赫耀
阳和迥（回）大地一堂春色焕光华

南国声灵犹是旧
阳和气象又翻新

南天一柱建奇猷名垂不朽
阳气肇端开泰运景焕重光

白胜村　玉叶金枝盛万年喜见桂馥兰芬多瑞彩
　　　　龙盘虎踞兴千载伫（仁）看凤毛麟趾增辉煌

胜地宏开基业风醇俗美长乐太平富贵

高门大启规模家弦（传）户诵永欣春色文章

清风当户户庭中欣见子肖孙贤学诗礼

白月临门门第外乐观龙吟虎啸献祯祥

荟派凭凌江已见源头多活水

蟠根来叶脉先从岭北发南枝

绍世泽之书香笔赋青云毫含珠露艺苑荣敷舒五色

开文明之甲第金枝桂秀玉树流芳词条艳映发三春

阅十五传而相协攸居崇焕新猷昭日月

罳千万世而聿追来世重光旧业鼎乾坤

（2）董姓祠堂联。

山坑村

　　上缵承贤良方正探一元大本入此祠先问此心自无愧于宗祖

　　下佑启义睦仁敦协三世雍和保乃命惟懋乃德庶有造于子孙

清风当户户庭中欣见子肖孙贤学诗礼

愿尔曹经有帷史有笔从兹偃武修文盛德昭垂简册

得此地木之本水之源只合刑仁讲让宗祊世守松溪

惠于宗功馨黍稷

承其家学治春秋

族姓肇中天桐泽涵波丕著豢龙之异绩

谟猷昭汉代壶关献策赞咸逐鹿之奇勋

策对天人共羡术儒能济世
家传忠孝还期后裔尽垂名

念吾先据事直书千载咸推史笔
勉尔后下惟（唯）励业万年不坠儒风

忝军世泽本绵长以享以祀春秋永垂勿替
武略戎功原赫奕宜民宜人福禄申锡无疆

水松村　永远昭书香诚能睦族尊亲自有流风延世德
　　　　兴隆自道谊弗敢计功谋利同遵繁露振家声

文同科甲武授将军唐宋流风欣尚在
孝感天缘忠称御史世家遗俗喜犹存

三派出江都源远流长繁衍滇凌多发育
策经传汉代天伦入纪昭垂今古启文明

鼎甲何奇奇在一门锦夺双标文武喜
台司非异异逢三代才调众品古今传

老屋下村　唐有相宋有元登新堂当念先贤不远
　　　　　汉有儒晋有史入此室须知德哲悠长

祖号贵言喜栋宇重新门第于今堪走马
堂构是政欣规模胜旧人文自此起潜龙

寺前村　日月照临福耀长辉良史第
　　　　山川环绕秀灵叠发宰辅门

道谊肇书香先德诒谋千古芳徽垂燕翼
箕裘光世泽后贤骏发一堂事业焕文明

晋有史汉有文唐有功前人盛绩源流远
子言孝弟言恭友言信后贤祺承庆泽长

礼乐效前修不杜冠裳赫奕
耕读承世业惟（唯）是身心克勤

崇宗功报祖德敬尊爱亲千秋享祀勿替
隆木本重水源敦诗说礼百代人文维新

（3）李姓祠堂联。

新田村爱敬堂

　　粤东不乏良才观太常孙子轶后超前卓荦无殊骥北
　　岭南亦多望族仰户部门楣连科及第声名尤重陇西

　　创业自何年晋之卿唐之相真是善能继述
　　作新于此日燕有桂郑有兰皆当着意栽培

　　世胄衍金陵翼子贻孙共仰千秋俎豆
　　堂皆森玉树敬宗尊祖咸钦百代冠裳

　　丕增式廓看龙纹风采飞腾浈水新溪
　　继序其皇溯祖德宗功彪炳金陵古郡

　　绩著先朝作太常作户部光昭史册
　　名垂后代为列祖为乡贤德普云礽

　　汉声墨赫濯是训是行永绍乡望世业
　　仰栋宇辉煌肯堂肯构长承名宦家风

新田村叙伦堂

　　气流同浈水蟠雄郡衍虎城万宝福星
　　才高并洪崖登瀛洲掌民部一天甘雨

节凌霄汉直言极谏司徒事业耀南洲
学究天人茹古涵今光禄声名高北斗

积庆无非孝悌慈
累世簪缨德泽长

业丰功为一代名臣久铭鼎钟光史册
才大节仰先朝硕德式崇俎豆树仪型

侍郎功德耀先朝岳降嵩生宜百世常馨俎豆
光禄勋名绵世泽蛟腾凤起应万年长系源流

本金陵自唐室开先宦拜司徒千载人文飞彩凤
传桂苑羡名贤继后显扬户部当年豪俊起潜龙

福辉几千年祖德皇皇岭南共羡无双族
旌常遍万国人文郁郁陇西咸称第一家

新田村玉域祠

为当时学侣所仰宗立品无殊唐凤间
以天下名教作模范登堂还拟汉龙门

当年原属簪缨风雨历沧桑恢宏庙貌承光绪
此日宁输科第云霄翘沅濙荟萃冠裳奠丕基

西陲望族画堂开灵秀稷擎户部家声几胜旧
东粤孝思紫气聚人文日起太常世第应重新

天开厥运地献厥灵祠建新溪延世泽
祖垂其功宗昭其德勋承旧代振家声

新田村玉珊祠

雕龙喜得芝龙应聚穗星临是地
旋马还容驷马频飞金谂入兹门

幸宗祖积德百年孝悌休声贻我后
愿儿孙承家万世诗书文彩向人前

攀桂乘云驰骏烈唾拭龙中美调凤座人家世泽衍千秋
斫砻镌石展弘规栋隆鸾革采壮辇飞秀聚新溪绵百代

祖功宗德积当年垂葛树槐忠孝传家绵世泽
子肖孙贤启后裔脱靴捧砚文章华国流芳名

新田村玉监祠

堂上祖宗昭赫濯佳儿气高缅想当年兴骏勋
门前山水看清晖钟灵毓秀伫（仁）看此日起龙文

设膳租以烈书香起凤腾蛟云仍荟萃衣冠盛
报宗功而恢庙貌悽霜惕露奕灙绵延俎豆长

悼司徒于勋德膝下三男临终吩咐承光绪
观承镇之犹存楼高百尺历久唯晓护后裔

室尽孝慈积厚者流光酿就瓜绵椒衍
家传诗礼连科而发第行惊鲲化鹏飞

田心村　恢百代规模凤起蛟腾贸追太常新世业
　　　　开万年甲第蝉联鹊跃永缔民部旧家声

渊源潮晋扁入室馨声隆祀典
云仍遍处粤瓤堂冠服焕新容

（4）赖姓祠堂联。

孔塘村　山秀五云看暮霁朝晴恍列画屏陪俎豆
　　　　水清半圣会秋尝春祀如有玄酒荐福奠

　　　　山如屏矣水如绅山水兆祯祥应见地灵人杰
　　　　诗可诵兮书可读诗书绵世泽孚止俗美风醇

　　　　秘书里毓秀踵灵亘古今而并茂
　　　　敬爱堂承先启后绵世泽以常新

　　　　濯垒供祀典好风吹月送江湖
　　　　建祠妥先灵高栋拂云开宇宙

　　　　天时协佳水佳山门第光辉百代诗书承燕翼
　　　　地灵产人杰人瑞风云际会千秋勋业振鸿（宏）图

　　　　忠厚袭遗谟谷玉杨芳流长共识源之远
　　　　文章恢盛业芸香济美膏沃遥知光自华

　　　　规模鼎峙焕日月恩光伫（仁）见云仍凤起
　　　　堂寝宏开钟山川秀气还看甲第蝉联

　　　　春秋匪懈洁苹藻肃衣冠报德报功须念水源木本
　　　　职业维任化骄奢警游惰为耕为读共期俗茂风醇

孔塘新厅下
　　　　序昭穆于一堂福孝作忠不愧先贤今绪
　　　　继簪缨于百代敦诗说礼堪永乃视书香

　　　　祖庙重新鸟革翚飞荣甲第
　　　　人文蔚起凤毛麟趾兆科名

116

派接颖（颍）川革故鼎新绳祖武
支分浈水贻谋燕翼振家声

五光祥云萦玉宇人文蔚祀
一体奎壁映华堂甲第蝉联

庙前村　堂富宏开钟山川秀气将见云仍凤起
　　　　规模塾盛焕日月恩光伫见甲第蝉联

万壑会沧滨百尺门墙建祠宇
明堂罩天高千年河洛肇人文

石牛背后呈奇钟精英应兆人文蔚起
天马门前耸秀峰灵淑早知甲第蝉联

千章乔木遍梁园奕叶流光自是根盘奇石
一带长江环荔圃垂支衍派由来发源雄州

谷出乔迁宅兹爽擅要不替祖功宗佳
兰芳桂馥宏此规模还须知子孝孙慈

幸祖宗积德百年三支并茂新前烈
愿子孙承家万世四术齐振启后贤

松茂似锦堂美奂美仑斯千秋秩歌百代
泉源同华系卜年卜世螽羽振振颂千秋

荣耀自昔已然卜宅时甫二三传冠裳济济久为簪缨宦族
茂昌从此益甚扩基后知亿万载瓜瓞绵绵永羡蕃（繁）衍名家

孔坑村　庙貌尊严登斯堂务须孝亲教长始可立纲常重地
　　　　门闾高大履此境要在由义居仁庶无愧阀阅名家

发迹自松阳迨芳公笃先七岐星罗棋布枝枝秀
迁居由信邑看福祖培植一本麟趾螽斯蛰蛰兴

敦诗礼以承家言可法行可传古公经济常如在
秉道义以持世栗不诒刚不吐先祖耿光尚未磨

睦族在敦伦木本水源看蕃（繁）衍扶疎溯支派汪洋原是同宗一气
奉先惟思孝创业垂统凛高曾矩矱启云仍世德依然鼎盛千秋

山下村　　水秀山明万古扶舆钟淑气
　　　　　龙盘虎踞千年堂构绍声馨

　　　　　阀阅门高形势巍巍悬斗宿
　　　　　箕裘泽远子孙奕奕振冠裳

（5）龚姓祠堂联。

杨梅坑村武陵堂
　　　　　松乔兆庆贻孙谋以构堂楹不惮榍风沐雨
　　　　　台阁呈祥绍祖业而恢栋宇堪容驷马高车

　　　　　辞三举贯五经名节彰彰自何馨香百代
　　　　　让己功归君德诒勋琅琅真堪俎豆千秋

　　　　　祖庙维新羡凤起蛟腾丕振云和之学
　　　　　华堂拓大看龙飞虎变重兴鸿治之勋

　　　　　华堂盈瑞气（仁）看甲第蝉联不坠句龙世胄
　　　　　彩栋发文光争睹（簪）缨鹊起丕振渤海家声

　　　　　裔苗衍武陵善做善成不愧豢龙世胄
　　　　　右族来雄郡肯堂肯构无惭渤海家声

荷祖宗之精英栋宇嵯峨不负孙谋子燕
钟山川之秀气文明蔚起方知人杰地灵

精求理窟轻口耳而务实行不愧南峰居士
草就疏章计迎礼以安宗社无惭北阙儒臣

石构塘村　丕更旧日之廊观泊楚于公治第
　　　　　新构今时之庵制愿符张老观成

宗祠内尽可陈性趋跄何谓卑隘
厅堂前聊容走马观玩亦云敞宏

典名区作述交辉亿万世难忘祖德
传道脉箕裘济美数千年共仰前徽

德星映门第
瑞气绕塌庭　　（此为石门联）

（6）上浆田王姓祠堂联。

三槐堂　五桂花香且喜千秋开劲节
　　　　三槐泽远试看万奕绕青云

门敞天光云影看眼前生机活泼
地怜龙盘虎踞信后来景福悠长

先相是皇明堂敬谨衣冠肃
孝孙有庆清庙雍容俎豆香

和气满街庭还望肖子贤孙盛
恩光辉栋宇应有祥麟威凤多

（7）南亩鱼鲜王姓祠堂联。

世盛堂　　古晋人家
　　　　　驷马荣登辉甲第
　　　　　三槐畅花护庭阶

　　　　　祝履考详还籍中流砥柱
　　　　　其祖元吉须凭满座牌坊

先祖堂　　驷马荣登
　　　　　祖宗贻不尽嘉猷案有诗书庭有礼
　　　　　云礽绍无疆绪家家宜孝友国宜忠

　　　　　诗才九重碧纱笼肯构肯堂不愧太原世胄
　　　　　家学尝缄青玉案善承善述克绳江左宗风

　　　　　念先人手植庭槐构祠宇以荐馨香自应三公瑞朓
　　　　　思前哲才称珠树序昭穆而施典礼永垂四杰芳名

　　　　　先公衍泽深瓜瓞绵延聿怀堂帘垂世业
　　　　　祖德芳流远人文蔚起钦承俎豆耀前修

　　　　　栋宇维新羡凤起蟾联丕振阳明之学
　　　　　门闾式廓看鸾翔凤翥重兴佐王之勋

（8）界址湟溪严姓祠堂联。

　　　　　入庙妥先灵堂构相承归敬慎
　　　　　贻经传后裔箕裘勿坠在诗书

　　　　　一郎缵统绪鱼簪象笏振家声
　　　　　三执肇源流麟趾凤毛绵世泽

栋宇辉煌汉代家星庙貌

门庭阀阅浈江望祺宗祠

盛德仰当时束帛庭前数列

高风遗后世安车门外频来

栋宇辉煌如松茂如竹苞继美先生甲第

孙枝俊秀曰燕兰曰蕊桂宏开后启人文

稼穑知艰难永保宏基绵奕翼

春秋隆孝享宜将明德荐馨香

世外老羊裘在昔声名传白水

堂中贻燕翼于今轮奂美黄溪

石阁储王师得圣人之清且以诗书训世

布衣为帝友从夫子之政惟（唯）将孝悌传家

世泽仰先当无忘祖功宗德

家声丕振安惟（唯）在子孝孙慈

客梦震徽垣介节清操富春家绪千秋永

文星浮帝座明经博雅石阁书香百代新

（9）界址赵屋祠堂联。

天水堂　　木之本而水之源金陵世系千秋承

　　　　　经之明而古之博天水书香百代新

　　　　　文运天开一轮瑞日光宗宇

　　　　　贤良地产千古高风仰宗裔

系溯嫡派于赵城德业承先德在全忠全孝
绵于姓氏于南国恩明宜美还朝尚节尚廉

堂构森严实矩地规天制度轩昂垂燕翼
山川灵秀知腾蛟凤起诗书鼎甲看蝉联

繁衍金陵自宋元以迄今长幼序一堂雍穆
宗祠天水享祖先而致孝衣冠萃百代人文

展卷而诵遗经无非克绍书香予小子宁忘祖德
登堂而思缵绪只是常行善事我先人应喜孙贤

（10）界址叶坑祠堂联。

南阳世第
福履成之
孝友传家名闻北阙
诗书继世誉著南阳

奕翼盛文儒传经南国称高第
屡代承章服执宪中朝属祥光

天运四春试看玉媚珠华含瑞色
人文焕彩更卜蛟腾凤舞映祥光

丹桂根长诗书门第
黄金种生勤俭人家

（11）界址洋街雪梅祖祠堂联。

云仍喜门第恢张富贵万年诒燕翼
学术自春秋讲授文章累世占鳌头

舍旧图新轮奂开一堂雍穆
光前裕后经营立百代规模

遵江都正谊明道之箴笃行不愧豢龙世胄
追陇西致君泽民之略定亮何惭卧虎先声

食旧德而服先畴睦族敦宗须念水源木本
焕新猷以垂后裔型仁讲让惟期俗美风醇

庙貌森严本江都世泽绳绳喜见瓜绵椒衍
人文炳蔚庆南国簪缨簇簇欣瞻凤起蛟腾

雪案绍书香谊正道明丕振江都事业
梅花含瑞彩敦诗睦礼恢宏陇西家声

祠联，或称堂联。古道域内各姓祠堂之祠联，记录着后人对祖先的怀念与崇敬和本姓的辉煌与荣耀。每一对祠联的背后，都有一个耐人寻味的故事。祠联，由此孕育出内涵丰富的耕读文化，表现为：

其一，探本溯源，崇拜故土祖根。人都有探本溯源、追问自己"根在何处"的天性。中国是一个有着几千年历史的农业社会，血缘亲情、宗族观念深入人心。受此文化的影响，中国人历来重视自己的来龙去脉，对自己的祖先十分崇拜和怀念。乌迳古道域内的移民，离开中原故土，他们与其他移民一样都在追问自己的"根"在何方？

如：乌迳山下村叶氏祠堂联"世系由来根叶尹，家声自昔著崖州"；界址赵屋村天水堂联"木之本而水之源金陵世系千秋承，经之明而古之博天水书香百代新"；乌迳新田村爱敬堂联"粤东不乏良才观太常孙子轶后超前卓荦无殊骥北，岭南亦多望族仰户部门楣连科及第声名尤重陇西"；乌迳水松村董姓祠堂联"三派出江都源远流长繁衍浈凌多发育，策经传汉代天伦人纪昭垂今古启文明"；界址洋街雪梅祖祠堂联"遵江都正谊明道之箴笃行不愧豢龙世胄，追陇西致君泽民之略定亮何惭卧虎先声"；而牛子石孔坑村赖姓的祠堂联是"发迹自松阳迨芳公笃先七岐星罗棋布枝枝秀，迁居由信邑看福祖培植一本

123

麟趾螽斯蛰蛰兴"。它们都在不同程度上反映了"探本溯源，崇拜故土祖根"的情怀。

此类可谓"寻根联"。

其二，表彰先贤，炫耀祖德。这类祠联都是通过记录本姓先贤的丰功伟业，树立本姓的赫赫声望，以振奋本姓之气势。

如：南亩鱼鲜王姓世盛堂以"古晋人家"为额、"驷马荣登辉甲第，三槐畅花护庭阶"为联。水松村董氏为昭示董仲舒"三策"之功业，其祠堂为三策堂，联曰："三派出江都源远流长繁衍滇凌多发育，策经传汉代天伦入纪昭垂今古启文明。"新田村李氏为纪念开基祖西晋正议大夫、太常卿李耿，其爱敬堂堂联曰："创业自何年晋之卿唐之相真是善能继述，作新于此日燕有桂郑有兰皆当着意栽培。"为纪念开南雄人文之先河的金紫光禄大夫李金马，新田村叙伦堂则有"节凌霄汉直言极谏司徒事业耀南洲，学究天人茹古涵今光禄声名高北斗"这一堂联。

此类可称为"史迹联"。

其三，劝诫后人，勉励后人进取。此类祠联主要是鼓励后人珍惜本族声望，奋力进取，不要辱没祖德，既要继承传统，又要不断创新，表达了耕读传家、艰苦创业的理念，这类祠堂联也十分常见。

如：乌迳黄塘村叶姓黄塘村祠堂联"崇俭传家吟诗娱老宰相尚书堪步武，平行清水滴露研硃（朱）青溪化县好渊源"；山下村叶姓祠堂联"俭德传家无地楼画风不改，英才富国存心屯种俗仍留"；山坑村董姓祠堂联"念吾先据事直书千载咸推史笔，勉尔后下惟（唯）励业万年不坠儒风"；寺前村董姓祠堂联"礼乐效前修不杜冠裳赫奕，耕读承世业惟（唯）是身心克勤"。凡此，都深刻表明了祠堂楹联的教育、勉励之功能。

此类可称为"训勉联"。

无论如何，祠联的文化特质是明显的，其所具有的教育功能也是不能否定的。怀念故土、敬祖述德，弘扬家风、激励后人，所表现的就是客家人耕读传家的传统与精神，这也是古代修筑祠堂及题写祠联的缘由之所在。

四、乌迳古道上的书院文化与"古村胜景"

南雄风俗，"风存朴茂，俗尚俭勤"，多诗书礼乐。明嘉靖《南雄府志》记：自古南雄人"士耻奔竞，贾惮远商"，而"文学科第"之风蔚起。清乾隆《南雄府志·风俗》载："《隋书》曰：'人性轻悍质直任信。'杨万里曰：'人物粤产，古不多见，见必奇杰。'《元志》曰：'地无旷原沃壤，刀耕火种，最为勤劳。'"[①] 而清道光《直隶南雄州志》卷九引《舆地纪胜》，在谈到南雄之风俗时也说："其俗一而不杂，其风淳而不漓，其人所习多诗书礼乐之业。"并引旧志说，"南雄古郡，两路之喉襟，足迹所接，舟车所会，其地望甚重。"[②]

南雄地处"群山北绕，二水东流，粤海咽喉，京华屏障"的特殊地理位置，起着"枕楚跨粤，为南北咽喉""控带群蛮，襟喉两路"的作用；而且，境内的梅关古道自古便是岭南通往中原的要道，因此，南雄得要道之利，以致南雄地域人文荟萃，成为历史文化名城。与此同时，乌迳古道域内居民，耕读传家，书院和乡村文化得到了长足的发展。

1. 乌迳古道上的书院文化

（1）平林孔林书院。

明嘉靖《南雄府志》记：孔林书院，在平林村。唐孔戣为岭南节度使，子孙远家焉。孙振王建。

平林村，即今南雄市大塘镇平林村。位于南雄东部，大庾岭东之油山南麓的小盆地，距县城约60千米，方圆约3平方千米。平林村现有400多户住户，其中孔姓有200多户，人口1 500多。村中建有孔氏宗祠，名为"诗礼堂"。该祠堂建于明代，重修于清雍正九年（1731年）、道光七年（1827年）及民国十二年（1933年）。

平林是岭南孔氏寻根拜祖之地。据《平林孔氏族谱》记，南宋初年，平林村五十三世进士（特科进士）孔绍祖曾前往山东曲阜谒见孔氏五十一世衍圣公孔元措，并校订孔戣谱系。孔氏后裔分南、北两派，

---

① 广东省地方史志办公室辑：《广东历代方志集成·南雄府部（一）·（嘉靖）南雄府志》，广州：岭南美术出版社2007年版，第355页。

② 广东省地方史志办公室辑：《广东历代方志集成·南雄府部（二）·（道光）直隶南雄州志》，广州：岭南美术出版社2007年版，第172页。

北派以孔戣祖以上，南派则以孔戣之子孔温宪始，从而确认了南雄平林为岭南孔氏发祥地。

据《新唐书·列传第八十八·孔戣传》载，孔戣，字君严，擢进士第，刚正清俭。宪宗时历任尚书左丞，历大理卿、国子祭酒，元和十三年（818 年）至长庆元年（821 年）拜岭南节度使，在任四年，惠政颇多，深得民望。韩愈曰：孔戣，"其为人守节清苦，议论正平。年七十筋力耳目未衰，忧国忘家，用意至到。如戣辈，在朝不过三数人"。长庆四年（824 年）卒，年七十三，赠兵部尚书，谥曰贞。随孔戣寓岭南的三子孔温宪，扶榇至雄，值藩镇乱，卜居平林。孔温宪仲子孔纯，字述文，"年二十三丧父，蓑麻逾礼，昼耕夜读，不惮勤苦，营创田宅，遂开平林孔氏不息之基"。从此，孔圣儒风在此承传，耕读之风大兴。由此可见，在唐后期至宋初，以平林为祖居的孔氏家族，是对岭南颇有影响的家族。

关于孔林书院，最早见于明嘉靖《南雄府志》，后有关南雄各志均有记载。清乾隆十八年（1753 年）修的《保昌县志》《南雄府志》载："孔林书院，平林村。唐孔戣为岭南节度使，卒于任，季子温宪扶榇至雄，闻安禄山乱，遂家焉。建隆三年（962 年），裔孙孔闰因创书院。陈叔秀记。"陈叔秀，保昌县人，南宋绍兴乙卯（1135 年）特科，任潭州监庙。清道光四年（1824 年）修《直隶南雄州志·书院》记："孔林书院在平林邨。唐孔戣为岭南节度使，卒于任，季子温宪扶榇至雄，闻藩镇乱，遂家焉。裔孙闰因建书院。"该记载与县、府志同。

对于孔闰，明嘉靖《南雄府志》记："孔闰，保昌人，聪明嗜学，年十九，举进士，官至朝散大夫，迁袁州刺史。"①

孔闰，孔温宪之孙，即孔子四十一世孙。唐景福元年（892 年）进士，官至朝散大夫、袁州刺史。后因五代之乱，孔闰弃职寓居吉州泰和石禾场十年。

宋太祖平定岭南后，孔闰于建隆元年（960 年）挈家归隐平林，建隆三年（962 年）创建平林书院，此"为南雄书院之始，亦是岭南

---

① 广东省地方史志办公室辑：《广东历代方志集成·南雄府部（一）·（嘉靖）南雄府志》，广州：岭南美术出版社 2007 年版，第 34 页。

已知第一所书院"①。

书院占地面积约 800 平方米，买田 50 亩（约 3 万平方米），以田租为春秋祭祀及办学之经费。南宋绍兴年间曾重修，规模有所扩大。孔林书院当时设有夫子厅，内设孔子像。州、县官员每年都要来此祭孔，轿马成行，甚为庄重。直至明初州城建了大成殿，孔子像被迁至大成殿安放，州、县官员才不到孔林书院祭孔。自明成化以后，南雄四间官办书院开设后，孔林书院日渐式微，终毁。

孔林书院旧址，今仅存惜字塔。惜字塔，建于明永乐二年（1404年）。据族谱记载，明代，孔氏后裔孔伯道为弘扬先辈耕读精神，倡导节俭，便在书院附近建起了惜字塔，民国十三年（1924 年）重修。

孔林书院是当时岭南第一所书院，而孔闰于耄耋之年也登坛讲学，专心兴学育才，"耕读成风，人文蔚起"，使南雄成为当时之中原文化南播之阵地。据《直隶南雄州志》记，自宋皇祐壬辰（1052 年）至咸淳辛未（1271 年）间，保昌（今南雄）举进士 39 名，特科 64名，而平林及周边的延村、上朔、古城等就有进士 11 人。这与孔林书院有着莫大的关系，孔林书院为儒家文化在岭南的发展作出了重要的贡献。所以，《南雄市志》言："孔林书院不仅是南雄州而且是岭南创办最早的一所书院，对南雄乃至岭南的文化教育影响深远。"②

（2）新田文明书院。

新田村是广东省的古村落之一，也是南雄著名的古村落。现在的新田村共有居民 550 户，共 2 000 余人，全部为李姓。新田自西晋建兴三年（315 年）李耿建村，至今已有近 1 700 年的历史，被誉为"迁雄第一村"，由于它比唐中宗光宅元年（684 年）所建制之浈昌县（今南雄市）还早 369 年，故又有"先有新田李，后有浈昌县"之说。

新田村内不仅保存了晋、唐、宋、明、清之各种古迹，如西晋古井、唐代石鼓、明代祠堂等，更有体现开南雄人文之先河的文明书院。

据其族谱记载，清乾隆庠生里人李应麟，以诗描述了新溪李氏之"新溪十景"，其中"西窗月影入帘虚，夜半青灯光有余。着意提名休怠惰，潜心勤读圣贤书"便是"新溪十景"之一，被称为"西窗夜读"。"西窗夜读"所描述即是作者于文明书院苦读之景。族谱还记，

①② 南雄市人民政府地方志编纂委员会编：《南雄市志》，北京：方志出版社 2011 年版，第12、604 页。

历史上的文明书院曾出过国子监和太学生 26 人。

如：李金马，唐元和七年（812 年）进士，大中七年（853 年）卒于官，是唐代南雄州两位进士之一，开启了南雄人文之先肇。明嘉靖《南雄府志》记：唐宪宗元和，"李金马，保昌人，力学有大节，累官户部侍郎，金紫光禄大夫"。而清道光《直隶南雄州志》卷二十五记："李金马，字庆霄，号南峰，保昌新田里人。晋正议大夫耿之孙，唐赠金紫光禄大夫。培次子明，广西全州知州，俊芳之祖也。公生而醇笃、孝友性、成言行，为乡党师法。且家贫力学，才识兼优，开南雄人文之首。年二十四，举宪宗元和三年（808 年）贤良方正直言极谏科，为考官杨于陵、韦贯之所器重，与牛僧儒、皇甫湜、李宗闵等同登上第……大中七年卒于官。上嘉其材节，晋阶尚书、金紫光禄大夫。"[1] 李金马能少时力学并进士及第，与新田村人耕读传家的重文风尚是分不开的，更是文明书院之学风之影响的结果，所以，李金马有"开南雄人文之首"之伟大业绩。

除书院外，乌迳古道内的社学有设于上朔都的"明道"、崇仁都的"归极"、平田都的"觉民"等，它们对南雄的文化发展起了巨大的推动作用。乌迳古道域内之文化是南雄文化之先河，其乡村文化也展现出丰富的内容和绚丽的姿态。

2. 乌迳古道上的"古村胜景"

自明嘉靖《南雄府志》有南雄胜景之记始，南雄各志均有古南雄之美景的记载。时"南雄八景"是：庾岭寒梅、凌江秋月、灵岩龙瀑、官道虬松、璎珞渔舟、玲珑仙室、阴晴塔影、晦朔潮痕。

乌迳古道域内，景色优美，人文荟萃，古村胜景比比皆是。南雄各族在修族谱时多有对乡村胜景之描述，现辑其部分介绍如下：

（1）乌迳叶氏宅基八景。（明万历举人叶逢焜诗，叶逢焜，字中梅，号半酸）

七星古树　　雄州乌迳青山下，乔木七星凤启祥。
　　　　　　信史千年传异事，草堂此日袭余光。

---

　　① 广东省地方史志办公室辑：《广东历代方志集成·南雄府部（二）·（道光）直隶南雄州志》，广州：岭南美术出版社 2007 年版，第 454 页。

风霜履历根株旧，造物栽培奕叶芳。
故族彬彬文物盛，漫同斯树地天长。

九曲通衢　　阛阓相通上下衢，地族形势巧萦纡。
民居有若猿栖洞，过客浑如蚁贯珠。
岂必扬州寻夜市，何须岭海走晨圩。
着鞭知是谁家子，直上云霄谒帝君。

一溪活水　　泼泼圆机不滞流，清连一派自源头。
风行水面文章焕，月漾波光白雪浮。
孺子歌头涵至理，廉夫瓢饮陋王侯。
高人解组归溪隐，雅向此中狎鹭鸥。

半亩方塘　　池塘面辟浸涟漪，原本分来山下泉。
鱼跃鸢飞昭化育，天光云影共周旋。
浮波潋滟玻璃漾，彻底澄清宝鉴悬。
无事凭栏相对玩，尘心涤尽道心全。

陈抟石障　　胜景曾留好睡仙，至今行迹尚依然。
漫天帐薄花含露，贴地茵薰草带烟。
雷吼恍呼惊鼻响，云斜误讶梳鬟偏。
灵钟秀毓生甲甫，崧岳巍巍可并肩。

仙女灵岩　　仙姬何事别瑶台，独上岩头望九垓。
秋水眸横孤月现，远山眉画片云开。
彩鸾有意栖不起，青鸟无凭去复来。
自是不归凡子宅，谁云题叶是离媒。

西窗夜读　　一卷诗书世业承，短檠课子每留情。
文光车胤囊萤焰，字映孙康雪案明。
英迈气冲牛斗侧，咿唔声彻鬼神惊。
才名成就登庸去，始知儒为席上珍。

129

南亩春耕　　门外膏腴溪水萦，方春东作百昌生。
　　　　　　乘时百谷和云种，尽日一犁带雨耕。
　　　　　　弟并兄劳少长序，夫宁妇饷友宾情。
　　　　　　熙熙田野唐虞世，况有巾车窈窕行。

（2）新溪李氏新溪十景。（清乾隆庠生里人李应麟诗）

西窗夜读　　西窗月影入帘虚，夜半青灯光有余。
　　　　　　着意提名休怠惰，潜心勤读圣贤书。

南洞春耕　　溪头南畔有良畴，火耨龙耕切莫休。
　　　　　　愿得五风连十雨，秋成收储满仓舟。

连山暮鼓　　连山胜地自何年，鼍鼓高悬镇殿前。
　　　　　　日落扶桑曾击动，余音直透碧云天。

临水晓钟　　龙门傍水碧重重，宝殿华枋系景钟。
　　　　　　醒觉频敲东作晓，南邨警醒庆时雍。

赤塘鱼跃　　自古幽池气象嘉，依稀水底衬红沙。
　　　　　　锦鳞惊顾频翻浪，欲向龙门紫露遮。

门岭松苍　　百卉从来这让松，锦鳞锦甲拟如龙。
　　　　　　峰头特立持坚节，几度寒霜几度冬。

长河塔影　　嵯峨形势果奇观，影倒长江若钓滩。
　　　　　　浪涌风催流不去，停停独立镇狂澜。

官路马嘶　　公途迢递岂嵯峨，过客熙攘镇日多。
　　　　　　端的为名兼为利，萧萧斑马疾山河。

龙桥夕照　月影横斜镇北溪，波心掩映石桥低。
　　　　　从今不事鼋鼍驾，俨听蟾蜍午夜啼。

奎阁晨烟　鸟革翚飞撑碧天，玲珑四塞霭霞烟。
　　　　　人文最是由斯盛，保障陇西亿万年。

（3）平林孔氏平林八景。（孔子六十七世孙、清雍正邑庠生孔毓炎）

天马朝南　堂迎天马焕文章，昂藏气象骋南方。
　　　　　三十八代勤王事，地志孔林万载芳。

油山耸翠　油山如画翠连天，树染青云草染烟。
　　　　　百尺松杉倚屏列，一庭佳气荫阶前。

左岭石羊　石羊几阵耸东河，形状高低景更多。
　　　　　夕阳返照昌溪岸，一道虹桥驾绿波。

右岭石冠　石冠突兀昂青葱，薄雾飞来横半空。
　　　　　天籁一鸣惊翠谷，晴岚笼罩虬龙中。

纱帽古迹　岭峻冠巾接汉霄，亭亭直上想高标。
　　　　　由来儒雅冠裳盛，似把山川秀气高。

南亩春耕　春田漠漠爱南村，一望平畴傍水垠。
　　　　　午夜横经朝秉耒，三时锄遍万溪云。

画楼烟景　横空水阁驾危楼，槛外晓烟天际浮。
　　　　　日午凉风卷薄雾，晴空阴噎片时收。

横桥襟带　流水悠悠注碧潭，平地襟山静相涵。
　　　　　一带横桥映画阁，往来云气绕峰岚。

（4）黄氏官门楼八景。（清赐进士第候试翰林院编修桃江黄思成诗）

黄龙吐珠　　人道骊龙游碧海，应知先祖结佳城。
　　　　　　淡烟疏雨黄昏后，一颗明珠十里明。

光汪壁池　　数沼澄清倒碧天，一轮皓月浸波前。
　　　　　　凭栏正好蟾宫傍，折得扶疏桂影园。

双流合鼎　　两水夹流围玉带，一峰高耸拥春螺，
　　　　　　此间补有西湖胜，应产公侯子弟多。

五马归槽　　骏马徘徘排大荒，朱缨孔阜势腾骧，
　　　　　　萧萧似欲餐金粟，应有扬鞭到玉堂。

纱帽峥嵘　　间阖宫廷起九天，衣冠济济振阶前。
　　　　　　玉皇显示人间贵，一顶乌纱帽宛然。

之案横排　　一案横排彩带舒，丹图绿字映阶除，
　　　　　　当前献有通宵路，正好芸窗奋读书。

居彷船形　　楼船何必问西湖，凤盖龙盘此地铺，
　　　　　　浃水村如天上坐，人间有景即蓬壶。

庙环水口　　一庙巍巍环水口，千年香火护财源，
　　　　　　祠灵赫矣川灵显，鸡黍迎神赛韵繁。

（5）松溪八景。（《松溪董氏七修族谱》卷十四）

松溪桥　　　何年驱石枕松溪，为作人间平步梯。
　　　　　　玉镜光涵天上下，彩虹晴卧岸东西。
　　　　　　水从太极环中过，客向栏杆柱上题。
　　　　　　却忆当年春色好，花红柳绿绕长堤。

将军祠　　将台义勇负刚肠，庙食山坑即故乡。

元宋两朝传异迹，乾坤一气著灵光。

庭前化雨甘棠在，案上春风俎豆香。

节操古来谁得似，儿童公论是睢阳。

灵报院　　峥嵘梅阁翠薇中，赢得僧闲与佛同。

塔影分来南海月，钟声敲动比窗风。

香焚石鼎烟长翠，春透禅灯花露红。

醉墨淋漓诗兴好，留题须待碧沙（纱）笼。

罗汉岩　　座对金莲石作台，尘氛隔断胜蓬来（莱）。

弘歌只听鸟高下，锁钥但凭云走来。

红散极霞收不得，白飞幽雾扫难开。

清风一曲神仙笛，吹落山前几点梅。

讲书亭　　牙签搏垛邺候（侯）门，暇日衣冠共讲论。

四教潜心遵孔孟，片言开口说轩辕。

烟花一梦前开庆，兵火重兴后至元。

人物可钦今不见，只留芳誉播乾坤。

甘泉井　　地脉悠悠几许长，穴通海眼世难量。

甘浆暖泛葡萄绿，玉液清涵麴（曲）药香。

苔鲜（藓）带烟封玉凡，梧桐流露湿银床。

时人一饮膏盲（肓）愈，拍手春风倾汉光。

狮峰寨　　怪怪奇奇势芳连，形如白泽踞山岭。

寒拖瀑布飞千尺，声带松风落九天。

倚璧黄金秋后菊，堆屏苍翠晚来烟。

自从子丑分天地，世运曾经几万年。

牛仔石　　非熊非虎亦非麟，问是桃林真未真。

见月不惊吴地晚，耕烟岂识历山春。

的古圩市有乌迳市、新田圩、锦龙圩、石迳圩等，即所谓古道上的"一市三圩"；乌迳市中有永锦古街；古村落有新田古村、七星树下（水城）古村、水松古村和孔塘古村等；此外，古道上还完整地保存着新田古码头。

其中，乌迳水城建于明嘉靖二十八年（1549 年），占地 2.25 万平方米，城呈椭圆形结构，墙高 5 米，厚 2.25 米。只有一个城门，上有石匾一块，刻有"七星世镇"，为"明嘉靖己酉知府周南立"。古时，该城主要用于防御，现今仍有少数村民居住。而嘉靖四十二年（1563 年），在大塘延村也建有一水城，清道光《直隶南雄州志》有谭大初所撰写之《延村水城记》。

乌迳古道文化圈，始于晋李耿南迁新溪，成型于宋。

2. 梅关古道文化圈

梅关古道文化圈位于南雄市东北部，依托浈水，以梅关古道为中心，辐射黄坑、邓坊、水口、江头、湖口、珠玑、梅岭、黎口、全安等镇，面积约 1 200 平方千米，人口 20 余万，约占全市总人口的一半。梅关古道文化圈具有移民、农耕、商贸文化特质，尤以珠玑巷及移民为文化特征。

圈内通行"下方话"。"下方话"以"湖口话"为代表，主要通行于湖口、珠玑、梅岭、水口、江头、主田、古市、全安等乡镇，使用人口几乎占全市人口的 40%。

圈内有梅岭汉墓、西晋墓、后周参军何昶墓和秦源古钱币窖藏遗址。明洪武十六年（1383 年）置红梅巡检司于梅关下，后迁火迳。

梅关古道上有纪念张九龄开凿大庾岭新路的碑文，关于惠能六祖的放钵石、挂角寺等。

梅关古道文化圈始于唐张九龄开凿大庾岭路，成型于宋。宋后，珠玑文化的影响更加深远。

3. 百顺古道文化圈

百顺古道文化圈位于南雄市北部，是以百顺古道为中心，以凌江流域为依托，包括百顺、全安、苍石、澜河、帽子峰等乡镇的文化区域，面积约 700 平方千米，现居人口 8 万多，具有农耕、商贸文化特质。

百顺古道南起雄州水西，北至百顺扶溪。明洪武十年（1377年）置百顺巡检司于百顺圩。

圈内通行"北山话"。"北山话"以百顺话为代表，主要通行于百顺、帽子峰、澜河、苍石等乡镇，使用人口约占全市总人口的10%。

圈内古墓有隋朝的麦铁杖墓，麦铁杖墓位于百顺镇北约5千米的朱安村凤形墙半山。墓碑中间刻"隋宿国公麦铁杖之墓"，左刻"山清水秀"，右刻"民国二十六年重修"。

圈内古村落有黄屋城，该城建于明洪武十年（1377）。城为椭圆形，城墙用花岗条石和青砖砌成。墙高9米多，厚0.6至0.7米，门宽1米许。南门上方石刻"义路礼门"4个楷书大字。黄屋城占地面积一万多平方米，旧时黄、诸、严三姓共居城内，后因西城倒塌，诸、严二姓迁于别处，现居黄姓26户130多人。

4. 城区古街道文化圈

城区古街道文化圈以雄州镇及近郊村落为主，包括黎口桥、赤水塘、满湖塘、水南、河南、水西、借村、田边水、洋汾水、四头门、塘尾、莲塘等村，面积约50平方千米，现居人口13万多。其具有移民、商贸文化特质。

圈内通行"城关话"。"城关话"只在县城、雄州镇及近郊范围内通行，使用人口约占全市总人口的10%。

城关话与其他三个文化圈的方言有较大的差别。由于乌迳古道文化圈、梅关古道文化圈和百顺古道文化圈内的居民，其祖上多是从江西或福建迁来的定居，属于客族，其语言也就被归入客家话语系中。

而"城关话"则自成一体，其形成原因复杂。庄初升在《粤北土话音韵研究》中指出："雄州土话只分布在雄州及其近郊，范围相对狭小，历史上这里一直是南雄州、府治所。雄州土话的全浊声母逢塞音、塞擦音时一般都读不送气清音特点，很容易使人联想到长沙话之类的新湘语。但是，从其他的音韵特点以及历史、地理的联系来看，我们很难把雄州土话归入新湘语中……沙加尔（2001年）在实地调查了雄州土话之后指出，南雄方言（即本书所说的南雄土话）和客家话源于几百年前赣南一带的某种方言，当时这种方言还保留了全浊声母。南雄方言和客家话全浊声母的清化方式完全不同，说明这两种方言是从这同一种方言分化出来之后才发生浊音清化的。"为此，他指

节"是一个具有悠久历史且影响巨大的民俗。

一、姓氏节是乌迳古道域内一种独特的民俗文化

乌迳古道域内之"姓氏节"，就是"以姓为节"的传统民俗，也是一种节庆文化。它是南雄乌迳古道域内南迁客族在长期的生活中形成的以祭祀祖先、团结族人为宗旨的传统节日，以崇祀、歌舞的形式庆祝，内含娱神、娱人的内容，具有历史、民俗、文化等诸多价值。

南雄现今仍然保留着过"姓氏节"的区域，主要是以乌迳为中心的孔江、界址、新龙、坪田、南亩、大塘、油山等地，即乌迳古道及昌水流域，人口有十万余众。

乌迳古道上的姓氏节，是客家人将祖先崇拜和传统节庆相结合的产物，是传统节庆文化的演变。姓氏节一般以该族祖先的生日或对该氏族具有重大意义的日子为节庆的日子。相传，古时的姓氏节节期为三五七天，活动主要包括设坛祭祀、抬菩萨（祖像）出行、请戏班日夜演戏、亲朋好友相聚，有"过节大过年"一说。现今的姓氏节只剩下亲朋好友相聚，其他活动都已不再举办。

俗话说，十里不同风，百里不同俗。作为客家人的集聚地，乌迳古道域内有相对封闭的自然环境，自然也有其独特的风情与民俗，从而造就特定的文化；而这种文化又往往为特定的文化主体所发扬和延续下来，并创造出崭新的内容与形式。乌迳古道域内各姓族人既传承了客家人的一般生活习俗，同时，在生产与生活中又形成和创造出自身独特的习俗文化。对于"姓氏节"，2011 年《南雄市志》在编纂的过程中把它与乡村嫁娶习俗、烟区带烟味的习俗、六月二十三雷爷节、惊蛰撒石灰炒黄豆和古城商铺雅联风归为"特异风俗"进行记载，从而使它有别于其他传统习俗，更说明了姓氏节的独特魅力。

乌迳古道域内一般以该族祖先的生日、忌日或对该氏族具有重大意义的日子（如村子的开基日、迁移入居之日，后来有的也选择国庆节）为该姓的姓氏节。春节后不久，就陆续有姓族过姓氏节，八月过节的最多，直到十一月仍有姓族过节。如黄坑镇溪塘村陈姓，以正月十三为姓氏节；乌迳镇丰坑子油山镇锦陂村王姓，以正月十六为姓氏节；乌迳镇郭姓的姓氏节定于农历八月十六，据说就是为纪念老祖宗郭敬公（唐朝武将郭子仪之父）的生日；坪田镇尖岭村吴姓的姓氏节

定于农历十月十三，以其修祖祠竣工纪念日为姓氏节；界址赵氏的姓氏节是选择赵武被救的七月十三，也叫报恩日；界址镇崇化村严姓原以每年的五月十三（严子陵的生日）为姓氏节，后改农历十月初九（严子陵的祭日）；黄坑板桥村沈姓以农历十月二十二宗祠建成竣工并领取族谱之日为沈氏姓氏节；黄坑镇便坑村的黄姓、卢姓，均以国庆节为姓氏节，有别于其他以农历时间过姓氏节的姓氏。

　　每年姓氏节之日，同一姓氏的村庄、宗族或人家，都会宴请自己的亲朋好友在家中共聚一堂，或谈天说地话情义，共叙人间真情，或计谋发展生产、生活策略等。姓氏节日期的选择是有讲究的：选择在春耕之前，利于大家一起商讨一年之计；选择在秋收之后，是为了共聚一堂喜庆丰收。姓氏节在南雄"上方"客家人中，是村里一年之中除了春节之外最热闹的节日，其在不少村庄的热闹程度甚至超过春节。总的来说，姓氏节多选择农事较闲的时候。

　　乌迳古道域内的姓氏节起源于何时无从考证，只有流于民间的某些传说。

　　关于"姓氏节"的来源，民间流传着这样一个故事：据传，从前有一位姓罗的客家山民，在清明这一天到深山老林里去采摘山药。他在一悬崖处挖一株名贵中草药时，一不留神失足掉下悬崖，被挂在一棵大树的枝干上。这位罗姓山民受伤昏了过去，生命危在旦夕。到了太阳快要下山的时候，被两位同是罗姓的打猎山民救了下来。当采药的罗姓山民苏醒后，知道是眼前这两位老兄救了自己，立即在他们两人前面下跪表示谢恩。随后得知这两位救命恩人竟然同姓，更是觉得他们可敬可亲。于是，他择日邀请这两位仁兄到家中做客，设宴谢恩。从此之后，每当这两位罗姓救命恩人到家中做客时，他都特约村里同姓的亲朋好友共聚一堂，话当年、叙情义。于是，代代传承，其他姓氏也渐渐效仿，慢慢地就形成了客家人如今的"姓氏节"。此传说源于福建，因南雄客家多由福建迁至，所以，传说也在乌迳古道域内流行。

　　据说，江西赣州龙华也有曾有姓氏节之民俗，"文革"时被取缔后便不再流传。龙华姓氏节的来源传说与上面所述基本相同，只是主人公为王姓。

　　也有传说称，"姓氏节"源自村中的祭祀活动。旧时，同姓的每一个宗族都有一个主祭公，专门管理本族祭祀活动。姓氏节即由几个

客家人落脚并定居在南雄最早应属晋时的李耿，而后才有较多的客族迁入，其地域包括梅岭、珠玑乌迳、界址、坪田等。古代中原地区战争连年，迫使中原人背井离乡，向南迁移。而岭南在当时中原人眼里还属流放之地，充满毒瘴之气，但为了生存，他们别无选择。迁移过来后发现这里地势平坦，河水奔流，非常适合耕种。于是，他们留了下来，把中原的耕种技术带进来，结束了颠沛流离的生活，快乐而居，繁衍后代，延续血脉。他们刚到南雄的时候，本地还有很多土著，要在人多势众的土著中立脚生根，就得团结起来。所以，他们以姓氏为核心，凝聚众人力量；以姓氏为符号，团结族人。

在唐朝以前，士族与庶族的界限是很分明的，而过姓氏节的，大部分都是士族人。由于他们早在唐朝以前就进入了南雄，所以，他们的姓氏文化就有了本土性。而唐朝以后，特别是黄巢起义后，唐朝以前的门阀制度受到极大的打击，所以，唐朝以后再迁往南雄的氏族，不再以姓氏作为符号来团结族人，他们更重视血缘亲情。如帽子峰洞头陈姓的先祖，是北宋治平年间，从江西九江迁来南雄定居的。他们迁来以后，都是凭血缘关系聚集，而不是以姓氏为聚。南雄有很多陈姓，同姓之间的联系不多，维系他们这个族群主要靠的是血脉亲情。

中原客族的迁入，使之成为南雄文化的主体。由其重亲情等因素的整合而形成的节庆活动，则成了南雄尤其是乌迳古道域内姓氏节的成因之一。

2. 祖先崇拜的客家文化凸显

客家文化是客家人的文化，乌迳古道域内传承的姓氏节是客家文化的表现。

何为客家人？"客家人"是指古代中原因战乱和饥荒等灾难迁徙到南方的汉族人。著名语言学家王力先生在《汉语音韵学》中转引赖查理斯（Ch. Rey）《略述客家的历史》之说，述"客家是'客'或'外人'的意思，因此，客家就是外来的人"[①]。可见，客家是相对于"主"（土著）而言的一种对称，客家的"客"，即外来人的意思。"客而家焉"，作客他乡，并以之为家者，即谓客家。"客家"一词，在客家语与汉语广东方言中均读作"哈嘎"（Hakka），含有"客户"

---

① 王力：《汉语音韵学》，北京：中华书局 1955 年版，第 665 页。

之意。《辞海》中是这样解释的：相传在 4 世纪初（西晋末年），生活在黄河流域的一部分汉人因战乱南迁渡江，至 9 世纪末（唐朝末年）和 13 世纪初（南宋末年）又有大批汉人南迁粤、闽、赣、川……为了与当地土著居民加以区别，这些外来移民自称是"客户""客家"或"客家人"。

客家人是汉民族一支重要的民系，是汉民族中一个独特而稳定的群体。客家民系并非自古就有。从客家被称为"客"而又自称为"客"的情况可以看出，客家民系是历史移民的产物。迁徙—侨居—再迁徙—再侨居，客家先民历尽艰辛。所以，客家人的历史就是一部血泪史，客家人也是一个充满颠沛流离、饱经风霜的苦难的代名词。客家人的迁徙过程充满血泪和辛酸，客家人又是一个富有艰苦奋斗、开拓进取的精神的代名词。他们历经磨难，创造了著名的客家精神和文化，其光荣和辉煌值得客家人引以为豪。

其一，饮水思源，敬祖孝先。客家人既是客，就或多或少有流落他乡、异地游子的情节，"乡音无改鬓毛衰"，回故乡就怕"儿童相见不相识"。他们留恋故土，敬重先祖，甚至把先祖之"金骨"背负着，随自己迁徙。所以，一旦卜居下来，客家人的首要任务就是安置先祖神位进行祭拜，祈求先祖的庇佑。可以说"饮水思源，敬祖孝先"是客家人的共同情结，此可谓乌迳古道之客家人及其传承姓氏节之根源。

其二，崇文重教，耕读传家。客家人特别尊重、看重读书人，有"茅寮出状元"之谚。在客家人看来，要想改变境遇，唯一的办法就是晴耕雨读，金榜题名，走仕途之路。只有通过读书实现"朝为田舍郎，暮登天子堂"的梦想，跻身于官宦行列，才能实现其修身、齐家、治国、平天下的理想。所以，家境再困难，即使行乞也要供子弟读书是客家人重文理念的集中表现。因为望子成龙、光耀门楣的观念，客家人往往会集中全家族、全宗族的力量来培养子弟读书（据各姓族谱所载，各姓原先均有家族公产支助读书人，现在改为一定数额的人民币奖励）。

其三，精诚团结，吃苦耐劳。客家人讲究一个"义"字，具有有福同享，有难同当的共患难的精神。他们认为，要想在新的客居地立足，就必须面对重重困难，因而团结互助显得尤为重要。所以，他们提倡"天下客家是一家"，要求客居他乡的同族人或同宗人精诚团结，

方，往往被胜利的一方五花大绑地卖给西方人当苦力。这是不是也可以成为解释梅县客家人中海外侨胞较多的一个原因呢？

于是乎，乌迳古道域内各姓为了团结姓氏成员、凝聚和壮大家族力量、维护家族的利益、预防和抵御其他姓氏宗族的侵犯（或者欺负、吞占别姓之利益），便出现了这样一个宗族成员之间相互团结、相互鼓舞的节日。

无论如何，自秦已降，历代迁雄氏族约有千族。唐宋两朝，因避乱而由中原迁来的仕宦氏族，他们多驻足于珠玑巷及大庾岭南麓。宋末至明代、清初，由闽西、赣南迁来的客家氏族，其迁徙路线，有的由闽西、赣南直接迁来，有的则由闽西、赣南迁始兴而后再迁南雄。他们中有很多人卜居乌迳古道域内，成为一支具有顽强开拓精神的主力军，为创造乌迳古道文化作出了不可磨灭的贡献。

三、姓氏节的区域与时间

姓氏节主要传承于乌迳古道域，涵盖南雄市"上方"（东北部区域）的乌迳、界址、坪田、油山、黄坑、邓坊、南亩、湖口8个乡镇，人口近10万之众。姓氏节是乌迳古道文化的重要内容。现根据调查所得，除文字说明之外，佐于图表以明之。

1. 姓氏节覆盖的乡镇面积、自然村数、户数和人口数

据《南雄市志》（2011年）统计，南雄共有姓氏141个。据不完全统计，在这141姓中，有过姓氏节传统的姓有50多个（也有研究者认为有60余姓，可能存在某些重复计）。而据2013年《南雄年鉴》及2011年《南雄市志》统计，至2012年底，南雄年末户籍人口47.48万，年末总户数13.398万户，而盛行过姓氏节的地域，无论是姓氏、户数还是人口数，均占1/3以上。（见表4）

表4　南雄姓氏节覆盖的乡镇面积、自然村数、户数和人口数一览表

乡镇	辖区面积 （平方千米）	自然村数 （个）	户数 （户）	人口数 （人）
乌迳镇	157.5	207	11 504	55 000
界址镇	62.5	83	3 555	15 036
坪田镇	142.39	190	6 630	24 960

乡镇	辖区面积（平方千米）	自然村数（个）	户数（户）	人口数（口）
黄坑镇	55.8	84	6 178	24 811
油山镇	132.2	194	7 811	34 000
南亩镇	110.3	134	4 583	17 057
邓坊镇	118.94	98	4 627	15 905
湖口镇	73.7	112	8 344	34 071

注：此表据 2013 年《南雄年鉴》及 2011 年《南雄市志》统计资料制作而成。

由表4可知，8个乡镇面积达853.33平方千米，占南雄市总面积2 361.4平方千米的36.1%；自然村1 102个，占南雄市2 302个自然村的47.9%；户数53 232户，占南雄市总户数133 980的39.7%；人口220 840，占南雄总户籍人口474 800的46.5%。如果剔除上面8个乡镇中不过姓氏节的区域、自然村、户数和人口数，8个乡镇中传承过姓氏节的户数近40 000户，人口近200 000。由此可见，姓氏节影响之大。

2004年，曾有研究者认为，姓氏节只在乌迳、黄坑、界址、坪田、南亩，油山这6个镇流行，6个乡镇的总人口为187 000，其中过姓氏节的户数就有39 000多户，人口达170 000。虽然其数据与表4中数据相近，但是没有考虑到姓氏节的范围正在扩大的趋势。

2. 南雄20大姓中的18大姓之姓氏节传统

从2011年《南雄市志》所列的南雄市姓氏表中可见，现今南雄市141姓的前20大姓中，只有曾、朱两姓没有过姓氏节的传统，而有过姓氏节习俗的姓族达18个之多，占90%。（见表5）

表5　2011年南雄市前20大姓情况表

序号	姓	户数（户）	占总户数比（%）	序号	姓	户数（户）	占总户数比（%）
1	刘	6 955	8.36	11	曾	2 108	2.53
2	叶	5 866	7.05	12	赖	2 069	2.48
3	陈	4 954	5.95	13	吴	2 063	2.48

（续上表）

序号	姓	户数（户）	占总户数比（％）	序号	姓	户数（户）	占总户数比（％）
4	李	4 830	5.81	14	郭	1 760	2.11
5	黄	4 820	5.79	15	谢	1 744	2.10
6	张	4 087	4.91	16	董	1 699	2.04
7	邓	3 206	3.85	17	沈	1 645	1.98
8	何	3 021	3.63	18	朱	1 459	1.75
9	钟	2 399	2.88	19	彭	1 395	1.68
10	王	2 337	2.81	20	赵	1 361	1.63

注：此表据 2011 年《南雄市志》统计资料制作而成。

需要说明的是，尽管这 18 大姓有过姓氏节的习俗，但是由于其所居地域的不同，也有同姓而不过姓氏节者，如赖姓，乌迳古道域内以牛子石为中心的赖姓有此习俗，而珠玑小里园的赖姓虽与牛子石赖姓同宗，则因居住地域不同而没有此俗；又如吴姓，乌迳古道域内吴姓过此节，而江头镇吴姓则没有此俗，百顺刘姓与坪田刘姓也如此。

湖口镇以西的南雄市下片区（即"下方"）诸姓，均没有过姓氏节之俗。

3. 乌迳古道域内各姓姓氏节的时间、中心地点

根据调查，现将乌迳古道域内各姓姓氏节的时间、中心地点列表如下：

表6　乌迳古道域内各姓氏姓氏节的时间、中心地点

姓氏	中心地点	时间	姓氏	中心地点	时间
陈	黄坑镇溪塘村	正月十三	董	乌迳水松、界址赵坑、坪田老龙村等	八月十四
王	乌迳镇丰坑子油山镇锦陂村	正月十六	赵	界址镇窑灶口村	八月十四
黄	坪田镇官陂村石构塘	正月十八	肖、钟、董	坪田镇长坑村、小塘村	八月十四
黄、郭、谢、王	油山镇浆田村	六月初六	叶	坪田镇龙口村、乌迳山下、水城、黄塘村	八月十六

姓氏	中心地点	时间	姓氏	中心地点	时间
钟、黄	乌迳镇长龙圩	六月初六	郭	乌迳镇坪塘村	八月十六
雷、黄	乌迳鱼塘、邓坊下惠	六月二十二	林	坪田镇丰乡村	八月十七
李	黄坑镇坪岗村	六月二十三	郑	乌迳镇黄坭洞村	八月十九
沈	黄坑镇枫坑村	六月二十三	丁	乌迳镇大树背村	八月二十
陈	黄坑镇溪塘	六月二十四	邱	坪田、南亩等地	八月二十
赖	乌迳镇孔塘村、庙前村	七月初七	江	界址镇大坑新屋里村	九月初一
杜	乌迳镇杜屋村	七月初七	高	乌迳镇鱼塘	九月初九
王	乌迳镇高陂村	七月初七	李	乌迳镇新田村	九月十三
张	乌迳镇长龙坪湖村、沉湖村	七月初七	温	坪田镇长坑村	九月十八
陈	坪田镇官陂村	七月十三	孔、利、黄、冯	油山镇平林村	九月二十八
赵	界址镇赵屋村	七月十三	严	界址镇崇化村、坪田镇老龙村	十月初九
蔡	南亩镇南亩村	七月十四	彭、黄	油山镇上朔村、乌迳镇官门楼	十月初八
刘	坪田镇老龙村刘屋	七月十八	曾	乌迳镇乌泥坑村、连塘村	十月十二
肖	坪田镇高发村、黄塘村	八月初一	吴	坪田镇尖岭村	十月十三
龚	界址镇大坑村、坪田镇杨梅坑村	八月初四	欧	大塘镇大塘、古城	十月十五
温	油山镇等	八月初五	刘	乌迳镇塔塘村	十月二十八
黄	乌迳镇官门楼村	八月初十	沈	黄坑镇上象村、塘源坑	十一月二十三
何	黄坑镇社前村	八月十一	黄、卢	黄坑镇便坑村	国庆节
邓	乌迳镇腊树园	八月十三			

注：此表是笔者据走访相关人员得出的资料而制作，难免存在错漏。

（1）从这份表中可以得出如下结论：

其一，同村异姓，同一天过姓氏节（油山镇浆田村的黄、郭、谢、王姓过六月初六）。

其二，同村异姓，过节时间不同（坪田镇老龙村严姓过十月初九、董姓过八月十四）。

其三，异村同姓，同一天过姓氏节（乌迳镇丰坑子、油山镇锦陂村王姓过正月十六）。

其四，异村同姓，过节时间不同（坪田官陂石构塘黄姓过正月十八，油山镇浆田村黄姓过六月初六，乌迳镇官门楼村黄姓过八月初十，油山平林村黄姓则过九月二十八）。

其五，异村异姓，同一天过姓氏节（居住在坪田、界址、乌迳的肖、钟、董、赵四姓都过八月十四）。

其六，邓、董、叶3姓姓氏节时间分别在中秋节前后，民间有这样的顺口溜：邓十三、董十四，众家十五叶十六。因为十五日是中秋节，是众家姓氏的节日。坪田镇龙口村叶姓的中秋节放到八月十六过，中秋节、姓氏节合二为一，而且乌迳腊树园邓姓则不过姓氏节。中秋节前后过姓氏节的村庄，基本上不过中秋节，即使是过中秋节，其气氛也远不如姓氏节，因为中秋节是没客人来的。

其七，中秋前后几个月是姓氏节的密集期，其中八月最多人过姓氏节。

（2）调查中发现，部分姓氏节的时间发生了变化。

其一，界址镇赵屋村赵族姓：界址赵氏都是赵匡胤的后裔，他们就以农历三月十五——赵匡胤的生日为姓氏节；后改为农历七月十三，也就是赵武被救之日（原定为报恩日）。

其二，油山镇上朔村原将彭玗牺牲之日（农历三月二十八）定为姓氏节，并一直沿袭到1950年。后因亲戚朋友议论三月二十八才过完年没多久，过年时家中已有很多丰盛的酒菜，没必要再来过节，这样村人就改为农历十月初八，也就是彭玗契母的日子为姓氏节，并一直沿袭至今。

其三，界址镇崇化村严族先祖严子陵，其生辰为农历五月十三，每年的五月十三即为严氏的姓氏节，一直到新中国成立前。由于20世纪60年代生活水平低下，五月正值青黄不接之际，很多家庭连吃饭都

成问题，经严氏老一辈讨论决定，定农历十月初九，即严子陵的祭日为严氏姓氏节，并持续到现在。而以严子陵生日为姓氏节时间，经过几载适用，发现存在两大弊病：一是五月十三，天气炎热，节日有三天两夜，食材难以保存，极易造成损失和浪费；二是季节繁忙，族亲、兄弟、姊妹不易团聚，后来就商定，以严子陵的忌日（十月初九）为姓氏节，正好解决了五月十三过节的两大弊端。十月的天气适宜，又逢一年之闲，大家能够聚在一起，既能达到缅怀祖先的目的，又能彰显严氏宗族团结、和睦、幸福之氛围。

其四，乌迳镇高陂村王姓，姓氏节的日期原为正月十六，后来改为七月初七（与赖、张姓姓氏节同日）。据说500年前高陂村是张姓族人居住的地方，王姓族人是在张姓迁走后居住在此的，然而却诸事不顺，求神问佛后决定过张姓的姓氏节，由此才诸事顺利、人丁兴旺。

四、姓氏节及节庆活动

乌迳古道域内以乌迳为中心的界址、坪田、南亩、油山、黄坑等乡镇各姓族人所传承的姓氏节习俗，一般以该族祖先的生日或对该氏族具有重大意义的日子（按农历）为姓氏节之日期，虽然其日期有别、敬奉对象有异，但形式大体相同。

1. 部分姓氏节简介

（1）李姓姓氏节：乌迳古道域内李姓，以农历九月十三为姓氏节之日期。据《新田村李氏族谱》记载，乌迳镇新田村李族姓氏节距今已有1 200多年的历史，是以李金马的生日为姓氏节之日期。李金马（字庆霄，号南峰），生于唐德宗贞元元年（785年），是李族十一世祖，进士出身，唐元和间户部侍郎、金紫光禄大夫。他醇笃孝友，才识兼精，洁己爱民，政声卓著。李族为了纪念李金马，就以他的生日为姓氏节之日期。

（2）叶姓姓氏节：乌迳古道域内叶姓，以农历八月十六为姓氏节之日期，即先祖叶云兴都统的生日。叶云兴是叶族二世祖，南汉时任千夫长，为保境安民，战死白石岗，敕封都统。叶氏家族为了纪念他，就在龙口叶氏祠堂——金玉堂设神座，置都统塑像，并以其生日为姓氏节。

（3）赵姓姓氏节：据界址镇赵屋村老人赵世兰讲述，界址镇赵氏

的姓氏节距今已有1 000多年的历史。相传初时是为了纪念宋太祖赵匡胤，界址赵氏都是赵匡胤的后裔，他们就以农历三月十五——赵匡胤的生日为姓氏节之日期，后改农历七月十三。改农历七月十三的原因是，据说有一次赵氏家族被一奸官迫害，杀尽赵氏300多人，只有赵武（赵氏孤儿）被甘肃天水繁衍得堂的程樱救下并抚养成年，从此以后赵氏一族在甘肃天水十分兴旺，前后出了多个皇帝。赵氏的后人为了报恩，就把赵武被救的这一天（七月十三）定为报恩日，也是赵氏的姓氏节之日期。此说可能根据元代纪君祥创作的《赵氏孤儿》杂剧而来。

（4）龚姓姓氏节：据坪田镇杨梅坑村老人龚书豪讲述，坪田镇杨梅坑村龚氏姓氏节距今已有400多年的历史，姓氏节日期定于每年的农历八月初四，即渤海太守龚遂的生日。龚遂是山阳南阳平人，初任昌邑王刘贺的郎中令，汉宣帝时任渤海太守。龚遂天生纯洁善良，对人对己恭敬谨慎，他到渤海郡当太守时，正逢饥荒，龚遂开仓济贫，劝民务农，很快就教化了当地的民众，百姓很信服他，纷纷卖剑买牛，放弃武斗，从事耕种，郡内治安大为好转。他以道德教化民众，成绩卓著，汉宣帝封他为水衡都尉。龚氏为纪念他，就在杨梅坑村龚氏祠堂——武陵堂设神座，置龚遂塑像，并以其生日为姓氏节。

（5）彭姓姓氏节：据油山镇上朔村老人彭成宪讲述，上朔村的姓氏节距今已有1 000多年的历史。相传在五代后梁（907年）以前，上朔村有"千家村"之称，那时是个多姓居住的大村庄，村里的各姓都是定农历三月二十八为姓氏节，以纪念彭玕。彭玕，字兴，生于后晋天福元年丙申（936年）正月初六。后周时，白族、瑶族在南海作乱，彭玕奉命率军征南海贼，英勇善战，遇伏阵亡，宋熙和间敕封将军，上朔村村民便立祠祭祀，并以彭玕牺牲之日（农历三月二十八）为姓氏节之日期并一直沿袭到1950年。后因亲戚朋友议论三月二十八才过完年没多久，过年时家中已有很多丰盛的酒菜，没必要再过节，这样村人就改农历十月初八，也就是彭玕契母的日子为姓氏节之日期并一直沿袭至今。

（6）严姓姓氏节：隍溪村的姓氏节即是严氏的姓氏节，为农历十月初九，其祭祀的祖宗是严子陵。严子陵少年时就很有才气，与刘秀（后来的汉光武帝）是同学好友。刘秀称帝后，回忆起少年时期的往

事，想起严子陵，便多次征召其为谏议大臣，严子陵婉拒并隐居富春江一带，其因此被时人及后世传颂为不慕权贵、追求自适的榜样。建武十七年（41年），光武帝刘秀曾再一次征召严子陵，严子陵也再一次拒绝了，后索性回到故里陈山隐居起来，直至老死，留下清节与清名，为后代敬仰。据说，严子陵原名庄光，号子陵，汉光武帝驾崩后，汉明帝刘庄继位，为避讳皇帝名讳，天下姓"庄"的都要改为"严"，庄子陵便改成严子陵。到后世，一些严姓恢复为庄姓，一些仍为严姓，但都把严子陵当成共同的祖宗而敬之。《百家姓》里，庄与严其实同宗。严子陵的人品确是难能可贵的，然而当时知道的人并不多。据《福修（七修）严氏族谱》（1998年）记，直到北宋名臣范仲淹任睦州知州时，在严陵濑旁建了钓台和子陵祠，并写了一篇《严先生祠堂记》，赞扬他"云山苍苍，江水泱泱，先生之风，山高水长"，严子陵才以高风亮节闻于天下。

（7）董姓姓氏节：姓氏节为农历八月十四，敬奉的是南雄董氏始迁祖董玮及其曾孙董双保、董双生兄弟，两人因讨寇有功，敕封将军。董氏是一个古老的姓氏。自帝舜赐姓，迄今已有4 000多年的历史，世代相传，世系繁衍，支派繁多，源远流长。而今已有800万后裔子孙，遍布九州大地，已成为华夏一大姓氏。南雄董氏开基祖是董仲舒裔孙——董玮（今江西乐安县牛田镇千年古村流坑人）。据清道光四年（1824年）《直隶南雄州志》卷三十二记载，"宋，董玮，耒阳县知县，傅第六子，元符三年（1110年），由荐举任南雄州刑曹参军，遂居城东门，迁徙松溪。曾孙政聪都司千兵，一乳生二子双保、双生，勇略过人，南海寇乱，二子随父征讨有功。政和三年（1113年）敕封宣政武略将军"[①]。政聪父子三人，均葬于今坪田镇中坪村蒙子坳，"将军公""将军山"故此得美名而传颂千古。董氏家族每年过八月十四之节日，是纪念"将军公"（也叫"儿子节"），九月二十一则是纪念其父（也叫"父亲节"）。

2. 节庆活动概要

姓氏节都是以该族祖先的生日或对该氏族具有重大意义的日子为

---

① 广东省地方志办公室辑：《广东历代方志集成·南雄府志（二）·（道光）直隶南雄州志》，广州：岭南美术出版社2007年版，第550页。

姓氏节之日期。届时，由轮值首事（头人）牵头筹办，公尝出资，设坛祭祀，抬菩萨（先祖像）出行游村，请戏班日夜演戏。各户则广邀亲戚朋友前来做客，为时三五七天，合家团圆，全族聚会，各姓亲朋相庆，祥和友爱，热闹非凡，比春节、元宵有过之无不及，尽显"一姓过节，百家联欢"的热闹场景。自古以来姓氏节把敬祖崇先、文化娱乐、情谊交流融于一体，群众乐于参与，盛行不衰。

姓氏节节庆期间的具体情形，也以上述 7 个姓氏为例：

（1）乌迳镇新田村李姓以每年的农历九月十三为"李姓姓氏节"，李姓姓氏节敬奉的是金马菩萨。

放神炮是迎十三良辰的第一道程序。主持"姓氏节"的头人（值年首事，又称首事），从农历九月初一开始到十五日，每隔三天放一次神炮，以示迎来十三良辰。

十一日，值年首事张贴红标以予告示。

十二日，主持姓氏节的头人要张贴好祭祖的红标及祖祠等地的贺联。如："岭南国土无双品，唐代司徒第一家""户部衣冠今亦古，司徒礼乐旧龙新""当雄州尚未雾列，钦骏采早已星驰""时维九月，庆九功，歌九德，岁岁共祝重九后；序属三秋，祝三多，行三礼，年年同庆十三辰""当年讲学宫墙及门第了成孝友，昔日为官户部举国君臣尽明良"，并请好湖南班（祁剧），以表对祖先功业的庆颂。是日起，各户姑娘、外嫁妇女都要返乡探亲。村前、后两祠的值年首事（爱敬堂的主祭孙）要按列派人到金龙山等请回金马菩萨过节。村民从早到晚忙前忙后：打扫卫生、蒸酒、做豆腐、杀猪杀鸡、购置祭品等；当晚开始唱戏，演戏分前、后两房，先是前房三天，再是后房三天，唱够六天；看戏时，属新田村的姑姐及外来的民众分为男女场地，男人坐玉珊祠堂的前栋，女人坐玉珊祠堂的后栋，并用绳索系在石柱上作为屏障隔开。

十三日早晨，李族后裔在值年首事的带领下，敲锣打鼓，恭请李金马的塑像先行游村，完成后抬至玉珊祖祠安座，中午 10—12 时开始祝寿。首事将祭品摆设于先祖像前神台，祝寿庆贺时，先由首事聘请好知名人士（先生）跪念致祝告文，然后是李族子孙前来敬奉，一群接一群，络绎不绝。但见玉珊祠人头攒动，香烟缭绕，纸钱飞扬，鞭炮阵阵。晚为正餐，当晚家家都有不少亲朋好友前来宴餐助兴和看戏，

是夜鼓乐喧天，灯火通明，处处是爆竹声、欢笑声、喝彩声，通宵达旦，响彻云霄，全村十分热闹，一片鼓乐升平。有人赋诗赞誉这一盛况："新田节日气氛浓，近邻村落与亲朋。扶老携幼昼夜是，前来观赏如去涌。"

十四日，各家自摆筵席宴请亲戚朋友，丰俭由便，重在聚会，主客欢聚一堂，看戏喝酒，叙谈问候，在欢声笑语中增进情谊。

十五日，金马菩萨归座。在祠堂依列行礼，把金马菩萨送回李佛庵。姓氏节到此结束，宾客陆续散去。戏班继续唱戏，唱够六天，到十七日收场，[20世纪八九十年代，人们对湖南班（祁剧）不感兴趣，当地的祁剧班子早就消失，只请电影队放五六天电影，现在随着电视及网络的普及，连电影也不请了]。

新田村开基于晋太常李耿，建村历史久远。源于唐代、盛于明代的"舞板凳龙"为该村传承的一个绝活。动作有：二龙抢珠、黄龙穿花、二龙戏水、金蝉脱壳、黄龙盘身等；摆姿有：双龙出洞、宝戏珠、龙戏宝、龙拱翻、古树盘根、河膺闪翅、雪花盖顶、黄龙缠腰、猛虎下山、双龙抱柱、双龙抢宝、懒龙翻身、神龙摆尾等。凡是该村的盛大节日，均舞之助兴。

（2）坪田镇龙口村叶姓每年的农历八月十六为"叶姓姓氏节"，叶姓姓氏节敬奉的是都统菩萨。

八月初十起，主持姓氏节的当值首事（头人）组织人员进祠堂打扫卫生、搭戏台、蒸酒杀猪、购置祭品等。

八月十四，都统菩萨下座开光。把都统木雕像从神座上抬下来，抹去尘灰，换上新袍，张贴新联。其联定式为："都从武艺树洪勋，想当年尽忠尽孝尽名节；统率英雄建伟绩，看今朝佑国佑民佑子孙。"下座时还要依仪行礼祭拜，是谓开光。当日开始唱戏，分日、夜场，全村顿时热闹起来，一片鼓乐升平。

八月十六，这是姓氏节进入高潮的日子。都统菩萨出行，各家亲戚朋友亦于是日前来做客。菩萨出行既隆重又热烈，以礼炮、花灯、华盖、彩帜为前导；接着是六堂故事（一房装扮一堂，一堂为一位故事人物）；然后是菩萨神轿；随之乐生吹打跟进；最后是几十位"先生"身穿白长衫，头戴白礼帽，一手持白纸扇，一手托香盘，盘中香烟袅袅，手中白扇轻摇，潇洒而又庄重。游行队伍从龙口村金玉堂出

发，浩浩荡荡直到老龙圩停轿，菩萨坐坛，各方子孙备带香烛供品前来敬奉，一群又一群，络绎不绝。但见老龙圩人头攒动，香烟缭绕，纸钱飞扬，鞭炮阵阵。午后，又依原路浩浩荡荡地抬着菩萨回祠堂。在菩萨出行的队伍中，最引人注目的是那几十位如翩翩白鹤的"先生"。他们都是名登祠堂黄榜的读书人。旧例，凡是庠生（秀才）都在祠堂张贴黄榜。清末废科举兴学堂以后，凡高等小学毕业生也上黄榜。后来，因高等小学毕业生太多了，规定中学毕业生才能上黄榜。名登黄榜者均称为"先生"，在宗族中以优礼相待。有资格参与行礼、迎送菩萨者，依例每人可得胙肉750克。

八月十七，各家自摆筵席宴请亲戚朋友，丰俭由便，重在聚会，主客欢聚一堂，看戏喝酒，叙谈问候，在欢声笑语中增进情谊。

八月十八，都统菩萨归座。在祠堂依例行礼，把菩萨抬回神座。姓氏节到此结束，宾客陆续散去。戏班继续唱戏，唱够六天，到八月十九收场。

（3）界址镇赵姓每年的农历七月十三为"赵姓姓氏节"，赵姓姓氏节敬奉的是宋太祖赵匡胤公菩萨。

七月十二，赵匡胤公菩萨下座开光。把赵匡胤公菩萨雕像从神座上抬下来，抹去尘灰，换上新袍，擦上光油，张贴新联，依例行礼祭拜。晚上请湖南班开始唱戏，一连唱五天，有时会唱一个月。

七月十三，赵匡胤公菩萨出行。村里人抬着赵匡胤公菩萨开始游行，经过界址圩、百罗村、乌树下、庙前村。每到一个赵氏聚居的村庄，村民和各家前来做客的亲戚朋友都会带着香烛供品前来敬奉，一群又一群，络绎不绝。只见香烟缭绕，纸钱飞扬，鞭炮阵阵，整个村庄都沸腾起来了。

七月十四，赵匡胤公菩萨归座。在祠堂依例行礼，把菩萨抬回神座。姓氏节到此结束，宾客陆续散去，戏班继续唱戏。

（4）坪田杨梅坑村龚姓的每年农历八月初四为"龚姓姓氏节"，龚姓姓氏节敬奉的是龚遂公菩萨。

八月初三，姓氏节的当值首事（头人）组织人员进祠堂打扫卫生，搭戏台，蒸酒杀猪，购置祭品，出告文，发帖邀请亲朋好友。然后是请龚遂公菩萨下神台，袍会（装饰菩萨的技工）给龚遂公菩萨上油、装饰。

八月初四，龚遂公菩萨出行到龚氏聚居的部分村庄接受敬奉，每到一个村，村民们就带着香烛供品前来敬拜，每户的供品不能少于六大碗。各家自摆筵席宴请亲戚朋友，主客欢聚一堂，看戏喝酒，叙谈问候，热热闹闹，一连七天七夜。

八月初五，龚遂公菩萨归座。把菩萨抬回祠堂神座，姓氏节结束，各家各户送来参加姓氏节的亲戚朋友离去。

（5）油山镇上朔村彭姓每年的农历十月初八为"彭姓姓氏节"，彭姓敬奉的是福祖菩萨。

姓氏节的前七天，彭氏的主事人组织人员在用轩祠堂搭好戏台，请好祁剧班子，连续七天七夜，村民的亲戚朋友都来看戏做客。戏班演一天，村人付给稻谷七担，这些都由每家每户共同承担。

到了姓氏节的正日，也就是十月初八，是姓氏节最热闹的一天。管神会抬着用樟树做好的福祖菩萨像出神，出神以礼炮前导，后面跟着一些诸如"八仙过海"之类的木雕或泥雕像（这些活动在"破四旧"时停止）。接着是装故事（都是古装戏里的人物），然后是菩萨，随之乐生吹打跟进，最后是全村年轻的读书人和老者跟着行香到护龙寺行礼敬拜，行礼完再按原路把菩萨抬回用轩祠堂神座放好。

姓氏节的七天都十分热闹，主人家的姐妹、出嫁的女儿、女主人的娘家、朋友等都会到家里来吃饭，全村的家家户户都在以丰盛的酒菜款待亲戚朋友，谁家来的客人最多，谁家就最有面子。客人多的家庭甚至采取流水席的形式吃饭。

以前日子过得没那么好的时候，过节当天的菜式是有讲究的，通常是"九大碗四大碟"：第一碗叫乌漆漆（海参），第二碗叫叽叽叽（鸡肉），第三碗叫吃不得（猪杂），第四碗叫好东西（炆大块猪肉），第五碗是鱼，前四碗各上两份，加上第五碗就是九大碗；四大碟分别是炸玉、炸猪碎骨、炸小河鱼、炸猫仔蛋之类的。现在生活好了，过节时家家户户都有不同的菜，有的甚至有十六碗之多，包括狗肉、扣肉、牛头肉、黄焖鸭等，但仍有一个没有改变的传统就是，除非客人特别要求，否则青菜是不上桌的。

随着社会的发展，交通越来越便捷，亲戚朋友到家里来过姓氏节需要住几天的现象越来越少，许多人是当天来回。因此，来到村子里的亲戚朋友多是中午到这几家吃，晚上到那几家吃，一天要吃好几顿，

总是吃得肚子撑撑的再回家。

（6）界址镇湟溪村严姓每年的农历十月初九为"严姓姓氏节"，严姓姓氏节敬奉的是严子陵菩萨。

农历十月初八那天，也就是过节的前一天，村里人就分别通知同族亲戚和与他们通婚的邻近村落村民，邀请他们一起来过节。而村中家家户户忙着杀鸡宰鸭、蒸酒做菜、准备祭品，其热闹程度不亚于中秋、春节。

初九上午，吃完早饭，村里的男丁便带着三牲、水果和米饭等祭品到祠堂里祭祖。祠堂正位放着严子陵菩萨的红木塑像。村里专门有个理事会负责每年的祭祖活动，理事由辈分较高的长者和社会上有点名望、地位的人组成，他们是按照祖辈留下的制度选定的，并推出其中一人充当司仪。祭祖时，司仪着长袍、戴礼帽，在香烟袅袅中有板有眼地高声唱念，村民们虔诚地向祖宗表达自己的美好祝愿，把一年的农耕家事一一汇报，并祈求祖宗的在天之灵保佑来年五谷丰登、全村人幸福吉祥。祭完祖后，姓氏节的重头戏"抬菩萨"开始。六个小伙子把轿子稳当地抬起，仪仗队敲锣打鼓吹喇叭，其他严氏男丁举着彩旗到游行队伍中助阵。游行队伍先是沿着祠堂前的青石板大道浩浩荡荡地绕村一周，继之，队伍向离村 3 000 米外的乡政府所在地中心行去。中午时分，理事会照例在村外的一个地方专门设宴款待，游行的人们得以饱餐一顿。吃过午饭，继续游行，到附近几个严姓小村走一遍。

而在村里的祠堂中，从外面请来的戏班子开场，供来做客的亲朋观看。剧目主要是《苏三起解》《三岔口》等传统京剧剧目。当晚，住得远的亲戚在村里过夜。

初十下午，游完了严氏各村的菩萨又被抬回了祠堂，照例是三声震天的铁炮，菩萨又回到了神坛上，姓氏节结束。

（7）乌迳镇水松村董姓每年的农历八月十四为董姓姓氏节，董姓姓氏节敬奉的是董姓始迁祖董玮及其曾孙董双保、董双生兄弟。

十三日，请菩萨下座。

十四日，菩萨出行。

十六日，散客。

过节期间请戏班唱戏三至五天。

过去姓氏节为期有长有短：小姓穷人家一般一两天；大姓富人家往往一个星期，甚至十多天。在节日里所有的亲朋好友都要到齐，各户姑娘、外嫁女都要扶老携幼前来做客庆贺，客人来得越多，主人越高兴。这时有钱人家都要请戏班子唱大戏，看戏时观众还要分男女两场观看，男人坐在台下至祠堂前栋，女人则坐于祠堂后栋，并用绳索系在石柱上作为屏障隔开，也有建好栏杆隔开的。接着，大姓旺族还要装故事，扛菩萨绕村子一周，以求菩萨来年保佑全姓人幸福安康。

乌迳古道域内各姓之姓氏节流行至今，日期依旧，内容简化，迷信色彩大减，敬祖睦族之风犹存。各族都保留亲戚朋友聚会的活动，起到了缅怀祖先、增进情谊的作用。

五、姓氏节的流变

"民俗文化具有相对稳定的恒态结构，能历经社会风云的冲击而持久地绵延相传。但是，民俗作为一种大众文化现象，又随着社会经济生活的变革而发生相应的变迁。"① 姓氏节是一种民俗文化，其发展之命运也是如此的。新中国成立 60 多年来，南雄的姓氏节曾先后遭遇两次挫折。

一是 20 世纪 50 年代末，狂热的"共产风"刮到南雄农村的各个角落，农村实行了"一大二公"，先后办起了公共食堂，社员自己不能烧火做饭，农民家里缺粮少柴，生活穷苦，日子过得很困难，再加上全民大炼钢铁，没时间种地，食品严重匮乏。姓氏节因此而衰弱。公共食堂解散后，一家一户虽然能够烧火做饭，但也提不起过节的劲儿了。

二是"文化大革命"期间，由于极"左"思潮的影响，姓氏节被视为"封建糟粕""宗派主义""宗法残余""孔孟之道""罪恶之源"等而被批判、排斥与否定，最终被强行禁止。

改革开放后，随着社会经济的发展，姓氏节逐步活跃起来。每逢姓氏节，村道上车来人往，打酒买菜、请客访友，络绎不绝，各家门前鞭炮声声，迎接客朋亲友，前庭后院，欢声笑语，浓厚的节日气氛溢满了整个村庄。因而，盛行于乌迳古道域内的姓氏节也发生了很多的变化。

---

① 李权时、李明华、韩强主编：《岭南文化》（修订版），广州：广东人民出版社 2010 年版，第 545 页。

1. 节期缩短，范围扩大

姓氏节由古到今，最明显的变化就是时间的缩短，由原来持续几天发展到现在的一天。早年由于交通与通信不便，亲朋好友往来一趟也不容易，所以每逢过姓氏节普遍都是要吃上三天三夜。平日里辛辛苦苦攒下的积蓄，（在以前）几乎有一半花在姓氏节的开销上。甚至有的家庭，为了应付节日，借钱过节。一些虚荣心强的人，还与别人攀比。因为他们认为，谁家客人多，就说明他的家族人脉盛旺，社会交往面广。

姓氏节原来只局限于本村同姓或本宗族之间，后来某些地方把姓氏节的习俗延伸到本姓迁移所到之地。"同姓一家亲"曾在客家民间广泛流传。在过去，要是哪一个村庄遇到灾难，只要是同姓，整个村庄的人都会帮忙，都当作是自己的分内事，出钱出物，极力相帮。如李姓之新田村，其附近曾经有从外地来的李姓人，他们如果受到别人欺负，只要一说自己是新田人，对方就会收敛，起到了保护自己的作用。姓氏节成了本姓人团结友爱的滋生源，在客家人心目中是一条和睦、友爱的纽带。

2. 程序简化，迷信色彩减弱

原来过节之仪式正式、庄重。每年举办姓氏节时，要头人（轮值首事）牵头筹办，公堂出资，设坛祭祀，抬菩萨（先祖像）出行游村，请戏班日夜演戏，为时三五七天，虽然传承着祭祀的文化因子，但迷信色彩浓厚，而现在祭祀过程中的迷信色彩则大为减弱。

过姓氏节大多是为了光宗耀祖，所有的排场无非就是想让大家知道，本家姓氏是多么强大！而且，过姓氏节还主张来的人越多越好，他们认为，来人越多，这家就越兴旺，生活就越红火，将来定会越来越壮大；相反，如果来人少的话，那就代表着家里的香火不旺，或是做了什么坏事和犯下弥天大错。故此，人人都希望自己家里兴旺，那么也就希望排场越大越好。然而，随着时间的流逝，这个流传千年的古老习俗、仪式已经越来越简化，演出及其他仪式也少了。有些村落除村中一些老人还熟知仪式外，许多年轻人已经渐渐淡忘。随着社会需要的发展，越来越多的人离开家乡来到城市，这些传统的节日便逐渐被遗忘，导致这种富有浓郁的古代中原文化特色的习俗已面临断层的危险。

3. 从消费型转向节约型

传统节日以美酒佳肴待客是常情，姓氏节则有过之。节日的那几天，家家餐桌上的菜式几乎都是肉菜，有鸡肉、鸭肉、猪肉、狗肉、鱼肉等。此外，还有极具南雄特色的菜肴酿豆腐。整个宴席间是没有青菜的，因为热情好客的乡亲们认为，青菜天天都吃，不是招待客人的佳肴，所以过姓氏节的时候一般都不做青菜。如果有客人或朋友提出青菜的要求，也会考虑。而酒则是大碗地喝，有自酿的黄酒、烧酒，还有啤酒、白酒。因此，每当过姓氏节的时候，总会有些好酒者喝得酩酊大醉，过节主要停留在吃、喝的层面上，在一定程度上造成浪费。而今过节，虽然热情不减，但饮食较为节制，而节期的缩短则是为了减少开支，回归客家人节约的理念。

4. 从求生存的"族群械斗"转向谋求发展的"和谐共处"

历史上，乌迳古道域内各姓族人之间为了争夺生存空间，经常发生族群械斗。其起因可归结如下：

其一，本族山林、竹林被外姓人偷伐。外姓人偷伐山林，所偷之树主要是用作烧火燃料的小松树和用于建筑的杉树、大松树，尤其是杉树。历史上，当地人有储树之习惯，储树分两种：一是村庄后龙山储树，后龙山之树是禁止砍伐的，否则会破坏风水。二是指家、族中人对自留山上的杉树，每年加以施肥、护理，待其成材后用于建房之主梁或用于做棺木。如果砍伐一村后龙山、自留山之树木，或村前屋后之竹林，必将受到严惩。若是外姓人偷伐则被视为受到外姓人欺负，如果处理不好，必将引发族群之间的械斗。

其二，水源遭破坏、田土被侵占。俗话说，一方水土养一方人。如果某姓聚居地之水源（主要是山塘、陂头）遭到破坏、被强占（尤其是在旱灾之年），以及田土被侵占，械斗是难以避免的。

其三，本族人被外姓人欺负。由于生产劳动及社会交往的需要，人与人之间总是要发生某种联系的，因交往、商贸而引发纠纷也是难免的。如果某姓之人在圩市、在路上被外姓人欺负，也会引发械斗。

其四，逞强争霸。对于南雄地域的民风，清乾隆《南雄府志》

记，南雄"人性轻悍，质直任信"①。乌迳古道域内民风亦然，它既有淳朴的一面，也有彪悍的一面。乌迳因古道而成为南北交流的重要市镇由来已久，竞技争名、逞强争霸之事不断，由此造成有些姓族之间关系紧张，甚至发展到禁止通婚、老死不相往来的程度。乌迳古道域内各姓之间的族群械斗，历代皆有。而信息的沟通、械斗的谋划，姓氏节是最好的渠道，此时，祖宗崇拜信念坚定、认祖归宗之激情高涨，是动员全族上下维护家族利益的最佳时机。在一定程度上可以说，族群械斗是处理族群关系的一种方式。

虽然，姓氏节曾经出现了较多的族群械斗现象，但是，现今的社会，文明程度的提高，械斗几乎没有了，而姓氏节则成为本姓族人谋求自身发展、谋求与外姓人之间和谐共处的重要方式。

5. 姓氏节成为政府联系群众、化解矛盾的有效环节

如今，南雄市充分利用农户过姓氏节的时机，组织广大党员干部走村入户，到农户家过姓氏节，与农户拉家常、谈生产、聊生活，分享丰收的喜悦。同时，大力宣传党和国家的各项支农惠农政策，耐心解答新农保参保、耕地占用税征收、计划生育等涉及群众切身利益的咨询与疑问，尽心尽力地解决群众关心的热点、难点问题。此外，广大党员干部通过与贫困户结成帮扶对子，主动调解邻里纠纷，引导群众以合理方式表达利益诉求，化解社会矛盾，进一步密切了党群、干群关系，有效地推动各项工作的开展。

近年来，南雄市各部门通过姓氏节，与困难群众结成帮扶对子2 460余对，化解矛盾纠纷86起，解决群众生产生活问题1 800余件，并使之成为推动旅游业发展的有效形式。

六、对姓氏节的新认识

之前，有些人认为，姓氏节是南雄"上方"乌迳一带独有的习俗，但是，经过查阅大量资料及调查采访发现，在南雄西部的百顺镇东坑村也有悠久的姓氏节的历史。在广西的三江、龙胜，贵州的从江、黎平，湖南的通道一带的侗族，也盛行这种姓氏节日。各姓氏过节的

---

① 广东省地方史志办公室：《广东历代方志集成·南雄府部（一）·（乾隆）南雄府志》，广州：岭南美术出版社2007年版，第355页。

时间各不相同，但都以祭祖为主。饭前饭后均以腌鱼和糯米饭团祭祀祖宗。过姓氏节时，嫁出去的姑娘都要回娘家同过此节。亲戚朋友可以前往祝贺，主人设佳宴款待客人。东北的满族还专门召开过姓氏节研讨会。

姓氏节一般都与本姓有关，而南雄百顺镇东坑村四大姓氏过的姓氏节却都与本姓无关，他们敬奉的是李公，这是唐朝的一位大官，曾经被皇帝派到东坑做事。乌迳镇高陂村，姓氏节的日期原为正月十六，后来改为七月初七（与张姓姓氏节同日）。据说500年前高陂村是张姓族人居住的地方，王姓族人是在张姓迁走后才居住在此的，然而诸事不顺，求神问佛后决定过张姓的姓氏节，由此才诸事顺利、人丁兴旺。

并非所有的姓氏节都源远流长，有的是新增加的姓氏节。黄坑社前、春坑村何姓原无姓氏节，族人觉得不好意思，也没乐趣，就由族中长老商定八月十一这一天为何姓姓氏节，第一年由各家各户告知亲戚朋友，并请来电影队放电影宣传。这类后来出现的姓氏节可以用"随波逐流"来形容。

随着时间的推移，姓氏节的范围在南雄市逐渐扩大。黄坑人有过姓氏节的习俗，沈姓是黄坑镇的一个大姓，可是沈氏却没有自己的姓氏节。1999年，南雄沈氏联合江西、湖南等省及广东省内的沈氏重修族谱，板桥村人也借这个机会，集全体村民之力，于2001年底捐资重新修缮破旧的开宗祖厅。当年的农历十月二十二是沈氏领谱日，也是板桥村宗祠建成竣工之日，村里举行了盛大的庆祝晚宴，在这个宴会上，村里的长辈提议把每年的这一天当作板桥沈氏的纪念日（其实就是姓氏节）。后来，在所有外出人员的提议下，觉得要有所创新，于是经全村族人商议，将每年农历十月二十二暨祖厅重光纪念日定为"板桥村文化节"。从2002年至今，文化节已举办了十几届。

还有一些没有冠名的姓氏节。百顺镇黄屋城黄姓古有每年农历三月初九至初十为祭祖日，在外地和乡里的后裔及随异姓的姑娘、客姐也前来祠堂参拜先祖习俗。这种姓氏节虽然其没冠以"姓氏节"的名称，但性质其实也是一样的。

姓氏节虽然在南雄"上方"一带盛行，但在南雄市范围内，知道该节的人并不多。笔者曾经问过不少南雄人，他们的眼神一片茫然。就整个南雄市而言，对姓氏节一无所知的人超过半数。

第六章　乌迳古道姓氏节的文化意蕴

乌迳古道域内所传承的姓氏节，是在特定的历史条件、地域范围里形成并发展和延续下来的年节民俗。这种民俗不仅在生产劳动、社会生活、信仰禁忌和娱乐活动方面，体现了岭南移民与中原地区千丝万缕的关系，而且又具有非常明显的地域性特质，从而使姓氏节具有了特定的地方历史文化的意蕴。

一、姓氏文化的承继

姓氏文化是中华民族的传统文化，历史悠久，内容丰富。《资治通鉴外纪》记："姓者，统其祖考之所自出；氏者，别其子孙之所自分。"姓氏在中国可谓源远流长，据说伏羲氏时就已经开始了"正姓氏，别婚姻"。由是可知，姓氏发展至今，已有 5 000 多年的历史了。姓与氏，在先秦时期是两个不同的概念，战国之后出现了姓与氏合一的现象，秦汉时期姓氏合一开始稳定并发展起来，并逐渐蕴含了丰富的文化内涵。

1. 姓：表氏族、别婚姻

最初，姓起源于母系社会，表示母系的血统，它"是一个母系氏族或部落的标志。所以，'姓'字从女加'生'，'生'表示从生，生而只知其母不知其父，故从'女'"[1]。中国上古有九大姓：圣、姬、姚、妫、姒、姜、嬴、姞、妘，除没有历史依据、来历无从查起的"圣"姓之外，其余八大姓均从"女"。

郑樵《通志·氏族略第一·氏族序》曰："三代以前，姓氏分而

---

[1]　谭家健：《中国文化史概要》，北京：高等教育出版社 1997 年版，第 15 页。

为二，男子称氏，妇人称姓。氏所以别贵贱，贵者有氏，贱者有名无氏。今南方诸蛮，此道犹存。"① 从而说明了姓之大概发展过程，并明确指出此分法在"南方诸蛮"犹存，此乃实指岭南诸地罢了。郑氏又言："姓所以别婚姻，故有同姓、异姓、庶姓之别。氏同姓不同者，婚姻可通；姓同氏不同者，婚姻不可通。三代之后，姓氏合而为一，皆所以别婚姻，而以地望明贵贱。"由于古代同姓不婚，所以娶妻买妾必先知姓，如果买妾不知姓则要问卜。

可见，姓不仅代表了氏族的血统关系，而且区别了婚姻。

2. 氏：表家族、明贵贱

氏是母系社会按血缘关系分化的产物。随着母系社会发展为父系社会，氏便具有了由以女性为中心发展为以男性为中心的符号特质。

氏的出现主要有以下两个原因：

其一，随着人口的增多，某个大姓便会分化出若干个家庭，这些封国小家会被赐以支姓，此支姓就是所谓的氏。自周至春秋时期，尤其是春秋时期，按周制，王公贵族之子孙有大、小宗之分。嫡长子为大宗，继承父亲的职位；其他的儿子为小宗，成为大宗的臣属。天子的小宗称王子，王子的儿子称王孙，统称王族；诸侯的小宗称公子，公子的儿子称公孙，统称公族。王族、公族以国家为姓，但公孙的子孙则不属于公族，而属于其他支族，需要另外命氏。由此，出现了诸多的氏。据郑樵《通志·氏族略第一·氏族序》所记，氏有"以国为氏""以邑为氏""以乡为氏""以亭（侯）为氏""以地为氏""以姓为氏""以字为氏""以名为氏""以次为氏""以族为氏""以官为氏""以爵为氏""以凶德为氏""以吉德为氏""以技为氏""以事为氏""以谥为氏"。可见，氏的类别很多，氏的发展也很复杂。

其二，随着阶级与国家的产生和封建制度的发展，出现了不同的官职，这些官职后来也不断地演变为氏，从此，氏代表了一个人的身份与社会地位。而且，在封国与官职可以世袭的前提下，氏也是可以世袭的。后来，失去封国与官职的后代仍保持"氏"的称号，此时，氏又演化成为家族的标志。

一般而言，天子有姓而无氏；诸侯、卿大夫有姓有氏；平民、奴

---

① （宋）郑樵著，王树民点校：《通志二十略》（上），北京：中华书局1995年版，第1页。

隶无姓无氏，只有名。而且，随着人的地位、职业的变动，氏也是变动的，经常会出现同姓不同氏、父子不同氏、一个人有几个氏的情况。

3. 姓氏合一的流变

先秦时期，姓与氏往往分开使用。战国以后，由于人们称氏而不称姓的情况居多，姓在一定程度上使用的机会减少，从而出现了姓氏合一之现象。此时的姓氏兼表血统关系。所以，郑樵《通志·总序》指出："生民之本，在于姓氏。帝王之制，各有区分。男子称氏，所以别贵贱；女子称姓，所以别婚姻，不相紊滥。秦并六国，姓氏混而为一。"① 这也说明，秦并六国，至汉后，姓氏合一开始走向稳定，统称为姓或姓氏，而且平民也开始有姓，这是历史的一大进步。

姓之名称的出现与变动，情况是复杂的，大致可从以下两方面考其原因：

（1）姓之名称的来源。

第一，以动物为姓，如姓马、牛、熊等，这似乎源自氏族图腾。

第二，以封国、封地为姓，如夏、宋、赵、魏、陈、赖、鲁等。

第三，以官职为姓，如司马、司徒、上官、侯、尉等。

第四，以职业为姓，如贾、陶、巫、史、祝、车等。

第五，以祖先爵位或谥号为姓，如公孙、文、武、庄等。

第六，以居住地方特征为姓，如东郭、西门、江、杨等。

第七，少数民族之姓多来自于译音，如呼延、慕容、尉迟、公孙等。

除此之外，还有一些复姓，如诸葛、皇甫、欧阳等。

（2）姓的变动。

姓的变动是政治、文化发展之使然，是姓氏发展过程中的特殊情况。归结起来，可有以下几种情况：

第一，避祸改姓。

第二，避讳改姓。

第三，因皇帝赐姓而改姓。

第四，未成年子女随母改嫁而改姓。

第五，同一姓因异体字写法不同而分化成不同的姓。

---

① （宋）郑樵著，王树民点校：《通志二十略》（上），北京：中华书局1995年版，第5页。

第六，少数民族汉化后，将原部落名改为汉姓。

在人类社会早期，氏族是人类生存和生产的基本单位，也是主要的社会组织形式。姓作为氏族名称，为氏族全体成员共同拥有。这时的姓，仅成为人们对自己祖先所出自氏族的一种追认，即所谓"姓者，生也，以此为祖，令之相生，虽不及百世，而此姓不改"①。可以说，姓氏一直是代表中国传统的宗族观念的主要的外在表现形式，它以一种血缘文化的特殊形式，记录了中华民族的形成，曾在中华民族文化的融合和国家统一上起过独特的民族凝聚力的作用。

4. 姓氏与宗法等级制

关于姓氏与宗法等级制的关系，王国维在《殷周制度论》中指出："周人制度之大异于商者，一曰立子立嫡之制，由是而生宗法及丧服之制，并由是而有封建子弟之制，君天下臣诸侯之制；二曰庙数之制；三曰同姓不婚之制。此数者，皆周之所以纲纪天下。"② 这里所说的周人创立的三项制度，正构成了西周宗法等级制的总体，即所谓的"周礼"，这也是自兹以后封建政权统治天下之"纲纪"。

（1）周时确立的"立长立嫡之制"，在姓氏的发展、宗法等级制的确立过程中的作用。

所谓"立长立嫡之制"，就是应土地和权力分配的需要，按父系氏族血缘嫡庶之分而建立的天子、诸侯的世袭继统法。天子位由周王的长子继承，而周王兄弟和其他诸子则受封为诸侯，诸侯君位也由各自的嫡长子嗣承。王位与君位由此而世代相续，立为定则，形成了所谓的"君统"；诸侯的庶子则另立"别子"系统，即卿大夫、士，建立了所谓的"宗统"。在君统范围内，所行使的是政权，它决定于政治身份；在宗统范围内，所行使的是族权，它决定于血缘身份。当然，两者的关系也不是绝对的，因为政治身份与血缘身份往往是连为一体的。

据《礼记·丧服小记》和《尚书大传》所载，以血缘关系为据，"宗"有"大宗"和"小宗"之分。大宗由别子（诸侯的庶子）的嫡长子组成，即"别子为祖，继别为宗"，世代相继，"百世不迁"；别

---

① （周）左近明著，十三经注疏整理委员会整理：《春秋左传正义（十三经注疏）》，北京：北京大学出版社 2000 年版，第 129 页。

② 王国维：《观堂集林》（第 10 卷），北京：中华书局 1961 年版，第 453 页。

子的其余庶子则分别组成无数小宗。小宗一系，自高祖以下，"五世则迁"。大宗之内为父子关系，大宗与小宗之间则为兄弟关系。《白虎通义·德论·宗族》曰："宗者，何谓也，宗尊也，为先祖主也，宗人之所尊也。"① 在本宗内，宗主（宗子）不仅有主祭权（祭庙权），而且有统理全族财产的经济权、处理全族大事的行政权，甚至还有生杀之大权。总之，宗主处于全族所共尊的崇高地位，即"大宗的宗主地位最尊"②。由此可知，宗法关系既是"血缘亲亲"，又是"等级尊尊"，而这种关系与姓、氏的发展又密不可分。

（2）以"孝"为主导观念的宗法道德规范。

在以姓、氏为基础和前提的宗法关系发展中，"孝"是一种维护宗法等级关系的道德观念和行为规范。

"孝"的观念，早在西周时就已形成。但它不是随着人类的出现而产生的，而是到了私有财产出现，"一夫一妻制使父子关系确实可靠，而且导致承认并确定子女对其先父财产的独占权利"③ 的情况下，才开始产生的。这就是，既然子女有继承先父财产的权利，因而也就要求子女有奉养、尊敬、服从生父的义务，这就是"孝"的社会历史根源。而随着以"立子立嫡"的世袭制为核心的宗法等级制的建立，"孝"的观念及其作用也得到了进一步的升华与强化，以致与政治相结合，成为维系奴隶主贵族的内部团结和统治地位的重要工具。所以，周人"孝"的观念和对这一观念的倡导，明显地超过了它的前代殷、夏。

周人之"孝"，主要包括：其一，奉养、恭敬父母。其二，祭祀先祖。就奉养、恭敬父母而言，这种观念具有普遍性，对当时的王公贵族乃至庶民均实用；而且，这种观念在教育子女、维系家庭家族关系方面，是传承至今、历代不衰、能量不息的价值理念。而就祭祀先祖而言，虽在当时专用于周天子、诸侯和宗子，包含着追孝先祖、继序先王、先德祖业的特定内涵，但即使于今日，祭祀先祖的观念也深入人心，其活动日益隆重，对先祖祭祀不绝，则可维系宗法系统"于

---

① （汉）班固：《白虎通义》，《钦定四库全书·子部》（汉渊阁影印本），台北：台湾商务印书馆1983年版，第850～854页。

② 瞿同祖：《中国法律与中国社会》，北京：北京大学出版社1948年版，第21页。

③ ［德］马克思著，中国科学院历史研究所翻译组译译：《摩尔根〈古代社会〉一书摘要》，北京：人民出版社1965年版，第63页。

万斯年"。因此，"孝"成了宗族个体成员的美德、天下之法则，即"有冯有翼，有孝有德，以行以翼，岂弟君子，四方之则"，从而有了较为强烈的政治色彩。以致后来，"孝"与"忠"相并列，成为封建社会中最基本的道德规范。

可见，姓、氏、姓氏与氏族、宗族、国家的有机融合，使姓氏文化成为中国传统家族文化的重要内容。

所谓一方水土养一方人，千百年来，勤劳、善良的南雄人民在这片土地上繁衍生息，创造了灿烂的物质精神文化，同时也逐步形成了独特而传统的民间节日风俗文化。作为岭南文化的发源地之一，南雄保留了较为浓厚的传统民间节日风俗文化氛围。乌迳古道之各姓族之姓氏节的传承与此文化背景紧密相关。

二、家族文化的拓展

虽然说，家国同构体现出中国封建社会政治结构的基本特质，但在封建社会的发展过程中，姓氏文化的转型与过渡直接导致了家族历史及家族文化的发展。

1. 家族的范围

中国社会的家族是以父系血缘关系为中心来确定其范围的，亲属关系也是仅从父系这一方来计算的。为区别于本宗，对母系这一方的亲属，我们称为"外亲"。外亲与本宗关系相对疏远，因此在处理家族的各种事务时，外亲常常是被忽视或不能参与其中的。而本宗亲属以父系而论，凡是同一始祖的男系后裔，都属于同一宗族团体，而自高祖以下至玄孙的男系后裔概为族人，即所谓的"九族"。

族或家族的范围较广，而家的范围较小，通常只包括一个或三个世代的人口。一般人家，尤其是耕作的人家，因农地亩数的限制，大概一个家庭也只包括祖父母，及其已婚的儿子和未婚的孙儿女；祖父母逝世则同辈兄弟分居，家庭只包括父母及其子女，在子女未婚嫁以前很少在七八口以上的。当然，历史上也有不少累世同居的大户，是包括数百人口的大家。如《晋书·儒林传·祀醮传》记，祀稚春七世同居，儿无常父，衣无常主，家大业大，一方望族。《广东新语》有南雄珠玑巷张昌之家是"七世同居"的大家之记，南雄"珠玑巷得名，始于唐张昌。昌之先，为南雄敬宗巷孝义门人。其始祖辙，生子

兴，七世同居。敬宗宝历元年（825 年）朝闻其孝义，赐与（予）珠玑绦环以旌之。避敬宗庙讳，因改所居为珠玑巷"①。在这种情形之下，同居的范围便扩大及族，从而家、族不分了。实际上，这样的大家，只有着重孝悌伦理及拥有大量田地的极少数仕宦人家才能办到，因为伦理教育的原动力及经济的支持力缺一不可，一般人家是难以办到的。

家，其实是一个经济单位，族则是一个共同生活的团体。它们在姓氏血缘纽带的维系下，共同发挥着生产、团结的作用，传承着中华文明的精神。

2. 父权的伸延与扩展

中国的家庭一般施行父权家长制。父权就是家长权，这种父权的延伸便形成了族权，家族成员的一切权力，包括经济权、法律权、宗教权、婚姻权，甚至生死权，都控制在父权拥有者的手里。父权拥有者在家中男系后裔中的权力是最高的，几乎是绝对的，而且是永久的，子孙即使在成年后也不能获得自主权。

因此，族权在族内的行使，实质上就是父权的伸延与扩展。

第一，家庭经济权。《周礼》曾记，父母在，子女则"不有私财"，也不得私自或擅自使用家庭财物，更不得以家中财物私自典卖，否则，将受到严惩（笞或杖）。唐、宋、明、清时的惩罚更严厉。家庭的经济权控制在父权拥有者的手里，他们既掌控着财物，又掌控着子女的生命权，他们视子女为财产，可买卖。几千年来，许多子女成为别人家的奴婢，就是明证。

第二，子女婚姻决定权。父母的意志为子女婚姻成立或撤销的主要决定条件，父母以自己的意志或为子授室、为女许配，或命令子女离婚，子女个人的意志是不在其考虑之列的，而社会法律皆承认父母的主婚权。因为社会法律制裁的有力支持，在婚姻问题上子女的反抗是无效的。

3. 族谱的发展

"族谱"，又称"谱牒"或"家乘"，一部完整的族谱记录着一个家

---

① （清）屈大均：《广东新语》，北京：中华书局 1985 年版，第 59 页。

族的世系源流、迁徙、生息、人丁繁衍、人物活动等诸多方面的内容。

族谱的渊源，学者一般都推始于战国《周官》，实际上秦汉之《世本》为最早的族谱著作。迨及宋代欧阳修、苏洵创立族谱规范后，族谱文化开始盛行。而南迁之客家各姓则无族不谱，到清代、民国期间仍盛行不衰。所以，当今族谱研究的起始时间多以宋为界。

朱瑞熙指出："宋之前的谱牒记录'世族继序'，主要用于夸示门第，并由官方的图谱局记录副本，核实备案，作为任用官吏的依据。宋代不设谱官，族谱都由私家编修，主要用来'敬宗收族'，即结合、维持本族族人。"[1] 宋仁宗皇祐、至和年间，欧阳修、苏洵最先编写本家之家谱，并提出了编写家（族）谱之方法与体例。对于一般家族的编写谱例，欧阳修、苏洵都主张采用"小宗之法"（五世以外则易宗），而对于皇室贵族，苏洵则主张用"大宗之法"（百世不迁）。两者主张编写族谱的目的几乎是一致的，即"收族"，就是在区别远近、亲疏的基础上，"结合"本族的族人，也使"贫而无归"之族人能得到本族富者的"收留"，从而维持家族组织。欧阳修、苏洵的族谱规范影响深远，南宋之后，族谱的编写显然要比北宋时期热闹多了。

对于牒之作用，明代罗钦顺于《整庵存稿》卷九中有较明确的说法："世久而族蕃，谱不可无作也。谱作而源委明，昭穆辨，戚疏之分著，显晦之迹彰。一展阅间，必然惕然有动乎其中者。仁让之行，诗书之业，相与敦其所为厚，廓其所未宏，则于前为有光，于后为可大，此谱之所系未可轻视也。"[2] 在这里，罗氏所言之意为：年代久了，族中人丁兴旺，修纂族谱就可以详明家族世系源流演变，分明亲疏，彰明祖先的功勋德业。后世裔孙奉读族谱时，就会从中明白列祖列宗耕读传家的精神、仁爱谦让的高尚德行、文化教育的成就，从而受到教益，策励后人继承和发扬祖德。可见，族谱的历史作用是十分重要的。

族谱反映了各个历史人物所处时代的种种特征和风貌，它与恒定的家族血缘的递传关系，形成了族谱文化的一个重要特征。虽然，随着历史的发展，族谱的形式发生了变化，但其"敬宗收族"、结合与

---

① 朱瑞熙：《宋代社会研究》，郑州：中州书画社 1983 年版，第 107 页。

② 罗钦顺：《整庵存稿》（第 9 卷），《钦定四库全书·泰和杨氏重修谱序》（文渊阁影印本），台北：台湾商务印书馆 1983 年版，第 121 页。第 1261 册，第 121 页。

维持宗族关系之功能未减，反而得到进一步的强化。

4. 祠堂的发展及其功能的扩大

祠堂之历史可远溯至周代的宗庙，经汉代墓祠、唐代家庙、宋代家祠、明清祠堂后发展至今。

唐代的制度准许品官、士族建立家庙，"庶人"则"祭于寝"。到北宋庆历元年（1041 年），宋仁宗允许文武官员，依照"旧式"建立家庙。北宋时，家庙发展迅速，业已出现了一些祠堂。如范仲淹死后的庆州、淄州长山县等地为纪念其功绩而陆续建立纪念性的祠堂；王安石死后，在江西抚州故居，当地官员建筑了"荆国王文公祠堂"。所以，朱瑞熙指出，在"宋代相当长的一段时间里，只有大臣因朝廷的特诏得以建立家庙，一般封建家族组织都还没有建立祠堂。宋代封建家族组织建立祠堂，把它作为全族的活动中心，应该说是从朱熹、陆九渊等人的提倡开始的"①。朱熹于其《家礼》中对祠堂的功用曾有明确的分析，他说：祠堂以"报本反始之心，尊祖敬宗之意，实有家名分之守，所以开业传世之本也"②。并言，为区别家庙，"特以祠堂名之"。可谓一语中的，寓意深刻。

到元、明之后，修建的宗祠逐渐增多；到了清代，凡聚族而居的家族，大抵都建立宗祠。乌迳古道域内各族多于宋之后迁入，各姓族人均建有祠堂，乃至形成了古道文化中一道亮丽的风景。

由姓、氏血缘纽带关系发展而来的是家族组织的维系与发展。在家族的发展过程中，祠堂是一个集祭祀、议事等功能于一体的场所，也是族权威力之所在。正如朱瑞熙所指出："祠堂不仅是祭祀祖先之处，族内有重要事情都要到这里来宣布决定，甚至族人每天要到这里来请示、汇报。"③ 中国的家族重祖先崇拜，家族的绵延、团结一切家族的伦理，都以祖先崇拜为中心；甚至可以说，家族的存在亦无非是为了崇拜祖先，而这一切都跟祠堂紧密相关。可见，祭祀祖先是祠堂的最基本功能。后来，祠堂的功能也在不断地得到强化，至明清时期，祠堂建筑得到发展，有关祠堂的记载也日渐增多。

---

① 朱瑞熙：《宋代社会研究》，郑州：中州书画社 1983 年版，第 111 页。
② （宋）朱熹：《朱子全书》（第 17 册），上海：上海古籍出版社，合肥：安徽教育出版社 2002 年版，第 875 页。
③ 朱瑞熙：《宋代社会研究》，郑州：中州书画社 1983 年版，第 111 页。

三、祖先崇拜的泛化

前面说过，乌迳古道域内的姓氏节是"以姓为节"的年节民俗，它以始祖（或先祖中具有功名的人才）的生日或忌日为节日的日期，并把该先祖塑成雕像，视为"菩萨"，赋予它神性，加以敬拜，从而使姓氏节表现出了这种民俗中的一个典型特性——以祖先崇拜为核心的原始宗教性。

1. 祖先崇拜

祖先崇拜，又名敬祖，它是氏族社会的产物，是在母系氏族社会向父系氏族社会的发展过程中，由图腾崇拜过渡而来的，即在亲缘意识中萌生、衍化出对本族始祖先人的敬拜思想和宗教习惯。实际上，祖先崇拜也是鬼神崇拜的产物。在祖先崇拜的演变中，血缘亲情关系是它的生理和心理基础，鬼神崇拜与血统姻缘观念的结合就发展成了祖先崇拜。祖先崇拜的对象是在氏族或家族发展中的一个强有力的人物。孙希旦在其所撰的《礼记集解·祭法》中说："凡祖者，创业传世之所自来也。宗者，德高而可尊，其庙不迁也……祖者，祖有功；宗者，宗有德。"又言："祖，始也。名先人以君、明、始者，所以尊本之意也。"[1]

血缘关系是祖先崇拜的基础。没有血缘关系，就无从确定本氏族的祖先，也无从整合氏族部落内部的关系，因为血缘关系的不同往往会成为彼此融合的障碍。所以，祖先崇拜的作用，表现在氏族社会及其具体的氏族联合体中，主要是纪念祖先的功绩，通过对祖先的崇拜来加强血缘观念，巩固以血缘为基础的内部团结，同时，确定人们之间的辈分关系。而家庭制度确立之后，家庭和家族内部的祖先崇拜，是以较为严格的血缘关系为基础，并以较为亲近的血缘关系作为联络感情而增进团结的纽带。

祖先崇拜的特点是：

其一，将本族的先祖加以神化并对之祭拜。

其二，相信其祖先的神灵具有神奇超凡的威力，会庇佑后代族人，造福子孙。

---

[1] （清）孙希旦：《礼记集解》（下），北京：中华书局1989年版，第1192页。

其三，子孙能与之沟通互感、汇报业绩、申诉苦情。

其四，具有本族认同性和异族排斥性。

因而，祖先崇拜具有尊宗报本、文化教育、祈福、预兆等功能。

2. 乌迳古道姓氏节祖先崇拜的泛化

祖先崇拜在乌迳古道各姓的姓氏节传统中表现得尤为突出。他们崇拜祖先、祭祀祖先，使之泛化出神、佛的光环。在乌迳古道域内求神拜佛成为满足人们心理需要的安慰剂，生产、生活的指针，甚至成为人们生存的信念，而其也自然而然地具有了某种功利性心理，产生出俗化的倾向。

（1）神化。

神化，就是使先祖具有"神"的地位与威力，并形成祖先神灵效应。

关于神化，《周易·系辞下》曰："神而化之，使民宜之"[①]，而《后汉书·马援传》则曰："后其（维汜）弟子李广等宣言汜神化不死，以诳惑百姓。"[②] 因而，对神化之通俗的理解，便是指把一个人抬高至神的地位，从而产生对神灵的敬畏，或依托神灵的教化作用、诳惑作用以实现某种目的。这种现象普遍存于中国社会的民间信仰中。

乌迳古道域内各族的姓氏节中，把自己的祖先称为"菩萨"，把祖先抬高到神的位置加以崇拜、使人敬畏，这就是神化的表现。尽管其中包含着某些迷信的色彩，但它企图通过这种方式教化本族后人，使后人能从中继承先祖开基创业、耕读传家的精神，实现光耀门庭的愿望，这是美好的、值得肯定的。

（2）佛化。

乌迳古道域内各姓族人都愿意把自己的祖先奉为"菩萨"，在对祖先加以神化的同时还使之具有了与佛同等的地位，产生出佛化的效应，而且实际上他们也这样做了。这种佛化，就是使先祖具有"佛"的地位与威力，并形成"祖先佛"的效应。

如：乌迳七星树下的叶姓族人，敬奉的是南汉时期曾被敕封为护国都统的叶云兴。在叶云兴战死白石岗（距乌迳东10千米处）后，

---

① 南怀瑾：《白话易经》，长沙：岳麓书社1988年版，第380页。

② （南朝宋）范晔：《后汉书》（第24卷），北京：中华书局1965年版，第838页。

族人念其功德，于栏口村立庙塑像，奉其为"都统菩萨"。

新溪李族，敬奉的是唐时的金紫光禄大夫李金马，并于新溪立庙祭祀，奉为"金马菩萨"。

上朔彭族，敬奉的是后周时期征战南海的彭盱将军。彭盱战死后，尸体暴旬不坏，夫人谭氏负而归葬，里老立庙于乡之小里源。乡人"有祷即应"，被奉为"福祖菩萨"。

水松董族，敬奉的是董姓始迁祖董玮及其曾孙董双保、董双生兄弟。董双保、董双生兄弟随父征南海寇，有功而敕封将军，董姓族人奉为"将军菩萨"。

凡此，不一赘述。

菩萨本是信佛、学佛之后发愿自度、度人，乃至舍己救人的人。在佛教中，菩萨甚多，观世音、普贤、文殊、地藏、弥勒、药王被称为"六大菩萨"。乌迳古道域内之人所信奉的主要是观世音菩萨，观世音菩萨是佛教中慈悲和智慧的象征，能救苦救难、送子施财。乌迳古道域内人众，可以说是"家家阿弥陀，户户观世音"。各姓姓氏节，均以本姓始祖、开基建村祖或本族中具有光宗耀祖的人之生、忌日为姓氏节之日期，并把此祖视为"菩萨"，塑成雕像保存于祠堂。此为，实质上就是把本族先祖之神力提升为与佛道中真正的菩萨之列，使后人不敢亵渎，并形成持久的敬畏、祈求之心理。

乌迳古道域内各族，凡过节，节前需由执事头人带领族人非常虔诚地请下菩萨（谓之"下凡"），然后"扛菩萨"绕村巡游，视察子孙后代的业绩；节中恭请菩萨端坐神龛受子孙祭拜；节后又需把菩萨安放于祠堂的阁楼上（谓之"升天"）。菩萨身份的确定本身就蕴含着崇拜，它不仅仅是希望祈求一些好处，也是表达亲情或者对先人的尊敬、缅怀，通过缅怀先祖达到团结族人的目的。祖先崇拜成为人们生活中的一种强烈信仰，表达出一种血缘亲情，是宗、姓认同及宗族结合的精神支柱。由此，姓氏节表现出一种原始的宗教色彩。

（3）俗化。

一方面，姓氏节的祖先崇拜本身就蕴含着民俗化的问题，可谓之为俗化的表现；另一方面，祖先崇拜中所具有的功利化也是俗化的表现。就后一倾向而言，祖先崇拜走向俗化，其直接原因是子孙后代祈求先祖保佑的功利性心理使然，因而这种俗化也可称为祖先崇拜的功

利化。

尽管祖先崇拜表达了后人对祖先功业的缅怀，企图通过与祖先的某种感应而表达对亲情的追思，但是，在祖先崇拜中，无一例外地包含着后代祈求祖先庇佑之目的，这种庇佑所包含的内容可以说是包罗万象、五花八门，有对健康、财富的祈求，也有时事业、家宅的祈求等，貌似虔心敬奉祖先，实则想从祖先中获取某些"功利"。由此，我们就不难解释为何人们这么看中祖先坟墓之地点、朝向等风水问题，而且此中又免不了要大吃大喝一场，这就是俗化的表现。可以说，"平时不烧香，临时抱佛脚"的俗语就是这种心态的反映，乌迳古道域内各姓族人亦然。

四、地方历史文化特质的彰显

俗话说，一方水土养一方人。乌迳古道域内人民在长期的生产、生活中形成了区别于其他地域的风俗习惯，乃至形成了富有特色的地方历史文化特质，这是社会发展的结果、历史的必然。

1. 地方性

传承于乌迳古道域内的姓氏节，无论是形式还是内容，都具有很强的地域性，体现出明显的地方历史文化特征。

姓氏节敬奉祖先，视祖先为菩萨。其主要内容就是请菩萨、敬祖先、族人团聚。过节这天的敬祖先、请菩萨仪式，包括鸣炮、燃香、烧烛、三叩九拜、菩萨巡游。敬祖先之敬品，包括米饭一碗、茶水一杯（壶）、酒水一杯（瓶）、果品若干、光鸡一只（煮熟、用竹签固定成跪拜形）、猪肉一块（煮熟），仪式庄重，气氛热闹。

但是，姓氏节对祖先的敬奉又有别于清明节。与姓氏节庄重而热烈的气氛相比，清明节对祖先的祭祀或多或少地含有"路上行人欲断魂"的哀思。清明节的祭祀，祭品不仅包括以上所列之内容，还要在墓前杀雄鸡，把雄鸡之血洒至冥币之上，随其他要烧的纸扎阴宅用品一起烧给祖先。所烧祭品，品种越多、数量越大，就说明子孙越富有、越有孝心。这样看来，包括春节、清明节、姓氏节，乌迳古道域内对祖先的祭拜一年就有三次之多，这明显有别于其他地方。

姓氏节为什么只在乌迳古道域内的乌迳、界址、坪田、油山、黄坑、邓坊等乡镇的各姓中盛行，而在湖口以西的南雄的其他乡镇中却

不盛行，即使有，过姓氏节之姓族、人口也极少。对这个问题，笔者从所查阅的资料、走访调查收集的资料中，均无法解开这个"谜"，这实际上也充分体现了地方历史文化的特色，而这个"谜"仍有待考究。

2. 民俗性

乌迳古道域内之姓氏节是一种年节民俗，这种民俗与南雄地域内的其他民俗虽存在特定的差异，但也有很多相同点。

《直隶南雄州志·舆地略·风俗》曾据旧志所载，对南雄之风俗进行了分析：南雄之俗，隋时"人性轻悍质直任信"（《隋书》）；宋时"一而不杂，其风淳而不漓，其人所习多诗书礼乐之美（《舆地纪胜》）"；元时"地无旷原沃壤，刀耕火种，最为勤劳"（《元志》）；明时，杨万里言："人物粤产，古不多见，见必奇杰"（《旧志》），邱濬言："大庾岭分衡岳之一支，石路既开，五岭以南之人才出矣，财货通矣，中朝之声教日远矣，遐陬之风俗日变矣"；至清，则"俗杂夷夏，地虽偏小，无珍异之产，来四方之民，而土性温厚，有膏沃之田，以为家给之具"，"风存朴茂，俗尚俭勤，士耻干营，农殚力作，工无淫巧，贾乏重赀，虽为冲要之区，尚留余古之气"，并言"世俗有三陋，一曰婚不亲迎，二曰丧用鼓乐，三曰葬谋风水"。[1]

从这些叙述中可以看出，"南雄古郡，两路之喉襟，足迹所接，舟车所会，其地望甚重"，风俗淳朴，从而衍生出富有特色的地方历史文化。姓氏节的节庆与其他年节之节庆风俗共同构成了乌迳古道文化的重要内容。

3. 交往性

交往是沟通人与自然、人与人之间关系的重要环节。人与自然的交往使人能从自然中获得生产、生存所需的各种材料，使人类得于延续。而建立在人与自然交往基础上的人际交往不仅具有物质性，更具有精神性，它远离生产劳动过程，超越直接生产过程和经济利益关系，目标持久、恒定。人们通过交往可以得到诸多新的信息、巩固原有的亲情关系、建立起新的友谊、增进社会的亲和性。姓氏节日族人、客

---

① 广东省地方史志办公室辑：《广东历代方志集成·南雄府部（二）·（道光）直隶南雄州志》，广州：岭南美术出版社2007年版，第172页。

人之间的来往、嘘寒问暖，使社会人际关系、家族关系得到缓冲，亲情、友情得到提升。众多的年节风俗中都贯穿着一条主线，那就是礼尚往来。"来而不往非礼也"，是我们中华民族的传统美德。从姓氏节日节庆日的人际来往中，可以明显地看到这一点。

4. 娱乐性

姓氏节虽然拜祭祖先，但整个过程并不伤感，反而是充满祥和、欢乐的气氛，是一种庆典，娱乐节目多样、内容丰富，体现出娱乐性。

（1）"扛菩萨"。

何谓"扛菩萨"？"扛菩萨"就是姓氏节该日，由本姓年轻后生，在族中头人（或称值事）的率领下，扛着被奉为菩萨的祖先塑像绕村一周的游行活动，也称"菩萨出行"。其意是请祖先检视后人所取得的业绩，并祈求菩萨保佑来年风调雨顺、五谷丰登，本族子孙满堂、兴旺发达。"扛菩萨"是节庆中的重要内容。

（2）请戏班。

过节请戏班唱戏是姓氏节的重要节目，戏种、唱戏时间视各姓之财力而定。各姓所请之戏，有湖南祁剧、赣南采茶戏等。

其一，湖南祁剧。

祁剧也叫祁阳戏、湖南班。该戏在南雄农村流行甚广，特别是湖口、黄坑、乌迳、大塘、界址一带的乡民更为喜爱。今在乌迳、邓坊、南亩等乡镇的村场老舞台上还能发现一些湖南祁剧于嘉庆、咸丰、光绪年间演出时的刻记。民国时期，南雄祁剧演出单位多属湖南戏班，三庆台、同庆台、长武台等戏班经常长驻南雄演出，演出节目有《贵枝写状》《二度梅》《昭君和番》《白蛇传》《山伯访友》《杨家将》《困邦逼霸》等传统戏剧。

其二，赣南采茶戏。

赣南采茶戏，约在清朝乾隆年间，由江西南康、信丰和龙南等地传入南雄，其音乐唱腔由赣南采茶灯及南雄民间音乐组成，初期戏中角色较少，生、旦、丑三行当任演员，配上胡琴一把、锣鼓一面，五人组合便可表演。赣南采茶戏在表演艺术上运用打扇花，即男、女演员的右手均拿彩绸扇作为道具，运用扇子高、低、左、右、前、后、正、反等不同位置来表演动作。舞台表演运用矮步步法。矮步是根据劳动群众在劳动中的上山、下山及摘茶动作而演变运用于舞台表演。

《睄妹子》《钓拐》《双双配》《补皮鞋》《补瓷缸》是其传统剧目。

（3）花灯。

花灯，当地称"搞灯子"，乌迳古道域内流传的花灯有茶花灯和马灯。

其一，茶花灯。

茶花灯主要流传于南亩一带。约在清康熙年间由南亩乡官田里溪村卢正万公传艺下来，历代继承不衰。舞蹈分为迎龙头、提花灯等动作，由五人组成。茶花灯的形状是龙头凤尾中鲤鱼（龙、凤、鲤是汉族人民表示吉祥美好的图腾），舞茶花灯的动作与舞龙略同，有乐器和锣鼓伴奏。演唱有《读书歌》《摘茶歌》《绣香包歌》。出行时唱《出门歌》，表演结束时唱《谢茶歌》。

其二，马灯。

南雄马灯，有界址马灯和江头马灯两大派系，均于民国时期向江西师傅学艺而传入。界址马灯是界址镇赵屋村民间艺人董祥生民国初年向江西师傅学艺而传入的。马灯又有新年灯、纸马灯、打布马、马的故事等名称。唱马灯的道具有两只马，一只红雄马、一只黄雌马，由一男一女骑着，还有两个老翁推着车；车上坐着两个花旦，一旦手拿着花束，一旦手拿花帕或彩扇；另一丑角，整个舞蹈由丑角指挥，演唱《十二月花》等。界址马灯曾参加1986年南雄县城元宵节表演活动。江头马灯有红、黄、白三色马，一男二女演唱。

（4）请八音。

八音，也叫八音锣鼓、乐生。清代由湖南传入。民间办喜事，都喜欢请八音班来吹奏，以增添节日氛围。较有代表性的是界址镇水口村的八音班，它常与马灯结合，在附近各乡村表演。

请戏班唱戏是过节的传统节目，而马灯虽然多在过年时节表演，八音多用于办喜事，但也会被请来为过节庆贺。由此可见，姓氏节也有较多的娱乐节目以丰富节庆活动。

5. 饮食特色

姓氏节的饮食与该地传统美食一样，其文化特质也很明显。南雄的饮食虽比不上以"食在广州"为标志的广州城域，但在粤北却也享誉久远，节日饮食传统尤其鲜明。

（1）以炒、焖为主要方式的香、辣菜式。

乌迳古道域内人众，喜香、辣菜肴，不喜甜食，尤其喜欢吃辣椒、酸笋，少清蒸类菜。

辣椒是乌迳古道域内的主要经济作物，也是人们日常生活中的主要菜料。乌迳古道人喜吃辣椒，几乎每餐必备，无菜不辣。夏季吃新出辣椒，秋、冬、春三季则以辣椒干为主，或食用在夏季时所制作的辣椒酱。该地有"乌迳人吃辣椒，信丰人出名"一说，可见，他们喜辣的程度很不一般。乌迳人喜吃辣椒也经营辣椒，很多人因此致富。但是，2005年，乌迳辣椒经营户为了使辣椒色泽更艳，熏以硫黄，此事经媒体曝光后，一度影响了本地辣椒的销量，但是，这并没有影响乌迳人的胃口。

同时，乌迳古道域内的人们善于腌制酸笋，酸笋也是人们日常的主要菜料之一。有人说酸笋是南雄人的传统调味佳品，此话不妥，应该说，酸笋是乌迳古道域内人们的传统食品和特色食品。因为南雄"下方"很多人是不会制作酸笋的，也不经常吃，而乌迳古道域内各姓族人，因当时生活的艰辛，在生活实践中制作出了酸笋，并将其传播到南雄各地。酸笋是夏秋季保持菜肴不变味的良好佐料。现在，乌迳古道人做菜时常常以酸笋为佐料，使菜肴更添美味。

由辣椒、酸笋而制作出的特色乌迳菜式有：辣椒酸笋子姜焖鸭肉、鱼肉、狗肉、河蚌肉、猪杂等。但凡腥味重的肉类，他们都会佐以辣椒、酸笋、子姜，以烹调出较为鲜香辣的菜肴，矮瓜佐以辣椒、酸笋，在春夏季节甚至能保持24小时不变味。现在看来是美味，其实，在以前物质生活贫乏的时期，这是一种生活艰辛的表现。

此外，乌迳古道域内还有很多传统的菜肴，这些菜肴及其制作方法、工艺在日常生活中较少见到和使用，而在节日则能光大，这也是对传统饮食文化的承继，体现出乌迳古道文化的内涵。

南雄乌迳古道文化圈内，人们之所以喜好香辣的菜式、制作多样的风味食品和喜饮酒，都与当地之气候、水土有很大的关系。

（2）钻缸酒及节日里多样的美食。

钻缸酒是南雄城乡民众自酿的家酒，它既有烧（白）酒的浓烈味，又有黄酒的甜美味，是待客的上品。但现在过节，人们常以啤酒、白酒为主了。

传统食品中以番薯糯、酿油烧豆腐、春节腊味、节令糍类为特色。春节腊味多种多样，除腊鸭外，还有腊肉、腊肠、腊猪肚、腊猪舌、腊猪肝、腊鸡、腊鹅、腊鱼、腊野禽等。糍类更是形形色色、应节而出，有油糍、黄年糍、麻糍、饺俚糍、白水麻糍、芋圆糍、豆浆糍、蕉叶糍、铁勺糍、软团糍、艾糍、锅巴糍等。

除去腊味类，其他菜式、美食均能在过节的时候登上"大雅之堂"，狗肉亦然。

6. 黄烟文化

黄烟是南雄的重要经济作物，南雄黄烟以叶色金黄、烟味醇香、易燃灰白三大特性而素负盛名。由此，南雄享有"金叶之乡"之誉。

据清道光四年（1824 年）《直隶南雄州志·物产》载："烟叶，旧志未载，近四五十年日暂增植，春种秋收，每年约货银百万两，其利几与禾稻等。"[①]

南雄黄烟于清初自闽南传入，至今已有300多年历史，盛产不衰。其传入渠道，一是通过氏族迁徙把黄烟的生产技术带到南雄；二是商业贸易。黄烟传入南雄后，与南雄特有的土壤、气候条件相适应，所产烟叶品质优良，种者日众。清乾嘉年间已成一方特产，新中国成立后曾出口欧洲的英国、荷兰、比利时及北美、中东地区。

现今乌迳古道上的黄塘片区、黄坑片区是优质"晒烟"（现多为烤烟）的重要产地。"长在烟头下，哪有不吸烟"，烟区成年男子以吸烟为时尚，有九成以上的人吸烟，妇女也有不少抽烟的。他们吸的都是自产烟叶，生切成丝，用土纸卷而吸之，俗称"喇叭筒"。人人都有刨烟丝专用的刀和夹板，随身必带三件宝：烟丝、烟纸和洋火（火柴）。烟农吸烟不只是一种嗜好，而且是对自己产品的欣赏和检验，从吸烟的体验中琢磨种烟的经验教训。烟农见面有个习惯，以敬烟为第一礼数。一般朋友将烟袋（盒）递过去，对尊者则卷好递上，点火、吸烟，而后说话，先以评烟为第一话题，然后在吞云吐雾中进行友好而诚恳的交流。所以说，烟农吸烟不只为解烦，也不只为提神，而是重在品味，由此而演化成一种新的黄烟文化。

---

① 广东省地方史志办公室辑：《广东历代方志集成·南雄府部（二）·（道光）直隶南雄州志》，广州：岭南美术出版社 2007 年版，第 177 页。

五、姓氏节的精神

姓氏节不仅体现了年节民俗的外在特征，也体现了客家人耕读传家的精神内核。弘扬祖德、敬宗收族、和谐共存、开拓创新是姓氏节所凝聚出的精神。

1. 传承文化　保护遗产

所谓传统，传者，延续；统者，头绪。从语义上看，它是一种动态的抽象，这种抽象能概括与说明具体事物的认知模式。对传统的继承也就是对传统的认知。传统的东西很多，范围广大，内涵深刻。而姓氏节是传统节日中的一个小传统，它和其他传统节日一样，是"人们在长期的历史社会生活中逐渐形成的划分日常生活时间段的特定人文符记"，"是指在历史过程中形成的一种特定的精神信仰与价值观念，以及行事的习惯模式"。①

传承于乌迳古道域内的姓氏节，所传承的祖先崇拜或祖先祭祀，其源头可上溯于商周时期的祖先崇拜，是祖先一元神宗教的发展。商周时期的祖先一元神明示，他们祭奉的至上神也就是殷民族自己的祖先，随后，祭祀祖先便成了子孙神圣的义务。在儒家的观念中，祖先信仰主要讲究慎终追远，既表达对祖先的感念之情，也相信祖先的在天之灵会继续保佑自己的后代，而"孝"则是慎终追远、感念祖先最重要的内容。古人云："圣人以孝治天下"，可由孝引发忠、信、仁、义等道德。即使对已经去世的先人，也要像他们依然活着时一样地尊敬，在节日中要供奉、祭祀，对祖先的崇拜是宗教信仰的另一种形式。中国的许多节日都离不开祭祀祖先这一内容，"除、清、盂、九"四大传统祭祖节日，此况尤甚。"上无愧祖先，下不负子孙"成为人们生命中的重要信念，这种信念加深了人们对家庭的重视，促进了家文化的发展。因此，姓氏节是对传统文化的继承。

乌迳古道姓氏节，2009 年以前一直处于民间流行状态，随着非物质文化遗产保护活动的展开，乌迳古道姓氏节也被列入了县市级非物质文化遗产保护之列。2009 年经韶关市非物质文化遗产保护工作联席

① 萧放：《传统节日：一宗重大的民族文化遗产》，《北京师范大学学报》（社会科学版）2005 年第 5 期，第 52 页。

184

会议评定并向社会公示，传承于乌迳古道域内之姓氏节被列入韶关市第二批市级非物质文化遗产名录。由此，"姓氏节"这一非物质文化遗产便由民间转入"半官方"的保护，从而为文化的传承提供了保证。

实际上，对于非物质文化遗产的保护，世界相关组织重视已久。2003年10月联合国教科文组织第32届大会通过了《保护非物质文化遗产公约》（*Convention for the Safeguarding of the Intangible Cultural Heritage*），旨在保护以传统、口头表述、节庆礼仪、手工技能、音乐、舞蹈等为代表的非物质文化遗产。非物质文化遗产是指"来自某一文化社区的全部创作，这些创作以传统为根据，由某一群体或一些个体所表达，并被认为是符合社区期望的作为其文化和社会特性的表达形式，其准则和价值通过模仿或其他方式口头相传"①，包括各种类型的民族传统和民间知识，各种语言，口头文学，风俗习惯，民族民间的音乐、舞蹈、礼仪、手工艺、传统医学、建筑术以及其他艺术。

由此可知，乌迳古道域内各姓族人所传承的姓氏节是联合国教科文组织非物质文化遗产所保护的内容，理所当然应受到重视与保护，并在社会生活中得到传承。

2. 尊宗报本　教育后人

"参天之树，必有其根；怀山之水，必有其源。"在历史的长河里，每一个家族都有其自身发展的历史，而铭记根源、慎终追远、尊宗报本是每个子孙应尽的义务。

任何一种文化传统，都是在不断地传承中记忆，在不断地记忆中传承。民俗节日的周期性出现，不断地为人们提供脱离日常世俗时空、回归神圣历史时空的现实条件。人们在节日状态中，通过各种节日仪式与传说的讲述，直接面对自己的祖先，反复重温传统，体味传统，使传统始终具有鲜活的生命，给民族文化的传人以生动的文化力量。

乌迳古道之各姓族属客家，客家之根在中原。乌迳古道之各族，其所传承的姓氏节，从表面上看，是以某一个先祖的生日、忌日为节日加以纪念；实则是对本族发展历史的体悟，是追思本族先辈们的一种具体化行为，并使子孙在这种活动中秉承先祖不畏艰险、吃苦耐劳、

---

① 钟敬文：《民俗文化学：梗概与兴起》，北京：中华书局1996年版，第42页。

开拓进取的精神。

3. 团结互助　开拓创新

客家人讲团结，通过敬宗收族而增强凝聚力。姓、氏的产生和发展，其蕴含的"血缘关系""血缘标记"是明显的，也是抹不掉的。这种"血缘关系""血缘标记"的基点就是"亲人要团结"。它以"血缘关系"去统率每一个家庭成员以及不断延续的子孙后代，以求家庭及其家族的兴旺发达，用"血缘"作标记去团结互助自己的亲人，使家族不受外人欺侮，从凝聚力量中以求生存。时至今日，在社会上仍流传着的"同姓三分亲""五百年前是一家""他乡遇老乡，两眼泪汪汪"等俗语，都是一种以"血缘"为标志的人性反映。不管岁月更替，还是相隔万里，在人们的心目中，一旦同姓相逢，都会"称兄道弟"，都会"姐妹相称"，都会互相帮助，用"打虎亲兄弟""上阵父子兵"的理念去拼搏、开拓。这种姓氏文化，它切实地反映了人们不忘祖宗、怀念亲情的美德；同时，也反映了同族之间的团结互助和开拓创新，既体现了传统又具有了新意。

4. 弘扬祖德　振郭家声

弘扬祖德、振郭家声是客家人的传统精神，它在姓氏节中的传承主要是以显性的口口相传和隐形的节庆活动进行的。

在族人的相聚中，年长者面对年轻人的热情、好奇，不厌其烦地对他们讲述先祖开基创业的故事，描述和分析先祖的功业、战胜挫折的精神，并通过节庆、祭祀活动的展示，使后辈们从感性上、理性上接受和了解自身的根、自身的源、自身的血脉亲情，从而激发他们为先祖、为家族、为家庭及为自己的斗志，修炼身心、提升品格，不断开拓、奋力进取，实现光宗耀祖的理想和目标。

5. 祖先崇拜与宗教信仰的归依

乌迳古道域内各姓族人在宗教信仰方面，传承的是一种以祖先崇拜为核心，兼具自然崇拜的多神崇拜，既拜自然神，也拜祖先神。在这种崇拜的形成过程中既受道教的影响，同时也渗透了佛教的元素，其精神特质是一种万物有灵的实用主义崇拜。

（1）自然神崇拜。

万物有灵在生活中的渗透，使自然崇拜和人文崇拜有机地统一起

来。由于乌迳古道域内山高林密，尤其是梅关古道的开通使散居于乌迳古道域内的各姓、各族，偏居一隅，原先固有的万物有灵观念具体强化到与生活紧密相连的某些方面。他们既相信天神、雷公、"社官"（土地神）、井神、门神、床神的存在，也相信鬼的存在。如：除夕要敬奉灶神、门神、祖先；大年初一下午要敬奉井神；为求出门平安，大年初二要敬奉"社官"。而遇有病、死、丧、葬，必请道士打醮作法以驱邪、超脱亡灵；同时，他们也相信因果报应，敬奉观世音菩萨。平常生活中讲求多做善事，不做恶事，以求得自身与家、宅的平安。其实，整个岭南地区对自然神的崇拜是一种非常普遍的现象。山区拜山川之神，近海地区则拜海岳之神，可谓比比皆是。

（2）祖先神崇拜。

祖先神崇拜或敬祖，就一般生活层面而言，是指一种人生信仰或人生寄托。这是在母系氏族社会向父系氏族社会的转变过程中，由图腾崇拜过渡而来的宗教习惯。它基于一定的血缘宗族关系，在亲缘意识中萌生、衍化出对本族始祖先人的敬拜思想。最初始于原始人对同族死者的某种追思和怀念。氏族社会的演进确立了父权制，原始家庭制度趋于明朗、稳定和完善，人们逐渐有了父亲家长或氏族中前辈长者的灵魂可以庇佑本族成员，赐福后代儿孙，保佑生活平安吉祥、财运兴旺的观念，开始有了祭拜、祈求祖宗亡灵的崇拜行为，并逐渐上升为一种宗教式活动。这种祖先神崇拜的突出表现是：第一，本族认同性和异族排斥性。它将本族的祖先神化并对之祭拜。第二，庇佑性和感应性。后人相信祖先的神灵具有神奇超凡的威力，这种威力庇佑着后代族人；同时，后人也可以通过某种感应与之沟通，从而得到某种帮助、启示或禁示。

由于神鬼观念的泛发和多神崇拜的沿袭，他们对祖先的崇拜更加虔诚，祭祀也更为隆重。在姓氏节活动中，第一道也是最重要的程序就是祭祖，第二道程序是"菩萨出行"。"菩萨出行"在当地称"扛菩萨出行"，此活动中的菩萨，并不是道家的各路神仙，也非佛家的诸位菩萨，而是他们的祖先神（一般指建村的开基祖），这个祖先神就是他们心中的"菩萨"，它具有至高无上的地位，是端坐于祠堂神龛之上享受子孙后代、万世香火敬奉的伟大的神。第三道程序是亲戚朋友的畅饮、畅谈和看戏等活动。据年长者讲，古时姓氏节规矩繁多，

仪式也烦琐，但最核心的就是敬祖。

（3）姓氏节的规范与禁忌。

由于姓氏节传承的是一种以祖先神崇拜为核心，兼具自然神崇拜的多神崇拜，在拜祭过程中自然而然地存在诸多禁忌。

第一，讲究卫生。节前，家家户户需打扫自家的房舍庭院，每家需指派一个劳动力在族长的带领下打扫祠堂的卫生，布置彩旗，搭建戏台，并清洗村庄水井，修补、清洁村子周围的沟渠、道路。

第二，诚心敬祖。过节期间的敬祖，各家男丁在族长的带领下于祠堂敬奉、祭祀祖先。祈祷祖先护佑子孙人丁兴旺、五谷丰登。敬奉时不得大声喧哗，否则视为不敬。

第三，礼貌待客。俗话说，"来的都是客"。传统族规规定要热情待客，现今也讲礼貌待客。对来参加本族姓氏节的客人要热情、礼貌，以给客人留下这个姓族的人"热情好客"的美好印象和良好口碑。在传统乡村，口碑比黄金还贵重。

第四，忌动污物、忌骂街、忌打骂小孩等。在节日期间，尤其是正节那天，祖辈传下了诸多禁忌，如：忌动污物，包括洗尿桶、担大粪、捡狗屎。所谓洗尿桶，以前的农村不具备卫生间，以木桶、瓦缸为晚上盛尿之器具，每隔一段时间需清洗一次；担大粪、捡狗屎，此二举虽意在积肥，但过节期间也会视之为禁忌。过节骂街、打骂小孩的人家在村子里会被视为没教养，不受人尊重，这种行为也是被禁止的（过年也如此）。

总之，无论是节日主旨，还是节日期间的节庆活动，姓氏节都蕴含着深刻的内涵及特定的功能及精神。姓氏节的这种内涵、精神，在一定程度上，是各族族人寻根问祖、叶落归根情感的升华，是他们生命价值的指向、生存的寄托、精神的归宿，也是民族发展、社会繁荣的原始动力。江泽民同志曾指出："一个民族，一个国家，如果没有自己的精神支柱，就等于没有灵魂，就会失去凝聚力和生命力。有没有高昂的民族精神，是衡量一个国家综合国力强弱的一个重要尺度。"[1] 地方历史文化是中华民族文化的重要组成，所以，我们今天要实现中华民族的伟大复兴，就必须大力发扬内含地方历史文化的中华民族精神及其优秀文化传统。

---

[1]　此句出自 1998 年 9 月 28 日江泽民在全国抗洪抢险总结表彰大会上的讲话。

第七章　古道移民与大珠玑文化

大珠玑文化的议题由来已久，在实际过程中如何去打造这个具有较大影响力的文化呢？实施起来颇具难度。

珠玑文化是厚重的，如果我们把珠玑文化理解为一种移民文化，那仅仅是对它作出了狭义上的理解。广义的珠玑文化应该是大珠玑文化。大珠玑文化是以珠玑巷移民为中心，涵盖古道文化、移民文化、民俗文化、宗教文化、名人文化、生态文化、红色文化的大区域文化。因此，打造涵盖乌迳古道文化圈、百顺古道文化圈、梅关古道文化圈和城区古街道文化圈特质在内的大珠玑文化，把古道文化中的姓氏节、香火龙、九节龙、舞狮、采茶戏、"搞灯子"等民俗元素糅合成具有典型地方历史文化特色的区域文化，是南雄经济、社会、文化发展的需要，也是南雄地方历史特色文化研究的需要，具有重大的现实意义。

一、大珠玑文化

南雄文化是丰富的。整合南雄现有的文化元素，挖掘出新的文化内涵，打造大珠玑文化，可以进一步提升南雄的文化品位。

1. 以古道为载体的古道文化

南雄，其北部越过大庾岭与江西省大余县接壤，东部与江西省信丰县毗邻，南部与江西省龙南县、全南县及本省之始兴县交界，西部是本省之仁化县、曲江县（含韶关市曲江区）。史称"居五岭之首，为江广之冲，控带群蛮，襟会百粤。内通江汉，外控番夷。东抵循梅，

西距郴桂。雄盖南国"①。

南雄由于有"枕楚跨粤，为南北咽喉"之作用，自古便是历代兵家必争之地，历史上其境内形成了多条出境要道。如梅关古道，其早期是适应秦征岭南的需要而开辟的军事通道，道路陡峭、崎岖难行，唐开元四年（716 年），张九龄奉诏新开大庾岭路，从而使"险绝不可登陟"的"畏途"古道，变成了"坦坦而方五轨，阗阗而走四通。转输不以告劳，高深为之失险"的"坦途"。自此以后，梅关古道不仅是一条军事之道，还不断发展成为商贸之道、移民之道，成了"一路梅花一路诗"的南北通衢。自西晋建兴三年（315 年），李耿由虔入粤，道经新溪，于此落户，使乌迳古道不断成为集商贸、移民于一体的南北通衢。此外，古南雄州境内还有陵江古道、南亩古道等，这些古道的存在，形成了以移民、民俗、宗教、生态为内容的独特的古道文化。

2. 以移民为主体的移民文化

珠玑巷是移民之巷，是经该巷而南迁之人的"七百年桑梓地"，被誉为"吾家故乡"。

（1）以外拓为特征的梅关古道移民。

梅关古道移民可远溯秦汉，其中最早的一支当以梅鋗为代表。据清屈大均《广东新语·山语》载："梅岭之名，则以梅鋗始也。鋗本越勾践子孙，与其君长避楚，走丹阳皋乡，更姓梅，因名皋乡曰'梅里'。越故重梅，向以梅花一枝遗梁王，谓珍于白璧也。当秦并六国，越复称王，自皋乡逾零陵至于南海，鋗从之，筑城浈水上，奉其王居之，而鋗于台岭家焉。越人重鋗之贤，因称是岭曰'梅岭'。"② 而《广东新语·人语》也载："项羽封鋗为台侯，食台以南诸邑。其后沛公以鋗能成番君功名，复封鋗广德十万户（侯）。"③ 梅鋗所辖地为梅岭南侧的南雄、始兴、仁化、翁源、曲江、英德等地，而其后裔则迁徙、分布广东各地。要指出的是，梅鋗后裔并没有在南雄留居，这可以从南雄人口及其族谱中得到证实。稍后的秦始皇二十四年（前 223 年），

① 广东省地方史志办公室辑：《广东历代方志集成·南雄府部（一）·（嘉靖）南雄府志》，广州：岭南美术出版社 2007 年版，第 53 页。
②③ （清）屈大均著，李育中等注：《广东新语注》，广州：广东人民出版社 1991 年版，第 62、200 页。

秦命尉屠睢率60万大军灭楚。接着屯兵于湘、桂、赣、粤、边界，并以数万之众渡岭击越。屠睢战死后，任嚣、赵佗统领5万士卒，秦朝对岭南的用兵及"万五千"随众所引发的南迁移民，是岭南有史以来第一次大规模的移民，他们是继梅鋗之后又一批落籍南雄的北方移民。汉武帝元鼎五年（前112年），南越王相吕嘉谋反，汉武帝命"卫尉路博德为伏波将军，出桂阳，下汇水；主爵都尉杨仆为楼船将军，出豫章，下横浦"。其中，楼船将军杨仆在击败梅岭守军后，乘楼船南下，与伏波将军路博德会合南海，并击叛军。平定叛乱后，在南海地设置南海、苍梧等九郡。除部分士卒留守外，其余北还。而戍守梅岭的是杨仆的裨将庾胜兄弟，所以，梅岭又有大、小庾岭之谓。秦汉经梅关古道对岭南地区的移民，是对岭南地区军事、政治势力的扩张，是一种军事力量的展示，因而具有明显的军事意义。

自开元四年（716年），曲江籍内供奉张九龄奉诏开凿大庾岭新路之后，南北交通得到了极大的改善，而天宝十四年（755年）爆发的安史之乱及稍后的黄巢战乱引发了唐代的移民潮，迁入岭南者不少。

至宋，罗贵群体南迁则是珠玑巷移民史上的最大事件。罗贵群体南迁之为似乎与所谓的"胡妃事件"有关。胡妃，也称苏妃、尼妃，今存的广府氏系族谱对此有较多的记载（详见本书第三章）。以罗贵为首的33姓97家结伴南下珠江流域是岭南历史上最大规模的南迁。

梅关古道及珠玑巷的移民具有典型的外拓性，他们不仅从珠玑巷南迁至珠三角地区，而且秉承着这种开拓精神继续向海外发展。对珠三角各姓及海外有关地区的客家各姓人氏的调查资料显示，很多姓族均能寻根珠玑巷。

区如柏在新加坡《联合早报》1991年1月31日发表《我们是珠玑巷的后人——粤语方言群广东人的祖先》一文，他说："我们的祖先在元军攻陷南雄前后，沿着浈江至韶州（南雄在浈江上游），又从韶州沿着珠江中的北江南到广州，再从广州逐渐迁到珠江三角洲各地……从七十多姓族人散居珠江三角洲的史实看来，大部分粤语方言群的广东人是珠玑巷的后人，又随着近代史上的多次移民浪潮，珠玑巷的后人更跨出中国大陆的版图，越过南中国海、越过印度洋、大西洋、太平洋，走向世界各地去。"曾祥委、曾汉祥在《南雄珠玑移民的历史与文化》中，通过引述区如柏之言，说："散居于珠江三角洲

及其周围地区，操广州方言的珠玑巷后裔，近代以来，拓破海域阻隔，大规模地走向东南亚、走向美洲、走向世界。"①他们认为"珠江三角洲及周围地区是珠玑巷人南迁后裔的集聚地，近代以来成为我国主要的侨乡：因之南雄珠玑巷不仅是珠江三角洲诸姓家族的发祥地，亦是侨居世界各地华侨华人的祖籍地之一。其流徙海外的缘由，在近代华侨出国史上具有典型意义"②。

从上面所引所述中，可以看出南雄珠玑巷人南迁后，其大部分后裔的海外拓殖是客观使然，从而也就表明了珠玑巷移民的特质。

（2）以安居为特征的乌迳古道移民。

北方移民大多通过岭南通道迁入南方各地，乌迳古道与其他岭南通道一样承接了北方移民的脚步。乌迳古道域内丰富的自然资源、较为安定的环境，为人们的生产、生活提供了保障性条件，从而形成了它与珠玑巷不同的移民特色。

乌迳古道域内现今居住了近60多个姓族。从族谱所记来看，他们在迁入该地域后，没有出现继续南迁的现象，更加没有出现像珠玑巷之罗贵一样，在征得官方同意的前提下率众南迁的情形。在遇到天灾人祸时，他们中更多的是选择回迁祖居地或散居近域。

据乌迳古道域内各姓的族谱记载，乌迳古道所承接的北方移民，最早的当是新溪（今新田）李族。

新溪李族，其开基祖是西晋愍帝朝正议大夫、太常卿李耿。其族谱云，李耿，秣陵人，西晋建兴三年（315年），因直谏晋愍帝而被贬为曲江县令，李耿居家由虔入粤，道经新溪，感于政局昏暗、时局动荡，遂弃官卜居新溪，繁衍生息成一方望族，历隋、唐、宋、元、明、清各朝，至今近1 700年。新溪李氏族谱中没有支脉外迁之记载。而今闽、台、赣、粤、桂和香港地区以及东南亚各国的李氏，尊李火德为始祖者甚多。2009年，新田村被广东省文联、民间艺术家协会认定为第二批"广东省古村落"而受到保护。

较早迁入乌迳古道域内的还有杜姓。乌迳杜氏，本自唐杜如晦之孙杜正宇，于唐天授唐寅元年（690年）自肇庆北上京师，经过肇庆、广州、韶关，行至乌迳时，闻政局丕变，家族遇难，便卜居乌迳古道

---

①② 曾祥委、曾汉祥主编：《南雄珠玑移民的历史与文化》，广州：暨南大学出版社1995年版，第51、52页。

域内，开基建村，名曰杜屋，"虽与端州山河阻隔，省郡相连"，"盖不忘所氏也"。从此"宇公为浈昌杜宅之始祖也"。乌迳杜氏自天授寿元年（690 年）自端州迁入，至今已有 1 300 余年。杜氏五修《族谱较修序》云："我祖由京兆而入岭南端州，由端州而雄，而闽，入豫而南。"① 笔者查遍杜氏一、二、三、四、五修族谱，乃至联谱，均未见乌迳杜氏后裔迁入珠三角地域之记载；相反，杜氏后裔就近卜居乳源、乐昌，迁江西南安、龙南、南康、吉水、万安，福建建宁等地者较多。

又如：七星树下叶氏。叶姓是乌迳古道内较大的族群，称"叶姓八支"。叶氏联谱称：叶氏受姓始祖诸梁一世，周楚大夫，居南阳郡。传七十世叶乾昱，居浙江松阳，后裔先后有八支迁来南雄，大部分卜居乌迳古道域内。乌迳叶姓以叶崇义（名浚）为开基祖。叶浚，唐乾符（874 年）初授广东崖州都督，年老告归，至南雄，闻黄巢乱，乃卜居乌迳七星树下，开创叶氏基业。叶浚生三子，三子叶雨时（字云兴）仕南汉，以军功授千夫长，戍守乌迳，保境安民。后晋时，贼兵犯境，叶云兴接战于白石岗，阵亡，敕封护国都统。七星树下叶族（今乌迳水城城门上仍存有"七星世镇"之匾刻）视其为开基祖及叶姓姓氏节纪念之祖。其后裔播迁乌迳、坪田、新龙、孔江、界址等地。

再如：乌迳古道牛子石赖氏。牛子石赖姓族人，乃赖氏第五十三世永诚公之后裔。赖永诚一支，本源河南颍川，先祖居福建武平，明宣德年间，由福建武平迁江西会昌。嘉靖年间，又由会昌迁江西信丰。后裔赖汝文之赖万芩、赖万芳二子于明正德年间由信丰迁来南雄乌迳牛子石域，赖万芩在孔塘开基，赖万芳在庙前开基。此后，赖汝文一脉子孙繁衍，明清年间，环聚牛子石，方园五六百户；还播迁于乌迳、老龙、背迳、大竹、布庄、田心、沧浪、白胜以及界址汶井、下屋、珠玑叟里元、梅岭大源、梅关、黄坑许村，湖口抚岭等处；亦有迁江西之信丰、大余、南康、会昌、赣州，远播四川、湖南、广西等地。赖氏历次所修族谱未见有继续南迁之记载。

新溪李族、杜屋杜族、七星树下叶族是乌迳古道域内迁入时间较早、人口繁衍较多的宗族，又因杜族于宋、明时期的兴旺，以致后来有以"杜姓为大"的"一姓三乡"之说。据乌迳杜姓老人及周边各村

① 《中国江南杜氏联修族谱》，1995 年，第 235 页。

的老人讲述，明清及后，每年年初乌迳舞狮"开市""出行"，四乡之"狮"均先要到杜屋祠堂行礼后，才能到各村各家去"舞"，杜姓受到尊重，由此可见。

至于乌迳古道域内的其他族姓，如乌迳水松董族、官门楼黄族、界址赵族、湟溪严族、大坑龚族、油山平林孔族、大塘上朔彭族、延村冯族、南亩鱼鲜王族等50余姓，从其族谱中所记，都未能发现其外迁之支脉，而就其所举行的修祠、祭祖活动中也少言及他乡之支脉。

乌迳古道域内的"移"入之民与珠玑巷移民的不同，最突出的一点是：珠玑巷移民自中原南迁至珠玑巷后，由于受到各种因素的影响，又需继续南迁。如：南宋绍兴元年（1131年），因"胡妃（一说苏妃）事件"、自然灾害及闽、粤、赣、湘边的动乱，致使珠玑里里长罗贵"率珠玑巷38姓98户上千人南迁珠江三角洲一带"①。究其原因，则是由于珠玑巷的特殊地理位置，它不仅"是驿道上必经的一站、最重要的一站，又是难民们入粤的第一站，还因为它的知名度，因为有许多人日后实际上就居住在巷内和附近，所以珠玑巷就成为整个地域的象征。等到南迁之后，就变成了故乡的象征。唯其如此，才能解释为什么这么多人都自称出于珠玑巷"②。也正是由于珠玑巷存在这样的条件，所以，稍有战乱、灾害便会引发居民的迁徙。

乌迳古道移民，他们大部分是宋、明时期迁入。乌迳古道域内丰富的自然资源、较为安定的环境，为人们的生产、生活提供了保障性条件。他们迁入后，定居于斯、安居于斯，少有南迁之举，成为当地稳定的社会主体，在长期的生产、生活中造出富有特色的乌迳古道文化，从而形成了与珠玑巷不同的移民特色和古道文化圈。

由此，笔者认为，乌迳古道移民与珠玑巷移民存在根本的差别，那就是乌迳古道移民具有典型的稳定性，而珠玑移民具有典型的外拓性。近年董氏七修族谱及寻根活动、《李氏南迁族谱》首发式及庆典活动，虽然有珠三角众移民后裔参与，但就其实际情况而言，仍以珠玑巷移民为中心。相比之下，乌迳古道域内移民问题，很有深入研究的必要。

---

① 南雄市人民政府地方志编纂委员会编：《南雄市志》，广州：方志出版社2011年版，第606页。

② 曾祥委、曾汉祥主编：《南雄珠玑移民的历史与文化》，广州：暨南大学出版社1995年版，第23页。

3. 以姓氏节为系带的习俗文化

2007 年，南雄市人民政府将南雄民间舞蹈——双龙舞双狮、九十九节长龙、香火龙、磨地狮、青草狮、姓氏节六个项目列入第一批县级非物质文化遗产项目，可见这些习俗文化的影响力。

（1）姓氏节。

需要澄清和明确的是，南雄的姓氏节主要是指乌迳古道域内各姓族人所传承的节庆民俗，它只在南雄的"上方"以乌迳为中心，涵盖乌迳、孔江、界址、新龙、坪田、油山、大塘、黄坑、南亩及湖口等乡镇，即仅在乌迳古道域内流行，而非泛指整个南雄都流行的姓氏节。

但是，就大珠玑文化的打造而言，这个姓氏节文化应该成为大珠玑文化的重要内容。

身为客家人的乌迳古道域内各姓族人很重姓氏，域内传承着姓氏节之民俗。乌迳古道域内各姓族人的姓氏节，一般以该族祖先的生日或对该氏族具有重大意义的日子为姓氏节之日期，以祭祀先祖、敬宗收族、增进情谊为宗旨，娱神、娱人相结合，体现出地方民俗文化的典型特质。现今乌迳古道域内较大的姓氏，都盛行着姓氏节。如王姓为六月初六，彭姓为十月初八，黄姓为八月初十，赖姓、杜姓为七月初七，李姓为九月十三，新龙王姓为七月十三，赵姓为七月十三、董姓为八月十四，坪田叶姓为八月十六等。各姓节日，届时杀鸡宰猪，全族男女老少（包括已出嫁的妇女）同祭祖先、共叙亲情。姓氏节流行至今，虽然仪式日益简化，但敬祖睦族之风犹存。

（2）雷爷节。

每年六月十三为雷爷节，雷爷，即雷公、雷神。雷爷节流行于珠玑、湖口等地，当地对这一节日十分看重。节前十天，当地人会请道士设坛，将长大的毛竹做成旗杆，直指云天，请雷爷下凡。六月二十三，在道士指引下祭坛祈祷，请雷爷及时行雷布雨，以保风调雨顺、五谷丰登。有些结婚多年未生育或未生育男孩的妇女，经过一番梳洗，换上新衣，披头散发地跪在旗杆前，祈求雷爷保佑生子。节日那天，家家户户亲朋都来做客，热热闹闹，喜气洋洋，节期为一天（时值农忙之故）。

此日有两个显示雷爷神威的活动：一个为上刀山（爬刀梯），另一个活动是打白水麻糍。其主旨是请雷公下凡，保风调雨顺、五谷丰

登、人丁旺盛。

雷爷节之上刀山，其形式与壮、瑶等少数民族的祭祀活动相同，与流行于广东省湛江市等地区的民间绝技也相同。上刀山作为地域文化的一种独特表现形式，历经百余年的传承流变而至今不衰，既表现了人们的勇敢与坚韧，也表现了这一民间文化的生命力，其对强化文化认同具有不可替代的重要作用。它的丰富内容和基本特征及其对历史的传承，在我国传统文化中实属罕见，对它的抢救、保护和传承有着较高的价值。

（3）舞狮、舞龙。

南雄之舞狮，又称"狮子舞""狮灯""舞狮子"。舞狮是一种古老的汉族民间舞蹈，是中华民族优秀的民族传统艺术之一。南雄之舞狮传统悠久，各乡镇、村落均有舞狮队。湖口镇承平洋汾管理区的磨地狮起源于1928年，由南雄城人谢科通发起，其主要目的是娱乐、庆丰年、庆太平等；舞青草狮起源于清朝顺治年间，是由开基祖寿湖公首创，至今已有300多年的历史。

南雄之舞龙，种类也多，除流行较广的五节龙、九节龙外，最有特色的是香火龙、"九十九节长龙"。

南雄香火龙，发源于百顺镇白竹片村，距今有近300多年的历史。村民每逢春节的初二到元宵节都要组织舞龙活动，当地人称"闹春"。香火龙有公、母之分，公龙体长9.9米，母龙稍短，约9米，有"地久天长"之寓意，每条龙一般由7到9人舞动。其独特之处是整个龙身均用干稻草捆扎而成，而且龙身插满燃香，需夜间表演。

表演时，由一位站在中央的老者舞动龙珠（火球）逗引双龙出场，舞龙者双手举着火龙，脚下踩着"龙、虾"步法，时而"双龙戏珠""跳跃龙门"，时而"双龙出海""游云四海"，浑身金光闪闪的龙身在夜幕中狂舞，上下翻腾、左右旋转，高潮时两条火龙在空中快速地飞舞盘旋，点点燃香流光溢彩。结束时舞出的"上上大吉"字样，更具祥和意蕴。

香火龙的兴起，源于清初百顺地区民间传说。相传康熙年间，百顺一带大旱，蝗虫肆虐，瘟疫流行。一天晚上，村中一老人梦见村边响水塘飞起两条金龙，金龙四处游走，所到之处灾害尽除。第二天，老人将梦中所见告诉村里人，并带村民去响水塘察看，发现那里堆着

两堆干稻草。受此启发，老人便倡导村民以稻草扎成两条草龙，并在草龙身上插满燃香，让村里身强力壮的青年举着香火龙在村里各处游走，以示驱灾祈福之意。果然，经此一闹，不久就天降大雨，旱情解除，疫害尽消。从此，每年村里便有舞香火龙之举，并传承至今。现今，舞香火龙之习俗普遍流传于南雄各乡村。

1986年，白竹村成立了民间艺术表演队，不但每年春节期间在村里穿村道串田间游走祈福，还多次参加省、市各类艺术节。2009年，中国文化部组织有关专家对全国申报的3 136个项目进行评议，认为南雄香火龙其独特造型，充分体现了民间艺术文化的精髓，是岭南文化重要的组成部分。

而"九十九节长龙"则是珠玑镇叟里元村的一项传统民间艺术。据该村老人口述，此项活动起源于明朝初期，至今近1 300年。叟里元村之九十九节长龙代表九十九个姓，寓意九十九姓人团结一致、和睦相处、邻里友好。龙每节长25米，整条龙的长度达250米，舞动时需110人。抗日战争爆发后，"九十九节长龙"沉寂了，而在2008年奥运会期间修复舞起，风采再现。

南雄之习俗文化项目繁多、内容丰富，是构成大珠玑文化的重要元素。进一步保护好这些习俗文化，开发其应有的价值，是大珠玑文化建设的重要议题。

4. 以姓氏节为特色的古村落文化

姓氏节，简单而言就是"以姓为节"的传统民俗，也是一种节庆文化，在今天的中华各地并不多见。

乌迳古道域内各姓氏的姓氏节，是指同姓同宗的族人所认同的、以家族形成中的某一重要时间或家族中某一显要人物的生辰为特定庆贺的时间，并得到族人承继而延续下来的传统民俗，它具有祖先崇拜的典型特征。

据初步调查，现今仍然保留传统姓氏节的姓氏主要有李、叶、杜、赖、董、王、邓、赵等20余姓，人口5万余人。他们主要散居于乌迳古道域内，包括乌迳、界址、坪田、油山、黄坑、大塘、南亩、湖口等周边乡镇。

姓氏节是乌迳古道域内各姓族人在生活中形成的一个传统习俗。由于乌迳古道域内各姓族人，有些姓氏迁入的时间较早，保留下来的

古建筑较多，影响也较大，以致形成了较为稳定的生活习俗和特定的民俗文化。至今为止，南雄境内为广东省文联、民间艺术家协会所认定的乌迳新田、南亩鱼鲜、黄坑溪塘和百顺黄屋城四个古村落中，前三个均位于乌迳古道域内，而乌迳镇的杜屋、新田、水松、孔塘、白胜，界址的赵屋、鱼鲜，黄坑的溪塘等村也都是有一定历史的古村落，以致形成了具有一定文化底蕴的古村落文化。

（1）鱼鲜古村。

鱼鲜古村位于南雄市东部南亩镇的南亩水边（南亩水入昌水）。据鱼鲜村王氏族谱记载，鱼鲜王姓，世居福建上杭，南宋乾道五年（1169年），三槐后裔王德显在广州任教谕满归家，途经南雄，看见这里山川秀美，就此卜居立祠。被誉为"古晋名家""江左名家"的鱼鲜古村保留了较多的古建筑，2008年被列为广东省首批27个古村落之一。

（2）新田古村。

新田古村地处南雄市东部乌迳镇的昌水边。西晋愍帝时太常卿李耿于建兴三年（315年）被贬谪为始兴郡曲江县令，"由虔入粤，道经新溪"。李耿深感时局艰危、新溪环境幽雅柔美，遂弃官卜居于新溪。新田古村的历史距今已近1 700年，比梅州客家程旻的程乡要早近200年，可谓是客家"迁雄第一村"。唐宣宗大中年间户部侍郎李金马为李耿之十一世孙。对此，明嘉靖《南雄府志》记：唐宪宗元和，"李金马，保昌人，力学有大节，累官户部侍郎，金紫光禄大夫"。李金马举贤良方正、直言极谏科，开南雄州人文之首、科举之先。新溪村（后更名新田村）自开村后，历隋、唐、宋、元、明、清诸代，保留了较为完好的古建筑。据嘉靖《南雄府志》有关寺院的记载，"临水，新田村，唐咸通六年建"。[①] 2009年，新田村被广东省文联、民间文艺家协会认定为广东省第二批37个古村落之一，被广东省住房和城乡建设厅、广东省文化厅认定为广东省第二批15个历史文化名村之一。

（3）溪塘古村。

溪塘古村，地处南雄市东部黄坑镇的昌水边。元德祐二年（1276年），陈福基定居于溪塘，为溪塘陈姓之开基祖。据史料记载，公元

---

① 广东省地方史志办公室辑：《广东历代方志集成·南雄府部（一）·（嘉靖）南雄府志》，广州：岭南美术出版社2007年版，第113页。

917 年，刘䶮建南汉国，920 年迁南雄州城于溪塘。溪塘陈氏族谱也记："雄城东七十里，古志名莲溪。初置雄州，经之营之度地，居民则于溪塘是卜，此古营建处也。学宫神庙设其制，衙署城池定其规，至今基此，犹存不朽焉。"族谱所记说明，溪塘曾经是南雄州治所在，曾有"千家村、百家姓"之称。因此，溪塘村又有"南汉雄州第一城"之称，而村内保存最完整的西平堂李氏祠堂，堪称"岭南西平李氏第一祠"。溪塘村虽经千年风雨洗礼，作为"南雄第一州府"的辉煌已不复存在，但村内保存了较多的古祠堂、古门楼等古建筑，如"溪澜毓秀""溪江华第"等石匾、"乾隆拾壹年丙寅岁恩进士陈国绍立"进士牌坊、大小宗祠数栋以及村旁的护溪禅寺（又名水口寺，今存寺基）。

另：溪塘出产溪塘石，此石石色浅赭，质地优良，可雕刻。据传，此石古时已开采，远销广州等地。

（4）水松古村。

水松古村（又名松溪村），位于乌迳镇水松，乃董氏开基地。水松董氏族谱记：水松董氏建村于宋朝。董氏原居江西乐安，宋元符三年（1098 年），耒阳知县董侁（进士）之六子董玮，由荐举南雄州刑曹参军，随任携家居雄城东门孝悌街，后迁松溪。后裔孙董政聪，为宋朝都司千兵长，率董双保、董双生二子平南海有功，后为奸臣谋杀，宋追封其为宣政武略将军。据其族谱介绍，文天祥曾为其题诗，曰："烈哉公乔梓，不忝岳家将。一战平南海，大宋山河壮。"坪田将军山、乌迳罗汉岩两处胜景现今属董姓属地。

与南雄的其他几个区域文化圈相比，乌迳古道文化圈形成时间较早，古道域内古村多。除上面介绍的外，古道域内还有其他具有一定历史和影响的古村落，如乌迳孔塘村、白胜村、杜屋村、官门楼村、界址叶坑村、赵屋村、洋街村、黄坑村等，它们不仅建村历史悠长，而且村落文化繁荣，如祠堂文化、景观文化、宗教文化等，与姓氏节文化共同构成了富有特色的地域文化。

5. 以"四教并存"为格局的宗教文化

大珠玑文化中的宗教元素主要是佛教、道教、天主教和基督教。

（1）佛教元素。

佛教于东汉时传入南雄，唐宋时期为盛，至今有近 2 000 多年的

历史。

第一，院、寺情况。

据明嘉靖《南雄府志》记："保昌延寿院，在里营村，汉永和二年建。"① 建于东汉顺帝永和二年（137年）的延寿院，是古代南雄已知的、迄今最早的寺院。稍后，有唐代咸通年间建于平田村的宝成院、咸通六年（865年）建于新田村的临水院，宋代乾兴元年（1022年）建于上朔村的花林院、德祐元年（1275年）建于上朔村的花林院。

较出名的寺院有云封寺，在梅关侧，唐时创建，宋大中祥符二年（1009年）赐此名，俗称"挂角寺"。相传梁时飞来寺自吴中飞来，触梅岭缺去一角，遂名。明嘉靖《南雄府志》记："保昌仁寿寺，在城东二里，宋景定壬戌（1262年），僧无范建。"② 又据《南雄市志》载：宋代还添建延祥寺、沙水寺、龙泉寺、云峰庵和仁和院等31所寺院。所建寺院中，以珠玑巷之沙水寺最为著名。该寺建于北宋哲宗年间，有高僧住持，清咸丰年间被战火焚毁。元代添建西山寺、石桥寺、观音院等4所寺院。至明代嘉靖年间，全县有寺院、庵堂47所。至清道光四年（1824年），发展到99所。民国时期，佛教僧尼大都因兵燹而迁散。至1949年，全县有佛教徒50人。

第二，惠能与梅关古道上的"衣钵石"。

在梅关关楼以南约200米处幽静的山谷之中，有一座衣钵亭，亭里面稳稳地安放着一尊六祖钵（亦叫"衣钵石"）。

据史料记载：惠能（638—713年），俗姓卢，唐新州（今广东新兴）下卢村人，原籍范阳（今北京大兴区）。唐贞观十二年（638年）二月初八出生，玄宗先天二年（713年）圆寂。惠能三岁丧父，少时家贫，以砍樵卖柴供养其母。后闻《金刚经》，有心向佛。唐显庆六年（661年），24岁的惠能赴湖北黄梅寺，拜五祖弘忍为师，并以"菩提本无树，明镜亦非台。本来无一物，何处惹尘埃"一偈深得五祖赏识，传授衣钵，是为禅宗六祖。

六祖获得五祖衣钵后，为避对手（五祖大弟子神秀等）加害，连夜秘密南遁。不日，正当他行至大庾岭时，却遭到神秀师弟惠明（唐高宗时三品大将军）的追截，要惠能放下衣钵。在此紧急关头，惠能

①② 广东省地方史志办公室辑：《广东历代方志集成·南雄府部（一）·（嘉靖）南雄府志》，广州：岭南美术出版社2007年版，第113页。

以"不思善、不思恶，正是你本来面目"的佛理教化惠明，使惠明心净眼明，从谋夺袈裟衣钵转化为求法。经此，惠明（后改道明）日后遂成为六祖的得力门徒和护法王。而惠能脱险后，口渴难当。岭上无水，便以杖点石，遂涌清泉。后来，佛门弟子为纪念六祖在梅岭脱险，便在六祖放衣钵之处附近修建了六祖庙，将六祖以杖击石形成的泉眼称为"卓锡泉"（又称"衣钵井"），将六祖放衣钵的石头称为"六祖石"，惠能显法大庾岭的史迹也因被史书记载而广为流传。

第三，知名高僧。

古代南雄域内较出名的和尚有"小释迦"、黄龙草堂和尚等。

"小释迦"，即仰山慧寂禅师（840—916 年）［一说（807—883 年）］，唐代禅僧①。

《南雄府志》载："小释迦，讳惠寂。保昌怀化人也，叶氏。九岁出家，十七岁披剃，十八往曹溪真藏主位下听《维摩经》。其年往吉州孝义寺礼性空和尚为师。空曰：'吾非汝师，新淦耽源山有老宿，名真应，汝可往彼。'寂如其言。耽源曰：'六代祖师临灭时，谓老僧曰："吾灭后三十年，南方有一沙弥到来，大兴此教，今付与汝。"'后往洪州观音寺。一日，有异僧在前礼拜，起问：'和尚，还识字否？'寂曰：'粗浅'。僧画一画，寂添为十字。僧添为卐字。寂作一圈围卐字，僧右旋一匝翘足于寂前作楼至佛势。寂曰：'是诸佛护念，汝亦如是，吾亦如是。'僧曰：'善哉，善哉！本来东土礼文殊，今日却见小释迦。'礼拜，出门腾空而去。因号曰：'小释迦'。唐武宗会昌元年（841 年），至袁州仰山结庵。三年四月十三日，忽风雷暴作，山上神祠巨松皆移向褚田山下三十里。咸通五年（864 年），赐号知宗大师。乾符四年（877 年），赐号澄虚大师。中和三年（883 年）二月十三日入灭。天祐十一年（914 年），赐谥通知大师。靖康初，加谥灵威。相传是山遇有雄人至，则锡杖先鸣。（按宋志云）"②

关于慧寂之籍贯，学界有"韶州怀化""韶州浈昌""韶州仁化"和"保昌怀化"之说。

《祖堂集》《五灯会元》《袁州仰山慧寂禅师语录》《佛祖历代通

---

① （宋）《高僧传》卷十二、《景德传灯录》卷十一、《传法正宗记》卷七皆有记。

② 广东省地方史志办公室辑：《广东历代方志集成·南雄府部（一）·（嘉靖）南雄府志》，广州：岭南美术出版社 2007 年版，第 112 页。又见《韶州府志》卷三十八。

载》《释氏稽古略》与《景德传灯录》均记为"韶州怀化"人。

《宋高僧传》记为"韶州浈昌"人，陈垣《释氏疑年录》、杨曾文《唐五代禅宗史》等均采用此说。

而《光孝寺志》《仁化县志》《新编曹溪通志》则记为"韶州仁化"人。

《南雄府志》记为"保昌怀化"人，本书以此为据。

而据唐陆希声之《仰山通智大师塔铭》及其他史料，可以略述出其主要经历和弘法之处：

唐宪宗元和二年（807年）六月二十一，生于韶州浈昌县怀化镇（今韶关市南雄珠玑镇，此论值得商榷）。

穆宗长庆三年（823年），17岁，于韶州南华寺依通禅师出家披剃。长庆四年（824年），18岁，往曹溪真藏主位下听《维摩经》。后至吉州孝义寺礼性空和尚为师，又至新淦礼耽源真应为师。

文宗宝历二年（827年），时20岁，到沩山参谒灵佑禅师，成为灵佑的弟子，前后共十四五年。在此期间，于大和三年（829年）受具足戒，成为正式的比丘。

会昌元年（841年），35岁，离开沩山，到袁州的仰山结庵传法，为时近二十年，授徒传法，徒众多达500至700人。

咸通二年（861年），55岁，离开仰山到洪州府治所在地（今南昌）的石亭观音院传法，徒众曾达500人。其间，号为"小释迦"。

咸通五年（864年），57岁，赐号"知宗大师"。到韶州东平山居住弘法。

乾符四年（877年），71岁，赐号"澄虚大师"。

中和三年（883年）二月十三，77岁，于东平山圆寂。

大顺二年（891年），赐谥号"通智大师"，敕塔名"妙光之塔"于东平山。

北宋靖康元年（1126年），加谥号"灵威"。

元仁宗（1312—1320年），加封谥号为"慧慈灵感昭应大通正觉禅师"。

所以，唐代陆希声之《仰山通智大师塔铭》记："大师元和二年六月二十一日生，中和三年二月十三日入灭""大师法名慧寂，居仰

山日，法道大行，故今多以仰山为号，享年七十七，僧腊五十四"①。

关于慧寂与东平山。清光绪《曲江县志》载：正觉寺，在县境东平山，唐释慧寂建。宋至道年间烧毁，不久复建。咸平元年（998 年）敕赐"正觉寺"。对此余靖在《武溪集》卷七《韶州重建东平山正觉寺记》一文中有较详细的记载。此记撰于北宋仁宗皇祐元年（1049年）四月，为当时的住持得彬禅师重建正觉寺而作，记录了东平山的位置、正觉寺的沿革和历代住持、慧寂弘法的盛况等情况。

黄龙草堂和尚则是宋代保昌之另一名和尚。《南雄府志》据宋《嘉定志》载：黄龙草堂和尚，讳善清，保昌人，何氏。8 岁出家，24岁策经剃度，29 岁得法于黄龙宝觉禅师。绍兴壬戌（1142 年）正月二十八，微疾，三十日坐化，年 86 岁。

除上述之外，大珠玑文化的佛教元素，还应该包括正在开发和有待开发的寺院。

（2）道教元素。

道教于东晋时传入南雄，至今已有 1 600 多年的历史。南雄道场，较为知名者为洞真古观。

洞真古观位于广东省南雄市的梅岭南麓的翠屏山中。翠屏山腹藏天然石灰岩洞，洞中有一乳石笋悬吊洞中，形如吊钟，以石击之声如钟鸣，称之钟岩；又有一巨石笋，形如战鼓，以石击之，声如鼓响，谓之鼓岩；两岩合称钟鼓岩。唐贞观年间，道人在翠屏山创建洞真古观，初建时就占据整座翠屏山，建有山门牌坊、道观大门及太上老君殿、玉皇大帝殿、纯阳殿、三元殿等。明万历六年（1578 年）全真龙门派第八代弟子李守仁，奉派来洞真古观主持，他重兴钟鼓、梳妆二岩，倡建万福灵洞、崆峒亭。

据《直隶南雄州志》载：相传东晋元帝时，道家葛洪曾在县城东境姮娥嶂（今南雄翠屏山）采药炼丹，潜心修道。当地山民称之为道人岩。后葛洪南下罗浮山，仍有道人在此隐居。

南雄道场，除钟鼓岩之洞真古观外，还有唐贞观年间在县城建的元妙观，乾符二年（875 年）在邓坊村建的明净观，宋景祐四年（1037 年）在上朔村建的鹤鸣观，大中祥符时县城各街的天符宫，元

---

① 宜春禅宗志编纂委员会编：《宜春禅宗志》，北京：中国文史出版社 2007 年版，第229 页。

至正元年（1341 年）在古城村建的真仙观。明洪武十五年（1382 年）县衙门设道会司，置道会一员，管理保昌县道教事宜；嘉靖年间，全县有道教观坛 6 所。清乾隆十八年（1753 年）增至 8 所；道光四年（1824 年）为 10 所，以梅岭钟鼓岩洞真古观为著；同治二年（1863 年），南雄知州沈亨惠请南山道人程明善到钟鼓岩住持，重修钟鼓、梳妆二岩，修建洞真观、万福洞、灵台阁及崆峒、倚翠诸亭，至光绪九年（1883 年）仲春竣工，为南雄一胜景。1949 年全县观坛只剩 4 所，有道徒 100 人。新中国成立后，传道观坛多废，只存洞真古观 1 所。

（3）天主教元素。

天主教传入南雄始于明万历十七年（1589 年），意大利人利玛窦在韶关传教，到南雄县城发展教徒 5 人。清康熙二十七年（1688 年），法国天主教马神父到南雄传教。此后，意大利、匈牙利和南斯拉夫等国传教士受慈幼会派遣，相继到南雄传教。雍正九年（1731 年）柯加禄等人，先后在荆岗、黎口桥、杨梅坑、龙陂塘、长浦桥等村和县城龙勾巷建立了 6 间天主教堂；在黎口的里坑、城郊的莲塘、水口的大岭背、油山的平林等地设立了 4 间传教公所；在龙勾巷设立了 1 间医务所；在荆岗、黎口桥和龙勾巷各设立一所晓明小学。1949 年，天主教共有教徒 148 户 630 人，以荆岗、黎口桥为多。

（4）基督教元素。

基督教在南雄有中华信义会和浸信会 2 个教派。1880 年 2 月，德国牧师雷起力、何迈贤在修仁建巴陵会德华福音堂。1915 年杨牧师在教堂设立南雄第一间西医诊所。此后，相继有德国牧师陶威治、韩范士等人到南雄传教，兴办德华小学。1937 年，福音堂迁至县城，改名中华信义会。1945 年 9 月，美国传教士接管中华信义会，至 1949 年，已发展教徒 124 名。

南雄浸信会于 1923 年由美国山德士牧师传入，至 1949 年，已发展教徒 19 名。1951 年 3 月，该会因经济困难，与信义会合并。

1955 年后，教徒集中活动逐渐停止。1985 年 12 月 7 日成立南雄县基督教三自爱国会筹备小组。1993 年 5 月恢复活动。1994 年春，在洋汾路 26 号兴建福音堂，共有教友 300 多人。

佛教于东汉时传入南雄，历史悠久。在佛教传入后，相继有道教、

天主教、基督教在南雄发展，从而形成了多元的宗教文化格局。

6. 以"以物寄情"为特色的古道咏梅文化

古南雄州，"交广咽喉，控带群蛮"，为南北之要冲。而自唐开元四年（716 年）张九龄奉诏开凿梅关古道后，梅关古道便成了连通岭南、岭北主要的交通要道，历代途径梅岭的名人不少，留下了诸多人文古迹。如张九龄、张祜、宋之问、沈佺期、朱熹、苏轼、文天祥、戚继光、汤显祖、林则徐等都曾到过梅岭，并留下了许多脍炙人口的诗文。无产阶级革命家陈毅领导粤赣边区游击战时，曾多次翻越梅岭，写下了《梅岭三章》《偷渡梅关》等著名诗篇，形成了独特的名人文化。

（1）张九龄与梅关古道。

张九龄，字子寿，一名博物，广东曲江人。唐中宗神龙元年（705 年）乙巳登进士第，开元二十四年（736 年）入相，封始兴伯。

唐玄宗开元四年（716 年），时任左拾遗的张九龄，因直言得罪了当政者，告病回曲江，越大庾岭时见岭路峭险巉绝、人苦峻极，便上奏请开凿大庾岭新路以改善南北交通，使岭南和海外之"齿革羽毛""鱼盐蜃蛤"运进中原内地，达到"上足以备府库之用，下足以赡江淮之求"。因此，新开岭路是一种客观的要求、时代的要求。于是，张九龄奉诏，"钦冰载怀，执艺是度，缘蹬道，披灌丛，相其山谷之宜，革其坂险之故"，利用"岁已农隙，人斯子来，役匪逾时，成者不日，则已坦坦而方五轨，阗阗而走四通，转输不以化劳，高深为之失险"[1]，从而使"畏途"变成了"坦途"。

为感张九龄奉旨新开大庾岭路之功德，后人分别在南雄城、梅岭、始兴、曲江（今韶关）先后建有四座文献公祠。祠内塑像和立碑并以记其事，以供后人敬祭和瞻仰九龄之遗风。梅岭顶上的文献公祠塑有像，并刻有张九龄《开大庾岭路记》。而且，为表彰张九龄侍妾戚氏对张九龄开凿大庾岭新路的支持和贡献，后人在新路口南山脚下建起了夫人庙以纪念之。

（2）诗人墨客与梅岭诗词。

梅岭以梅著称。《直隶南雄州志》记："庾岭有梅，古昔已然"，

---

[1] （唐）张九龄：《曲江集》（第 17 卷），上海：上海商务印书馆 1937 年版，第 180～181 页。

又引《郝氏通志》曰："庾岭梅花，微与江南异。花颇似桃而唇红，故名红梅""亦有纯红者。岭上累经增植，白者为多"。由于岭南、岭北气候的明显差异，岭上梅花有南枝先开、北枝后放的奇景，"庾岭寒梅"是我国历史上著名的十大梅景之一。与梅花相关联，历代途经梅岭之诗人、墨客在此留下了不少咏梅、寄情感路之诗文，使珠玑大文化更添魅力。

现据明嘉靖《南雄府志》、清道光《直隶南雄州志》等相关史料所载，选辑相关名人的诗词如下：

三国时吴国后期重臣陆凯，讨珠崖于梅岭作诗寄范晔，诗云："折梅逢驿使，寄与陇头人。江南无所有，聊赠一枝春。"是为有关梅岭较早的诗文记载。

唐高宗年间进士李峤、睿宗年间宰相张说及开元时期进士刘长卿，经梅岭皆有梅岭诗作。张说之《冬日见牧牛人担青草归》诗云："塞上绵应拆，江南草可结。欲持梅岭花，远竞榆关雪。"刘长卿则留下"又过梅岭上，岁岁北枝寒。落日孤舟去，青山万里看。猿声湘水静，草色洞庭宽。已料生涯事，唯应把钓竿"的《却赴南邑留别苏台知己》之诗。

唐后，梅关古道是南北的重要交通要道，途径梅岭的人氏较多。据初步统计，就北宋时期，途径梅关并留有诗作的就有：张士逊之《云封寺》、章得象之《放钵石》、晏殊之《瑞鹧鸪·咏红梅》、宋庠之《梅》、余靖之《题庾岭三亭诗·来雁亭》、欧阳修之《望梅花》、王珪之《梅花》、刘敞之《梅花》、曾巩之《赏南枝》、王安石之《望越亭》、苏轼之《赠岭上梅》和苏辙之《和子瞻过岭》。其中，苏轼被贬岭南次数较多，其遭贬南下和遇赦北归经过梅岭时，曾写下不少诗篇，既表达了他对梅花的赞誉、又流露出被贬或被赦的复杂心情。如《赠岭上梅》云："梅花开尽杂花开，过尽行人君不来。不趁青梅尝煮酒，要看红雨熟黄梅。"《赠岭上老人》云："鹤骨霜髯心已灰，青松合抱手亲栽。问翁大庾岭头住，曾见南迁几个回？"

南宋时期则有陈与义之《瓶中梅》、赵鼎之《蝶恋花·长道县元彦修梅词》、张九成之《十二月二十四日夜赋梅花》、范成大之《岭上红梅二首》、杨万里之《题南雄驿外斗室》、朱熹之《登梅岭》、文天祥之《南安军》、张道洽之《岭梅》、刘黻《用坡仙梅花十韵》。其中

朱熹之《登梅岭》云："去路霜威劲，归程雪意深。往还无几日，景物变千林。晓磴初移屐，密云欲满襟。玉梅疏半落，犹足慰幽寻。"文天祥之《南安军》云："梅花南北路，风雨湿征衣。出岭谁同出？归乡如不归？山河千古在，城郭一时非。饿死真吾志，梦中行采薇。"

元时有杨泽之《云峰庵》、刘秉忠之《岭北道中》、聂古柏之《梅岭题知事手卷》。

明清时期，路径梅岭并留有诗句者，如明代的解缙有《谒文献公祠四首》、张弼有《红梅赠翁金事》、张诏有《梅岭路》、丘浚有《题大庾岭红梅三首》、刘节有《庾岭红梅》、汤显祖有《秋发庾岭》，清代的朱彝尊有《度大庾岭》、王士禛有《大庾岭》和《归度大庾岭》、杭世骏有《梅岭》、杨宗岱有《岭路》、李如筠有《度大庾岭》及胡定之有《庾岭红梅》等。

由于政治等因素，古代诸多诗人墨客经梅岭，或南下，或北上，在此所留下的咏梅诗句，不仅是对梅岭之梅的赞美，也流露出经梅岭而发出的种种哀伤。

直至当代，有开国元帅陈毅在南方坚持三年游击战争时期，在梅岭上留下脍炙人口的《梅岭三章》，还有何香凝之《重游大庾岭　北伐途中》、陈丕显之《重访梅关》等。

（3）梅岭情怀、激励后人。

以开国元帅陈毅在梅岭留下脍炙人口的《梅岭三章》为例。

其一　　断头今日意如何？创业艰难百战多。
　　　　此去泉台招旧部，旌旗十万斩阎罗。

其二　　南国烽烟正十年，此头须向国门悬。
　　　　后死诸君多努力，捷报飞来当纸钱。

其三　　投身革命即为家，血雨腥风应有涯。
　　　　取义成仁今日事，人间遍种自由花。

《梅岭三章》中，第一首表现了生死不渝、誓与反动派血战到底的革命精神，第二首表现了关心国家命运、切盼人民解放的革命精神，

第三首表现了乐观坚定的革命信念和甘为信仰牺牲的革命精神。

总之，梅关及梅岭上留下的历代名人的传世佳作200余首，构成了梅关古驿道清香不绝的梅文化，它们是大珠玑文化的重要元素。

7. 以"庾岭寒梅""官道虬松"为特质的生态文化

南雄生态资源丰富，古道生态保存较好，自张九龄开凿梅关古道，手植松、梅树之后，历代对梅关古道的修筑不断，加上梅岭上固有的红、黄梅景观，以致形成了"梅树参差，至腊月，南枝先开，北枝后开，疏影横斜，暗香浮动，佳致可人"的"庾岭寒梅"。"夹道荫翳，形若虬龙"的"官道虬松"是南雄古六景中的重要美景之一，历来吸引了不少文人骚客咏梅赞松，让游人流连忘返。以自然资源为内容的生态文化是大珠玑文化的重要内容，打造大珠玑文化必须注重南雄生态文化的培育。

（1）梅关古道的"梅""松"神韵。

历史上，"庾岭寒梅""官道虬松"曾作为古代南雄"六景"或"十景"之一加以记载。梅岭之"梅"、官道之"松"，形成了"一路梅花一路诗"的美景，凸显了古代南雄地域之生态文明。

据明嘉靖《南雄府志》及清道光《直隶南雄州志》记，唐张九龄奉诏开凿大庾岭新路后，曾亲手"植松数千"。而为了保持梅关古道的"梅""松"之韵，更为了保护梅关古道的畅通，历代对大庾岭新路多次进行修整并增植"梅""松"。宋仁宗嘉祐八年（1063年），广东转运使蔡抗与其任江西提点刑狱金事的胞兄蔡挺共议，"陶甓各甃"所管辖境内梅关古道路段，修岭南路，宽4.3米，长1 083.3米；修岭北路，宽6.6米，长363.3米。同时补植松、梅树于路旁。元泰定二年（1325），路总管亦马都丁，先后对岭路进行了补修，并在道路两旁种植松、梅树；至元四年（1338），杨益率民修路和补植松、梅树。明洪武年间，广东参议王溥亲临梅岭路观察，命地方官调集人力修桥铺路；永乐年间，南雄知府陈锡定贴出告示，禁砍梅关古道两旁之松、梅树，并在岭路两旁补植幼松和修铺路面；正统十一年（1446年），南雄知府郑述征集民工，用鹅卵石、花岗岩片石铺砌古道路面45千米有余，增补松、梅树；成化五年（1469年），广东布政使濂行会同南雄知府江璞，在征发民工铺筑古道路面的同时，在梅岭天水以南修筑关楼，并命名为"岭南第一关"；正德十三年（1518年），广东布政

使吴廷举令南雄府在岭路两旁增植松、梅树 5 000 余株，吴廷举在植树活动中，即兴挥毫写下《大庾岭路松》诗四首，留下"十年两度手栽松""种得青松一万株"的名句；万历二十六年（1598 年），南雄知府蒋杰在梅岭顶重修梅关楼，并为关楼题额名"南粤雄关"，朝南面石额名为"岭南第一关"，署名为"南雄知府蒋杰题，万历戊戌"。至清嘉庆四年（1799 年），两广总督长白觉罗吉庆捐白金千两，交南雄州，用于"庀材鸠工"修整岭路，并在两旁补植松、梅树，以资荫憩和观赏。梅关古道，古松夹道，形如虬龙，为古南雄之"官道虬松"美景。

现今南雄市人民政府也非常重视对梅关古道的维护，在南雄城至梅关 45 千米的古道两侧增植梅树，打造出具有时代特色的梅花长廊。

（2）孔江水库国家湿地公园。

乌迳古道上生态旅游的资源也不少。2011 年 3 月，北江源头之一的孔江湿地，被国家林业局正式定为第四批国家湿地公园建设试点。孔江水库国家湿地公园，地处南雄市东北部，主要包括孔江水库、孔江水库上下游段及周边区域，最北段至孔江上游南雄市与江西省信丰县交界处，最南端至 342 省道。孔江水库国家湿地公园是由河流、沼泽等多种类型的湿地和环湖森林共同组成的湿地与森林复合生态系统，总面积 1 667.9 平方千米，其中湿地面积 639.2 平方千米。公园内生物多样性丰富，有野生维管植物 171 科 571 属 1 029 种，野生陆生、水生、两栖动物 48 目 166 科 357 属 574 种，具有重要的科研价值。

孔江水库因库区之中分布着 263 座大小不一的岛屿，仿佛散落于碧波之中的翡翠，因而被人们称为"百岛湖"。百岛湖四周青山环抱，林木葱茏，清澈的湖水倒映着青山丽影，犹如碧玉凝脂。

尤为可贵的是，水库周边裸露着大面积发育典型的丹霞地貌，而丹霞地貌而与水域环境相得益彰，是广东唯一的"水影丹霞"景区。

（3）牛子石"小丹霞"风光。

孔江水库的东北是著名的牛子石风景区，现正被南雄市开发为"观音山旅游景区"，有"小丹霞"一说。据当地旅游部门介绍，之所以取名观音山景区，乃因景区内有一巨石形似观音。

其实，所谓的观音山景区，在当地称为牛子石景区。牛子石不仅是当地妇孺皆知且沿用至今的地名，而且其方圆 10 千米内所居住的全

为赖姓族人。1995 年《赖氏族谱》（六修）曾载，清嘉庆丁卯年（1807 年）候选儒学司训叶龙渊为《赖氏族谱》所作的《序文·君霞公字彤一夫妇家传》记："雄城东去百余里有胜地焉，曰牛子石。夫石则石矣，胡为冠之以牛子？盖其地势奇伟，峭壁偏多奇石，其连续而降者，宛若牧人驱犊，然此亦如海市蜃楼可以仿佛似之者也……山之下惟赖姓环聚而居，赖姓者，吾昌邑之巨族也。"[①]

上述所记说明：

其一，牛子石实际上是一座巨石山峰，为该区域的最高峰，峰顶有一巨石，形似牛，南头北尾，浑然天成，当地人称"牛子石"，故名"牛子石"峰。民间还流传清乾隆十九年（1754 年）进士赖堂的《咏牛子石》诗文，其诗曰："远望西山怪石牛，仙人留下几千秋。大风拂拂无毛动，细雨霏霏有汗流。嫩草成堆难开口，铁鞭任打不回头。自古至今长在此，天地为栏永不休。"

其二，赖姓族人自赖汝文于明代中期迁入牛子石后，便环牛子石聚族而居，成一方望族。所以，在广东南雄、江西信丰、南康、大余等地，只要说姓赖，别人便知是"牛子石脚下人"。

头南尾北的牛子石，也称"仙牛石"，其名源于一个美丽的传说。据当地老者讲述：相传，牛子石山东南，有大片良田，山边居住着两位老人，夫妻共生七子，以耕种为生，子孙众多。不过，好景不长，老婆、儿子等家人相继离世，只剩下七媳妇和老人孤苦相依，他们的惨景感动神仙，神仙派仙牛下凡帮他们耕种，但仙牛贪吃，晚上竟偷吃完禾苗，庄稼无收，不得已，七媳妇背着老人上山采野果吃，不久便饿死，神仙一怒，把仙牛化为石牛，并让雷神劈掉其尾，把老人和七媳妇化为前低后高、酷似人形的仙石，看守石牛。此为仙牛石之名的来由，老人和七媳妇之仙石被当地人称为"媳妇背老倌"。仙牛遭雷神劈其尾，又使之具有了"没尾石牛"的传说。

在"小丹霞"景区内还有两座鲜为人知的寺庙——朝天庙和罗汉岩寺。

朝天庙位于牛子石峰前山腰。据现存石碑记（石碑现存放于朝天庙，但未得到很好的保护），此庙建于东汉，曾经香火鼎盛，远近闻名。经长时间的败落后，于近年才得到重修，为"牛子石风光"之一。

---

① 《赖氏族谱》（六修），1995 年，第 89 页。

距朝天庙不远有罗汉岩寺。据南雄《松溪董氏七修族谱》记，"罗汉岩开自东汉年间"[①]。现存有铸成于明代成化十年（1474 年）的罗汉岩寺大禅钟，禅钟的外周铸着许多珍贵的文字资料，它清晰地记录了几次重修罗汉岩寺的史实。

（4）孔塘进士牌坊和石岩溶洞。

孔塘进士牌坊位于乌迳镇孔塘村赖氏祠堂前，是为清乾隆十九年（1754 年）进士赖堂而立。赖堂于乾隆癸亥（1743 年）授广州府花县学训导。进士牌坊为全石结构，高 6.3 米，宽 6.6 米。牌坊为四柱三门牌式坊，石柱内外有石峨扶护耸立。坊顶正中有帽式石刻压顶，两层两端有峨石压端，还有瓦檐式石块盖覆（"文革"期间被毁），恰似峨冠带。牌坊正面上方镶嵌一块石雕，中间直书"圣旨"两字，四周配镌浮雕花纹。中方横书"进士"两个大字，题款"乾隆十九年甲戌科（1754 年）中第二十五名"；额下方还有"科甲流芳"；坊背面额书"进士"楷体大字，跋款"乾隆三十年岁次乙酉（1765 年）孟秋"；额下横书"环珠外翰"四个大字。1997 年被列为南雄文物保护单位。《南雄县志》《南雄教育志》有载。

村东南 1.5 千米处有溶洞，当地称石岩。该洞位于狮子山半腰，山洞周围多树，东洞口裸露，西洞口在山西南面，近大坝水库。洞内纵横弯曲，可以穿通，洞内宽处有丈余，窄处或擦身，或伏爬可过。至今还没人考证洞深、内部洞及出口，也没有当地村民入洞之传说，是一个探幽寻胜的好去处。

（5）坪田千年古银杏群与"杏叶染秋"美景。

银杏，俗称白果，又叫公孙树，是世界上现存最古老的树种之一。地处广东省南雄市东部 58 千米处的坪田镇是南粤有名的"银杏之乡"，境内有一大片丛生千年银杏林，2 000 多株银杏树中树龄最长的有 1 680 多年，树龄最短的也有二三百年，成了南雄独特的一景——古银杏群落。

南雄市政府为了使这片"活化石"更添生机，曾制订了打造"万亩银杏基地"的计划。随着计划的推进，坪田、乌迳等地的银杏种植已成规模，成了建设生态南雄的重要内容。而以坪田镇境内坳背、迳

---

① 《松溪董氏七修族谱》，2010 年，第 99 页。

洞、浆塘、汪汤、军营寨等地为主的古银杏树群，每至深秋，树叶一片金黄。"杏叶染秋"已成为南雄秋冬时节一个重要的旅游观光景点。

（6）帽子峰省级森林公园。

帽子峰省级森林公园位于南雄市西北部，北与江西省大余县接壤，全年气候温和，雨量充沛，冬季降雪，呈现出南方少有的雪景。景区树木，花草繁多，四季鸟语花香，特别是在深秋季节，银杏金黄，层林尽染，被许多摄影爱好者誉为"南雄九寨沟"。动植物资源丰富，自然风景独特，是集游山玩水、度假、休闲及科研考察为一体的综合休闲度假胜地。2012年5月，被广东省林业厅、广东省旅游局评为广东省森林生态旅游示范基地。

（7）主田樱花茶花公园。

主田樱花茶花公园位于南雄市主田镇大坝村内。据了解，该基地占地近4平方千米，于2012年开始建设，计划打造成为世界上最大的樱花园、茶花博览园，并引进全世界高新生态农业、特色欣赏食用水果、牛樟树育苗种植和生物科技深加工产业，预计总投资2.5亿元。

现今园内已种植大量樱花、名贵茶花、波斯菊、孔雀草、向日葵等，市政府欲将其打造成全年有花开、有花赏，集旅游、休闲、观光为一体的生态基地。

8. 以古道为中心的红色文化与老区建设

南雄不仅有悠久的历史、众多的名胜，还有鲜明的红色文化。

据史料记载，从大革命时期起至解放战争结束时，南雄中共组织领导的革命斗争从未中断。毛泽东、朱德、王稼祥、彭德怀、项英、陈毅等大批革命先烈曾率领红四方面军进入南雄活动，指导南雄县委开展武装斗争。其中著名的有1932年由毛泽东、朱德、王稼祥统率红一方面军，与盘踞南雄的粤军在水口圩附近进行的惨烈的"水口战役"。中央红军主力长征后，南雄是赣粤边红军三年游击战争的中心区域之一。中共中央分局书记项英、中央政府办事处主任陈毅等，都有较长时间在南雄领导指挥红军的游击战争，陈毅还写下了著名的诗篇《梅岭三章》。

（1）油山革命根据地。

油山在南雄县（今南雄市）东北部、大庾岭东段，面积6平方千米。1991年《南雄县志》记载：油山海拔1 073米，东有穆公寨，南

有西厢寨、琵琶寨，西连梅岭、仙人岭等。

油山，在土地革命战争、抗日战争和解放战争时期都是革命根据地。1929 年红军从井冈山来到了南雄、信丰、南康、大庾，以油山为中心组织了信庾雄县委，建立了苏维埃政权，在敌后进行游击战争，有力地配合了中央苏区根据地的发展。红军长征以后，这里成立了赣粤边特委和军分区。1935 年，项英、陈毅率部从中央苏区突围来到油山，展开艰苦卓绝的三年游击战争，建立了以油山为中心的（南）雄信（丰）（大）余（南）康边这个粤赣边最大的游击根据地，留下了许多动人的传奇故事及为争取革命胜利而浴血奋战的光辉足迹。

（2）水口战役纪念公园。

水口战役纪念公园是为纪念著名的"水口战役"而修建的公园。1931 年 9 月，中央苏区红军在粉碎了国民党向中央苏区发动的第三次"围剿"后，准备南下讨伐广东军阀陈济棠。1932 年 7 月 8 日，中央红军在南雄水口圩一带与陈济棠之粤军激战，历时三天两夜，中央红军于水口圩的战斗中击溃陈济棠之粤军 10 个团。这是红军史上罕见的一场恶战。

2002 年 10 月，南雄市水口镇人民政府为了铭记历史、激励向上，筹备兴建水口战役纪念公园。原中央军委副主席张震将军为红军烈士雕塑题词。2004 年 9 月水口战役纪念公园被南雄市委、市人民政府命名为爱国主义教育基地。现慕名到纪念公园瞻仰红军烈士塑像、缅怀毛泽东等老一辈红军的光辉事迹的游客络绎不绝。

（3）古道域内的红军宣传标语。

《南雄市志》还载，乌迳古道域内的部分村落中仍保留着一些红军当年宣传时所写的标语。这些标语反映了古道上红色文化的特色。它们曾激发了乌迳古道域内人民在抗日战争、解放战争中的斗争意志，为南雄、广东乃至全国的解放起到了重要的作用。如：

其一，油山上朔村徐家祠堂正门右侧墙上红军题写的《当红军歌》。

当兵就要当红军，处处工农来欢迎。
官长士兵都一样，没有谁来压迫人。
当兵就要当红军，帮助工农打敌人。

买办豪绅和地主，杀他一个不留情。

当兵就要当红军，退伍下来不愁贫。

会做工的有工做，会作田的有田耕。

当兵就要当红军，冲锋陷阵杀敌人。

消灭军阀和地主，民族革命快完成。

其二，保存在南亩镇鱼鲜村王瑞东住屋楼壁上的红军标语。

粤军弟兄是工农出身不要替军阀屠杀工农！

粤军弟兄暴动起来拖枪来当红军！

欢迎粤军弟兄来当红军！

粤军弟兄要使家里老母有饭吃，只有暴动起来！

医治白军伤病员！

优待白军俘虏兵！

其三，保存在乌迳镇沧浪枫坑村王先跃旧宅外壁上的红军标语。

优待红军战士的家属！

贫农起来组织贫农团

打倒欺骗民众的国民会议！

（以上为赣粤边红军独立师第三团政治处制，1935 年）

打倒地主豪绅分得土地农民才有饭吃！

反对白军进攻赤区！

（以上为红军独立师政治处制，1934 年）

（4）革命老区。

据《南雄市志》载，乌迳古道域内的红色革命遗址有：湖口镇老屋下村的花楼，是第一次国内革命战争时期中共南雄县委议事的旧址。油山镇上朔村的上朔洋楼，是第二次国内革命战争时期南雄县苏维埃政府的旧址。水口镇水口圩一带是 1932 年 7 日著名的水口战役的旧址。油山镇的廖地村是 1935 年项英、陈毅与赣粤边领导会合的旧

址；大岭下彭屋则是项英、陈毅主持召开的赣粤边领导会议的旧址；大兰村安背坑金星洞，是陈毅在油山的露营地；而油山西坑畚箕窝，是解放战争时期五岭地委召开扩大会议的旧址。

由此，新中国成立后，南雄的革命老区得到了较好的建设。《南雄市志》还载有南雄革命老区的分布情况图（此图截取了乌迳古道域内的革命部分）。表7是乌迳古道域内的革命老区情况。

表7　乌迳古道域内的革命老区情况表

镇别	革命老区行政村数（个）	革命老区自然村数（个）	老区类别		
			第二次国内革命战争时期	抗日战争时期	解放战争时期
油山	18	120	114	0	6
乌迳	20	147	48	15	84
坪田	13	108	65	5	38
界址	8	66	2	0	64
黄坑	12	55	3	1	51
南亩	6	51	0	0	51
水口	7	70	9	0	61
湖口	14	114	48	22	44

据《南雄市志》记："至2004年，先后多次调查核实并经广东省和韶关市人民政府批准，南雄革命老区分布在17个镇168个行政村1 350个自然村。其中属第二次国内革命战争时期的老区有390个自然村，抗日战争时期的老区有77个自然村，解放战争时期的老区有883个自然村，均已列入1997年省民政厅编印的《广东省革命老区村庄名册》。"① 而从表7可知，乌迳古道域内被认定为革命老区的行政村为98个，自然村为731个，分别占58%和54%。

（4）英勇事迹简介。

战争年代，乌迳古道域内也涌现出不少可歌可泣的英勇事迹。

董天锡（1913—1948年），字永龄。南雄县乌迳镇水松村人，革命烈士。1931年，董天锡就读于广州大学附中。1934年，得董姓公尝的资助，进入广州大学社会系深造。在广州读书期间，任南雄留省学

① 南雄市人民政府地方志编纂委员会编：《南雄市志》，北京：方志出版社2011年版，第569页。

生会理事，编辑《浈凌潮》。1935 年加入中国青年同盟。抗战前夕，停学回南雄组织读书会、抗日同志会和中华民族解放先锋队。1937 年冬，加入中国共产党。1938 年秋，任广东青年抗日先锋队南雄县队队长，领导抗日先锋队进行抗日宣传，募捐慰问伤病员。1942 年，中共粤北省委被破坏后，董天锡回到乡下，任中共乌迳区委书记，利用宗族关系，团结地方开明绅士，掩护地下党员。1944 年秋，日本侵略军进攻粤北，国民党南雄县政府奉命组织民众自卫队，而董天锡利用宗族头领出面"申请"，成立两支抗日武装队伍，抗击日本侵略者。1947 年三四月，中共五岭地委和粤赣湘边区人民解放总队相继成立。董天锡根据五岭地委指示，建立水松乡常备队，自任队长。不久调任人民解放总队第三大队政工队长兼指导员。1948 年 3 月，董天锡率队出山了解敌情并筹粮，在南雄县孔江乡老虎佛村的一个山岩遇敌被围，战斗中牺牲。

可见，与南雄一样，乌迳古道域内不仅具有厚重的历史文化底蕴，而且也具有光荣的当代红色文化，古道域内也流传着许多英勇而光荣的故事。2010 年 5 月南雄市被认定为"中央苏区县"，其中也包含着乌迳古道上的人民作出的历史贡献。

总之，大珠玑文化是以移民为核心，以古道文化、习俗文化、生态文化、红色文化为内容的区域文化，具有典型的地方历史文化特质。打造大珠玑文化不仅可以提升南雄市的文化品位，还能推动地方经济、文化的发展，意义重大。

二、大珠玑文化的特质

文化是对一定历史时期社会物质生活方式的反映，它在特定的社会物质生活条件这一基础性前提下产生与传承，并在特定的历史条件下沉淀出自己的特质。

1. 寻根问祖、开拓进取

（1）寻根问祖是珠玑巷后裔的共同心结。

"枕楚跨粤，交广咽喉"的南雄，自唐内供奉张九龄奉诏开凿梅关古道后，其梅关古道便成了沟通岭南和岭北、长江水系和珠江水系的重要通道。而地处古道上的珠玑巷，依傍于梅岭南边，地处南北要冲，成为中原人民进入岭南的第一道驿站。由于中原地区长期战乱动

荡，大量中原人民辗转南迁。从秦代开始至 20 世纪初粤汉铁路开通之前的一千多年里，珠玑巷一直是岭南与中原地区联系的最主要通道。

珠玑巷人是唐代以来向岭南拓展经济、文化的先驱，他们因种种原因南迁至珠江三角洲，甚至跨出国门、漂洋过海，走向世界各地。珠玑巷后裔遍及海内外，据统计有 143 姓，人口达数千万。珠玑古巷是众多广东人祖先的发祥地，他们把珠玑古巷视为自己"七百年前的桑梓地"，国民革命军第十五军第三师副师长蒙志提写的"珠玑古巷，吾家故乡"则成了凝聚姓氏宗亲情感的符号。正如中山大学教授、博士生导师叶春生先生为《珠玑巷传说与掌故》一书作序时，在开篇语中所言："广东人不知道珠玑巷，就像法国人不知道拿破仑。"珠玑巷后裔，"根系一脉，叶茂全球"。近年来，随着南雄社会经济的发展、珠玑巷旅游品牌的推广，珠玑巷后裔对自己祖先的发祥地有了更多的认同感，越来越多的珠玑巷后裔把珠玑巷作为自己远游和慰藉心灵的目的地。

近年来，随着寻根问祖热的升温，海内外珠玑巷后裔心系珠玑巷，迫切需要了解珠玑巷，他们经过珠玑后裔联谊会等渠道，扶老携幼，纷纷返乡寻根问祖。因此，珠玑巷也就成了姓氏寻根、学术研究、海内外联谊的客家文化交流的基地。

（2）开拓进取是珠玑巷后裔精神的展现。

岭南，直到唐代仍被称为"瘴疠之乡""化外之地"，其人被列为"蛮夷"。当时的珠江三角洲，山少平原多，田少未垦地多，又布满了河流水网。宋朝以来，以罗贵为首的一批 33 姓 97 家人，及庞、康、邝、丁、石、雷、孔、邓、孙、司徒、邵、任、朱、魏、程、侯、鲍、缪、房、容、潘、冼、祁、袁、姚、蓝、肖、韩、甘、林、杨、梅、吕、严、刘、关、屈、余、简等 40 姓，合计有 70 多姓。这 70 多姓中，有不少是同姓而异宗的，如黎、麦、李、陈、张、何等，这样加起来就接近 100 姓。这近 100 姓人家，先后南迁，散居珠三角各地。他们和当地土著居民结合起来，融合成了一个新的民系——广府民系。他们把从中原和江南带来的先进生产技术和丰富的资金，用于共同耕垦开发那广阔而又自然条件良好的荒地，经过艰难困苦，创造了种种丰产的技术和方法，如"桑基鱼塘""蔗基鱼塘"和"果基鱼塘"的优良养种方法，逐步变岭南之瘴地为适宜丰产的农业地区，并

使其成为农业发达的地区。

从珠玑巷走出来后，广府人的祖先走向珠江三角洲，他们的后裔又跨出中国大陆，越过大洋，走向了世界。珠江三角洲及周围地区是珠玑巷人南迁后裔的集聚地，近代以来亦成为我国主要的侨乡。

而在改革开放的浪潮中，广府人领风气之先，打开国门，引进外资，走向市场，实现了经济的腾飞，广府人优良品性所积蓄的巨大能量又一次释放了出来，展现出开拓进取的珠玑巷精神。

2. 注重传统、弘扬文化

传统的观点视珠玑文化为移民文化，认为珠玑巷就是移民的中转站，进而认为珠玑文化就是珠玑巷的姓氏文化，这不是没有意义的，起码说明了珠玑文化中的姓氏文化是一种值得重视的传统。其实，古道—移民—姓氏—习俗是有机的整体，其传统元素是丰富的，文化也是厚重的，珠玑文化是南雄地域的传统文化。

由珠玑巷而起的珠玑文化之所以历千年而不衰，并能继续得到弘扬，其根源就在于它是传统文化的积淀，是珠玑人民生产、生活劳动的结晶，并成了人们生活的重要组成部分，孕育出珠玑人民的精神。

孕育出的一个民系或一个民族精神的传统文化并不就是"过去的文化"。传统文化本质上是一种观念之流、价值取向，是一种始于过去、融透于现在、直达未来的意识趋势和存在。一种文化存在和趋势成为一种传统，就意味着它有了世代的持续。"世代"的概念是相对的，它只是表示传统延续的一种方式，可能是几年，也可能是几千年。但至少，一种文化精神或观念、信仰要成为传统，成为代表这个民族特质的民族精神，必定要一代又一代的延传。历史是不能割断的，传统并不意味着静态的过去，一个文化传统不仅肇始于过去，而且融合于现在、预示着未来的趋势和存在，因为，随着时代的发展，传统文化会不断增加新的意义。

3. 感悟自然、生态文化的崛起

南雄位于亚欧大陆东南部，处在北回归线北侧，属亚热带季风湿润气候，具有四季分明、冬短夏长、秋季过渡快的特点。四周群山环抱，中部丘陵平原，被称为"南雄红层盆地"。由于气候、土壤等条件，境内矿产、森林、水力、陶土、花岗石、药材等自然资源丰富，

现今森林覆盖率近70%。南雄地域，春秋为百越地，战国属楚，秦属南海郡，两汉为南野县，属豫章郡，枕楚跨粤，扼南北咽喉，历来为兵家必争之地。伴随着军事、政治势力的演变，在南雄这片古老的土地上也催生了以古道移民为特质的珠玑文化。珠玑文化不仅与移民、姓氏文化相连，也与传统习俗文化对接，它更是一种感悟自然、蕴含生态文明的文化。

首先，"一路梅花一路诗"的生态意蕴。

就贯通珠玑巷的梅关古道而言，生态文明的意蕴是厚重的。梅岭自古多梅，故名梅岭。唐开元四年（716年），张九龄"献状，诏委开道"，使原来"险绝难攀"的"畏途"变成了"坦坦而方五轨，阆阆而走四通。转输不以告劳，高深为之失险"的"坦途"。自张九龄开凿岭路、手植松梅后，宋仁宗时期广东转运使蔡抗与其任江西提点刑狱金事的胞兄蔡挺协同修整各自管辖境内路段，同时补植松、梅树于路旁。元泰定二年（1325年），路总管亦马都丁先后对岭路进行了补修，并在道路两旁种植松、梅树；至元四年（1338年），杨益率民修路和补植松、梅树。明永乐年间，南雄知府陈锡定贴出告示，禁止砍伐路旁之松、梅树；正统十一年（1446年），南雄知府郑述主持砌筑岭路45千米有余，增补松、梅树；正德十三年（1518），广东布政使吴廷举令南雄府在岭路两旁种植松、梅5 000余株，吴廷举在植树活动中，即兴挥毫写下《大庾岭路松》诗四首，留下"十年两度手栽松""种得青松一万株"的名句；至清朝嘉庆四年（1799年），两广总督长白觉罗吉庆捐白银千两，用于"厄材鸠工"，修整岭路，并在两旁补植松、梅树，以资荫憩和观赏。梅关古道，迄至清初，历800余年，古松夹道，形如虬龙，为古南雄之"官道虬龙"美景。

其次，乌迳古道域内古村落的生态意象。

中国古代村落的建立，在注意选择优美山水环境的同时也注意良好生态环境的选择，中国古人对理想居住环境的追求包含对满意生态环境的追求。早在周代，人们根据在黄土高原边缘水土流失地带生活的经验，认识到自然界各要素间的生态关系，因此，《周易》"林卦"记述到"知林，大君之宜，吉""禁林，贞；吉""甘林，无攸利；既忧之，无咎"等，《周易》把知晓林木的生态益处看作君子的见识，把禁止森林砍伐看作"吉"的表现，把破坏森林看作"凶"的行为，

反映了周代人们的环境意识所具有的生态学上的功利性。因此，清代林枚在《阳宅会心集·种树说》中说："村乡之有树木，犹如人之有衣服，稀薄则怯寒，过厚则苦热。"[①] 村落的生态意象除了有较好的树木植被外，还与村落地形、土壤、水文、朝向等因素有关。乌迳古道域内的古村落绝大多数都具有枕山面水、坐北朝南、土层深厚、植被茂盛等特点，有着显著的生态学价值：枕山，既可抵挡冬季北来的寒风，又可避免洪涝之灾，还能借助地势作用获得开阔的视野；面水，既有利于生产、生活、灌溉、养殖甚至行船，又可迎纳夏日掠过水面的爽爽凉风，调节村落小气候；坐北朝南，既有利于位处北半球的中国村落民居获得良好的日照，又有利于南坡作物的生长；深厚的土层，有利于耕作和植物生长；良好的植被，既有利于涵养水源、保持水土，又有利于调节村落小气候和丰富村落景观，还能为村民生活提供必要的薪柴。总之，乌迳古道域内的古村落环境都表现出鲜明的生态意象。

最后，生态战略与文化崛起。

生态，一般指自然生物之间以及生物与环境之间的相互依存与制约的关系及其存在状态，即自然生态。而生态文明则是自然生态的人化结果。生态文明是人类文明的一种形态，它以尊重和维护自然为前提，以人与人、人与自然、人与社会和谐共生为宗旨，以建立可持续的生产方式和消费方式为内涵，以引导人们走上持续、和谐的发展道路为着眼点。

珠玑文化秉承着古都南雄州历史上注重生态发展的良好传统，着力打造涵盖生态工业、生态农业、生态养殖、生态建筑及生态住宅等内容的生态文化。在生态发展的战略上，梅关古道上"十里梅花长廊"的养护，坪田"百亩银杏基地"的建设，孔江水库"国家湿地公园"的规划、主田樱花茶花公园、"小九寨沟"帽子峰森林公园、牛子石"小丹霞"、青嶂山温泉等生态园区的建设，表明南雄生态文化的发展取得了良性的循环，效果显著。

三、有待深入探讨的问题

总的来说，本书对乌迳古道的某些问题的探讨还是初步的，甚至是模糊的，还有诸多问题有待于今后从不同的视角、层面进行深入研

---

① （清）林枚：《阳宅会心集》（上卷），嘉庆十六年（1811 年）刻本。

究。如：

①乌迳古道在梅关古道开通以前的历史作用问题。

②乌迳古道在明清时期作用的重显问题。

③乌迳古道移民的外拓问题。

④乌迳古道上的姓氏节文化问题。

⑤乌迳古道上的革命老区民情、红色文化问题。

⑥大珠玑文化的打造问题。

凡此等等，都是今后要继续探讨的问题。本书的撰写历时三年，虽然对其中的某些问题进行了有价值的、原创性的探讨，但是，这种探讨是一种初步的研究，其中仍存有错漏也在所难免，恳请方家指正！

参考文献

一、方志类

1.（明）胡永成修，谭大初纂：《南雄府志》，嘉靖二十一年（1542 年）刻本。

2. 广东省地方史志办公室辑：《广东历代方志集成·南雄府部（一）·（嘉靖）、（康熙）、（乾隆）·南雄府志》，广州：岭南美术出版社 2007 年版。

3. 广东省地方史志办公室辑：《广东历代方志集成·南雄府部（二）·（道光）·直隶南雄州志》，广州：岭南美术出版社 2007 年版。

4. 南雄县地方志编纂委员会编：《南雄县志》，广州：广东人民出版社 1991 年版。

5. 南雄市人民政府地方志编纂委员会编：《南雄市志》，北京：方志出版社 2011 年版。

6. 南雄文物志编委会、南雄博物馆编：《南雄文物志》1998 年版。

7. 广东省南雄县交通志编纂领导小组编：《南雄交通志》1990 年版。

8. 广东省南雄县商业志编纂领导小组编：《南雄商业志》1990 年版。

9. 广东省南雄县财税志编纂领导小组编：《南雄财税志》1988 年版。

10. 广东省南雄县黄烟志编纂领导小组编：《南雄黄烟志》1988 年版。

11. 广东省南雄县林业志编纂领导小组编：《南雄林业志》1989 年版。

12. 南雄年鉴编纂委员会编：《南雄年鉴 2013》。

13. 广东省地方史志办公室辑：《广东历代方志集成（省部）·（道光）·广东通志》，广州：岭南美术出版社 2009 年版。

14. 骆伟、骆廷辑注：《岭南古代方志辑佚》，广州：广东人民出版社 2002 年版。

15. （清）林述训等修、单兴诗纂：《韶州府志》，韶州万竹园据光绪二年（1876）本重印。

16. 韶关市地方志编纂委员会编：《韶关市志》，北京：中华书局 2001 年版。

17. 曲江县地方志编纂委员会编：《曲江县志》，北京：中华书局 1999 年版。

18. 乳源瑶族自治县地方志编纂委员会编：《乳源瑶族自治县志》，广州：广东人民出版社 1997 年版。

19. 乐昌县地方志编纂委员会编：《乐昌县志》，广州：广东人民出版社 1994 年版。

20. 乐昌县地方志编纂委员会编：《乐昌文物志》，广州：广东人民出版社 1989 年版。

21. 仁化县地方志编纂委员会编：《仁化县志》，广州：广东人民出版社 2009 年版。

22. 赣州地区旧志整理组编：《赣州府志》，台北：成文出版社 1975 年版。

23. 黄鸣珂修，石景芬等纂：《南安府志》，上海：上海古籍出版社版 2010 年版。

24. （宋）祝穆撰，祝洙增订，施和金点校：《方舆胜览》，北京：中华书局 2003 年版。

25. （唐）李吉甫撰，贺次君点校：《元和郡县图志》，北京：中华书局 1983 年版。

26. （宋）乐史撰，王文楚等点校：《太平寰宇记》，北京：中华书局 2007 年版。

27. （清）梁廷楠、（汉）杨孚等著，杨伟群校点：《南越五主传及其它七种》，广州：广东人民出版社 1982 年版。

28. 宜春禅宗志编纂委员会编：《宜春禅宗志》，北京：中国文史出版社 2007 年版。

29. 韶关市地名委员会、韶关市国土局版：《韶关市地名志》，广州：广东省地图出版社 1993 年版。

二、族谱类

1. 《赖氏永诚祠六修族谱》，1995 年。

2. 《松阳堂赖氏族谱》，1999 年。

3. 《南雄赵氏十修族谱》，1996 年。

4. 《南雄温氏八修族谱》，1996 年。

5. 《南雄珠玑巷杨氏三修族谱》，1997 年。

6. 《粤赣边邓氏联谱》，1998 年。

7. 《新溪李氏十修族谱》，1997 年。

8. 《西平堂李氏八修族谱》，1997 年。

9. 《汾阳堂浆田郭氏七修族谱》，1998 年。

10. 《福修（七修）严氏族谱》，1998 年。

11. 《南雄王氏九修族谱》，1997 年。

12. 《叶氏仲华七修族谱》，1998 年。

13. 《叶氏寿和堂五修族谱》，1998 年。

14. 《南阳堂叶氏五修族谱》，1998 年。

15. 《叶氏联谱》（二修），1999 年。

16. 《钟氏族谱》（七修），1998 年。

17. 《河南堂赣粤湘邱氏族谱》，1998 年。

18. 《武陵堂龚氏七修（二次联修）族谱》，1999 年。

19. 《南雄吴氏族谱》（五修），1999 年。

20. 《南雄吴氏联谱》，2001 年。

21. 《谢氏六修族谱》，1999 年。

22. 《南雄肖氏七修族谱》，2000 年。

23. 《珠玑巷南迁刘氏通谱》，2003 年。

24. 《松溪董氏七修族谱》（再版），2010 年。

25. 《杜氏族谱》，1995 年。

26. 《江夏堂黄氏六修族谱》，1997 年。

27.《庐江堂何氏五修族谱》，1998年。

28.《南雄陈氏首修联谱》，1998年。

29.《沈氏联修族谱》，2001年。

三、著作类

1. 黄慈博辑：《珠玑巷民族南迁记》，广州：广东省中山图书馆1957年版。

2. 陈乐素：《求是集》（第2集），广州：广东人民出版社1984年版。

3. 南雄珠玑巷人南迁后裔联谊会筹委会编：《南雄珠玑巷人南迁史话》，广州：中山大学出版社1991年版。

4. 曾昭璇等编著：《珠玑巷人迁移路线研究》，广州：暨南大学出版社1995年版。

5. 曾祥委、曾汉祥主编：《南雄珠玑移民的历史与文化》，广州：暨南大学出版社1995年版。

6. 曾昭璇、曾宪珊：《宋代珠玑巷迁民与珠江三角洲农业发展》，广州：暨南大学出版社1995年版。

7. 林立芳、庄初升：《南雄珠玑巷方言志》，广州：暨南大学出版社1995年版。

8. 陈枫、范英主编：《南雄特色研究》，北京：人民出版社1987年版。

9. 袁钟仁：《岭南文化》，沈阳：辽宁教育出版社1998年版。

10. 李权时主编，岭南文库编辑委员会、广东中华民族文化促进会编：《岭南文化》（修订本），广州：广东人民出版社2010年版。

11.（清）屈大均：《广东新语》，北京：中华书局1985年版。

12.（清）屈大均著，李育中等注：《广东新语注》，广州：广东人民出版社1991年版。

13.（北魏）郦道元原注，陈桥驿注释：《水经注》，长春：时代文艺出版社2001年版。

14.（汉）袁康、吴平辑录，俞纪东译注：《越绝书全译》，贵阳：贵州人民出版社1996年版。

15.（清）黄遵宪著，钱仲联笺注：《人境庐诗草笺注》，上海：

上海古籍出版社 1981 年版。

16. （清）顾炎武：《天下郡国利病书》（下），上海：上海古籍出版社 2002 年版。

17. 胡守为著，岭南文库编辑委员会、广东中华民族文化促进会编：《岭南古史》，广州：广东人民出版社 1999 年版。

18. 司徒尚纪：《广东文化地理》，广州：广东人民出版社 1993 年版。

19. 曾昭璇：《岭南史地与民俗》，广州：广东人民出版社 1994 年版。

20. 白寿彝：《中国交通史》，上海：上海书店出版社 1984 年版。

21. （宋）余靖撰，黄志辉校笺：《武溪集校笺》，天津：天津古籍出版社 2000 年版。

22. ［意］利玛窦：《中国札记》，北京：中华书局 1983 年版。

23. （宋）欧阳修：《欧阳修全集》，北京：中国书店 1986 年版。

24. 林庚、冯沅君主编：《中国历代诗歌选》（上编 2），北京：人民文学出版社 1964 年版。

25. （宋）司马光：《资治通鉴》，北京：中华书局 2011 年版。

26. （南朝宋）范晔撰，（唐）李贤等注：《后汉书》，北京：中华书局 1965 年版。

27. 刘佐泉：《客家历史与传统文化》，开封：河南大学出版社 1991 年版。

28. 罗香林：《客家源流考》，北京：中国华侨出版公司 1989 年版。

29. 肖前主编：《马克思主义哲学原理》（下），北京：中国人民大学出版社 1994 年版。

30. 庄初升：《粤北土话音韵研究》，北京：中国社会科学出版社 2004 年版。

31. 李德勤：《中国区域文化》，太原：山西高校联合出版社 1995 年版。

32. 姚亚士主编：《粤北民俗大观》，广州：广东人民出版社 1994 年版。

30. 许志新、刘清生主编：《民俗文化》，广州：广州出版社 2011 年版。

34. 许志新、刘清生主编：《千年古道》，广州：广州出版社 2011 年版。

35. 许志新、刘清生主编：《千年雄州》，广州：广州出版社 2011 年版。

36. 林楚欣、许志新主编：《千年雄州 璀璨文化》，香港：中国评论学术出版社 2009 年版。

37. 葛剑雄等：《简明中国移民史》，福州：福建人民出版社 1993 年版。

38. 祝鹏：《广东省广州市佛山地区韶关地区沿革地理》，上海：学林出版社 1984 年版。

39. 曾汉祥，谭伟伦：《韶州府的宗教、社会与经济》（上、下册），国际客家学会、法国远东学院、海外华人资料研究中心 2000 年版。

40. 王力：《汉语音韵学》，北京：中华书局 1955 年版。

41. 胡朴安：《中华全国风俗志》（上），石家庄：河北人民出版社 1986 年版。

42. 陈桥驿译注、王东补注：《水经注》，北京：中华书局 2009 年版。

43. 方韬译注：《山海经》，北京：中华书局 2009 年版。

四、论文类

1. 萧放：《传统节日：一宗重大的民族文化遗产》，《北京师范大学学报（社会科学版）》2005 年第 5 期。

2. 叶显恩、周兆晴：《关于珠玑巷的传说》，《珠江经济》2007 年第 5 期。

3. 刘竹：《节日文化与精神补偿论析》，《云南师范大学学报》1999 年第 2 期。

4. 饶武元、黎欠水：《论传统节日在思想政治教育中的功效》，《江西教育科研》2007 年第 5 期。

5. 王元林：《费孝通与南岭民族走廊研究》，《广西民族研究》2006 年第 4 期。

6. 吴建新：《明清时期粤北南雄山区的农业与环境》，《古今农

韶文化研究丛书

参考文献

业》2006 年第 4 期。

7. 张素容：《大庾岭路与清代南雄州之虚粮》，《清史研究》2007 年第 2 期。

8. 黄志繁：《大庾岭商路·山区市场·边缘市场——清代赣南市场研究》，《南昌职业技术师范学院学报》2000 年第 1 期。

9. 胡水凤：《繁华的大庾岭古商道》，《江西师范大学学报（哲学社会科学版)》1992 年第 4 期。

10. 刘纶鑫：《论客家先民在江西的南迁》，《南昌大学学报（哲学社会科学版)》1998 年第 1 期。

11. 李龙潜：《明清时期广东墟市的类型及其特点》，《学术研究》1982 年第 6 期。

12. 李如龙：《客家民系、客家方言和客家文化》，《韶关大学学报》2000 年第 1 期。

13. 庄初升：《粤北客家方言的分布和形成》，《韶关大学学报》1999 年第 7 期。

14. 曾祥伟：《韶关客家文化概述》，《韶关学院学报》2001 年第 8 期。

15. 刘沛林、董双双：《中国古村落景观的空间意象研究》，《地理研究》1998 年第 1 期。

后 记

调查、研究和传承南雄尤其是珠玑巷的历史文化，不仅是笔者的兴趣所在，也是作为一个家乡子弟应尽之义务。

经过近三年的调查、研究，《乌迳古道与珠玑文化》一书终于脱稿并付梓，于本人是值得高兴的事情。言之高兴，乃为本书所论之事能得到专家、学者的认可。从专家、学者的认可中，笔者获得了强大的精神动力，这个动力推动笔者对乌迳古道与珠玑文化的研究走向更加深入与宽广的领域。

本出作为广东省哲学社会科学"十二五"规划项目地方历史特色文化课题"南雄'乌迳古道文化圈'姓氏节调查与珠玑文化研究"的成果之一，围绕着一条古道、一个节日、一种文化，对乌迳古道与珠玑文化的关系进行较为全面而系统的探讨、分析，具有一定的原创性。

在本书的写作过程中，笔者得到广东省社科联林有能副主席，韶关学院政务学院李传忠教授、科研处处长陈小康教授、老干处黄志辉老师、韶文化研究院院长莫昌龙及韶关市图书馆苗仪老师的指导和关心，也得到了韶关市教育局刘李明老师、韶关市电视台叶际明工程师及家乡父老乡亲的热忱帮助；同时，笔者还参考了很多专家、学者的著作及观点，并从中得到很多启发，在此表示衷心的感谢！

由于学力所限，书中难免存在错漏之处，敬请同行、专家斧正。

韶关学院赖井洋
2015 年 10 月 28 日

229